APROVISIONAMIENTO INTELIGENTE

Máxima eficiencia y control en la gestión de necesidades

Rodrigo Ortiz Cáceres

Rodrigo Ortiz Cáceres

Aprovisionamiento inteligente

Máxima eficiencia y control en la gestión de necesidades

Guía para profesionales y empresarios

bubok
EDITORIAL

© Rodrigo Ortiz Cáceres
© Aprovisionamiento inteligente

Junio 2024

ISBN papel: 978-84-685-8174-3
ISBN ePub: 978-84-685-8196-5

Depósito legal: M-13765-2024
SafeCreative: 2406038159877

Editado por Bubok Publishing S.L.
equipo@bubok.com
Tel: 912904490
Paseo de las Delicias, 23
28045 Madrid

Reservados todos los derechos. Salvo excepción prevista por la ley, no se permite la reproducción total o parcial de esta obra, ni su incorporación a un sistema informático, ni su transmisión en cualquier forma o por cualquier medio (electrónico, mecánico, fotocopia, grabación u otros) sin autorización previa y por escrito de los titulares del copyright. La infracción de dichos derechos conlleva sanciones legales y puede constituir un delito contra la propiedad intelectual.

Diríjase a CEDRO (Centro Español de Derechos Reprográficos) si necesita fotocopiar o escanear algún fragmento de esta obra (www.conlicencia.com; 91 702 19 70 / 93 272 04 47).

A mi querida esposa Diana y a mis adorados hijos Emilia, Renato y Maximiliano, quienes han sido mi inspiración constante durante todo este proceso. Gracias por su paciencia, por estar a mi lado en cada etapa y por ser mi mayor motivación para alcanzar mis sueños.

A mis estimados colegas Ericka Tscheschner y Lucas Reyes, quiero expresar mi profundo agradecimiento por su valiosa colaboración en la creación de este libro. Gracias por su apoyo incondicional y por compartir este viaje conmigo.

Índice

Introducción **15**
   Conceptualización 16
   Tránsito al aprovisionamiento inteligente 17
   Herramientas para la transición
   a un aprovisionamiento inteligente 19

**Capítulo 1. Integración de la cadena de valor
de Michael Porter en el aprovisionamiento** **23**
   La cadena de valor de Porter: un marco
   para la ventaja competitiva 24
      Descripción general de la cadena de valor y sus componentes 26
   El papel del aprovisionamiento en la cadena de valor 29
      Identificación de la función del aprovisionamiento
      en el contexto de la cadena de valor 29
      Impacto del aprovisionamiento en
      las actividades primarias y de apoyo 31
      Contribución del aprovisionamiento a la creación
      de valor para los clientes y la ventaja competitiva 33
   Integrando el aprovisionamiento en las actividades primarias 34
      Aprovisionamiento en la logística
      de entrada y el manejo de materiales 35
      Relación entre el aprovisionamiento y las
      operaciones de producción o prestación de servicios 36
      Coordinación con la distribución física y la logística de salida 38
   El aprovisionamiento como facilitador
   de las actividades de apoyo 40
      Gestión estratégica de proveedores y suministros 40
      Innovación en el aprovisionamiento y desarrollo de proveedores 42
      Impacto del aprovisionamiento en la infraestructura
      de la empresa y la tecnología 44
   Ejemplos de empresas que han integrado con
   éxito el aprovisionamiento en su cadena de valor 46
      Caso 1: Apple Inc. 46
      Caso 2: Toyota Motor Corporation 48
      Caso 3: Amazon.com 50
   Hacia una gestión integrada de la cadena
   de valor y el aprovisionamiento 53
      Estrategias para alinear y coordinar de manera efectiva el
      aprovisionamiento con las actividades de la cadena de valor 53

Consideraciones clave para la implementación
exitosa de un enfoque integrado 55
Conclusiones del capítulo 1 58

Capítulo 2. Las fases del aprovisionamiento: estratégico y táctico 59

Calificación de proveedores: establecer una base sólida 60
 Importancia de la calificación de proveedores en el proceso
 de aprovisionamiento extendido (estratégico + táctico) 61
 Criterios y metodologías de calificación de proveedores 62
 Establecimiento de estándares de calidad
 y requisitos de certificación 64
 Selección de proveedores confiables
 y adecuados para el negocio 66
Aprovisionamiento estratégico: mirar hacia el futuro 69
 Definición y alcance del aprovisionamiento estratégico 70
 Relación entre el aprovisionamiento y la
 planificación estratégicos de la empresa 73
 Objetivos y beneficios del aprovisionamiento estratégico 74
 Actividades clave en la fase de aprovisionamiento estratégico 76
 Tipos de negociaciones en el aprovisionamiento estratégico 78
Aprovisionamiento táctico: el enfoque en la ejecución 90
 Definición y alcance del aprovisionamiento táctico 91
 Objetivos y beneficios del aprovisionamiento táctico 93
 Actividades clave en la fase de aprovisionamiento táctico 94
 Tipos de compras en el aprovisionamiento táctico 97
Evaluación del desempeño de proveedores 108
 Importancia de la evaluación del desempeño 109
 Establecimiento de indicadores clave de desempeño (KPI) 110
 Retroalimentación y comunicación efectiva con proveedores 112
 Utilización de los resultados de la evaluación de proveedores 114
Interrelación entre el aprovisionamiento
estratégico y el táctico 116
 Complementariedad y dependencia entre el
 aprovisionamiento estratégico y el aprovisionamiento táctico 116
 La importancia de la alineación y la comunicación
 efectiva entre ambas fases 118
 Casos que ilustran cómo una integración sólida entre ambas
 fases mejora la eficiencia y la efectividad del abastecimiento 120
Mejores prácticas y desafíos en la implementación
de las fases del aprovisionamiento 126

    Examen de las mejores prácticas para la implementación
        exitosa de cada fase del aprovisionamiento...................129
    Identificación y abordaje de los desafíos
        comunes en la gestión de cada fase...........................131
    Recomendaciones para superar obstáculos
        y maximizar los resultados en ambas fases...............134
Conclusiones del capítulo 2...136

Capítulo 3. Los tres pilares de valor en el aprovisionamiento: ahorro, eficiencia y trazabilidad.....139

    Pilar 1. Ahorro - Optimización de costos y recursos.........140
        Importancia del ahorro en el aprovisionamiento
            y su impacto en la rentabilidad...................................141
        Identificación de oportunidades de ahorro
            en la cadena de suministro..142
        Estrategias para negociar precios favorables
            y condiciones contractuales ventajosas.....................144
        Implementación de prácticas de compra
            inteligentes y optimización del gasto..........................146
        El ahorro desde las perspectivas estratégica y táctica...148
    Pilar 2. Eficiencia - Mejora de procesos y rendimiento......150
        El papel fundamental de la eficiencia
            en la gestión del aprovisionamiento............................150
        Análisis y optimización de los flujos de trabajo
            y los procesos de abastecimiento................................152
        Implementación de tecnologías y herramientas
            para mejorar la eficiencia operativa.............................154
        La eficiencia desde las perspectivas estratégica y táctica..........156
    Pilar 3. Trazabilidad - Control y transparencia del proceso.........158
        La importancia de la trazabilidad y la
            auditabilidad en el aprovisionamiento.........................159
        Cumplimiento normativo y regulaciones
            en el proceso de aprovisionamiento............................161
        Gestión de riesgos y respuesta efectiva en el aprovisionamiento...162
        Trazabilidad y auditabilidad desde las
            perspectivas estratégica y táctica.................................164
    Equilibrio entre los tres pilares de valor..............................167
        Interacción y sinergia entre el ahorro,
            la eficiencia y la trazabilidad..168
        Impacto del equilibrio entre el ahorro,
            la eficiencia y la trazabilidad..169
        Casos de estudio que demuestran cómo el balance
            adecuado entre los pilares genera resultados exitosos..........174

Medición y mejora continua...176
  Desarrollo de indicadores de rendimiento
    para evaluar los tres pilares..177
  Análisis de resultados y retroalimentación
    para la mejora continua...180
Implementación de estrategias de innovación y adaptación
  para mantener el equilibrio de valor a lo largo del tiempo.....181
Conclusiones del capítulo 3...183

Capítulo 4. El iceberg empresarial. Descubriendo los problemas ocultos para un éxito sostenible..............187

Requerimientos de las áreas de negocio..189
  Claves para abordar los requerimientos de negocio
    que difieren de las necesidades reales de la empresa..........190
  Ejemplos de requerimientos de las áreas de negocio
    no alineados con las necesidades reales de la empresa......192
Legalidades del negocio..194
  Claves para abordar las legalidades del negocio
    y alinearlas con las necesidades y objetivos de la empresa.............195
  Ejemplos de legalidades del negocio alineados
    a las necesidades y objetivos de la empresa............................196
Necesidades reales de la empresa..198
  Claves para identificar las necesidades reales de la empresa............199
  Ejemplos de necesidades reales de la empresa............................201
Priorización de los pilares de valor...202
  Claves para determinar el mejor equilibrio
    entre el ahorro, la eficiencia y la trazabilidad............................204
  Ejemplos de distribución de equilibrio
    para diferentes sectores industriales..206
Madurez de los procesos de aprovisionamiento............................208
Claves para entender el nivel de madurez de
  una empresa y diseñar un camino de evolución............................212
  Ejemplo de empresas que han transitado
    a un proceso de aprovisionamiento maduro............................215
Necesidades específicas de la industria..218
  Claves para identificar las necesidades específicas
    de la industria que afectan a la empresa....................................219
  Ejemplos de necesidades específicas de distintas industrias..........220
Madurez de la organización de compras..223
  Claves para entender el nivel de madurez de una organización
    de compras y diseñar un camino de evolución.......................225

Ejemplo del tránsito de las empresas
una organización de compras moderna 230
Conclusiones del capítulo 4 234

Capítulo 5. Mejorando el aprovisionamiento con enfoque en procesos, tecnología y organización 237

Preparación del proyecto de transformación
del aprovisionamiento 240
Evaluación de la organización de compras
y sus procesos de aprovisionamiento 242
    Análisis de los procesos existentes, la estructura organizativa
    y las tecnologías utilizadas en la organización de compras 243
    Diseño de mejoras relacionadas con los procesos,
    la organización y las tecnologías 246
Implementación de mejoras para transitar
a un aprovisionamiento inteligente 250
    Mejoras en los procesos de aprovisionamiento 251
    Mejoras en la organización de compras 256
    Implementación de tecnologías para el aprovisionamiento 265
Gestión del cambio en la implementación de mejoras 277
    Importancia de la gestión del cambio en la implementación
    exitosa de las mejoras en el aprovisionamiento 279
    Desarrollo de habilidades y competencias necesarias
    para adaptarse a los cambios y aprovechar las nuevas
    prácticas y tecnologías 281
Conclusiones del capítulo 5 283

Capítulo 6. Herramientas metodológica para una transformación inteligente 287

Herramientas para la transformación de la empresa 288
    Evaluación del nivel de madurez de la organización de compras 289
    Definición del equilibrio óptimo en los pilares de valor
    (ahorro, eficiencia y trazabilidad) 291
    Evaluación del nivel de madurez de los procesos
    de aprovisionamiento 295
    Análisis y selección de las tecnologías adecuadas 297
Facilitadores para la ejecución de las actividades
de aprovisionamiento 303
    Segmentación de servicios para la optimización
    del control de la ejecución 303
    Tablero integral de negociación y adjudicación
    (*comprehensive negotiation and award board*, CNAB) 311

    Herramientas para el análisis y gestión
    de costos, riesgos y problemas 314
        Mapa de empatía 315
        Análisis de causa raíz (*root cause analysis*, RCA) 319
        Gestión de riesgos en el aprovisionamiento 330
        Cálculo del costo total de propiedad
        (*total cost of ownership*, TCO) 342
    Conclusión del capítulo 6 348

Conclusiones finales 351

Introducción

En el entorno empresarial actual, la gestión de recursos y la optimización de procesos se han vuelto imperativos y cruciales para garantizar un éxito continuo. En este contexto dinámico, los aprovisionamientos estratégicos y tácticos surgen como pilares fundamentales que definen la habilidad de una organización para asegurar un suministro eficiente y efectivo de bienes y servicios vitales. Este libro se erige como una guía esencial para que CPO y profesionales del abastecimiento logren un mejor entendimiento sobre su posición relativa dentro de las mejores prácticas empresariales y naveguen por las complejidades del aprovisionamiento, ofreciendo una visión profunda y práctica que abarca desde la integración estratégica hasta la mejora tecnológica, trazando el camino hacia un aprovisionamiento verdaderamente inteligente.

Esta obra se estructura en tres partes que guían a los lectores en su viaje hacia el aprovisionamiento inteligente. En la primera, exploramos la conceptualización del aprovisionamiento desglosando la integración de la cadena de valor de Porter y las fases estratégicas y tácticas. En la segunda parte, nos sumergimos en cómo hacer la transición hacia el aprovisionamiento inteligente destacando los pilares de valor, la resolución de problemas subyacentes y la importancia del equilibrio. Finalmente, la tercera parte proporciona una gama de herramientas metodológicas esenciales para respaldar la gestión inteligente del aprovisionamiento. Cada sección despliega aspectos cruciales para una gestión de recursos eficiente y efectiva.

Conceptualización

En estos capítulos abordamos la esencia del aprovisionamiento inteligente desglosando cada aspecto que determina el éxito de cualquier empresa en su camino hacia la excelencia en la gestión de recursos. Comenzamos con una exploración detallada de cómo el aprovisionamiento se integra magistralmente en la cadena de valor de Porter, posicionándose como un elemento clave para desarrollar ventajas competitivas sostenibles. Este enfoque proporciona la plataforma perfecta para comprender cómo la adquisición estratégica de recursos se convierte en el cimiento mismo de la creación de valor, afectando positivamente áreas cruciales de las empresas.

Avanzamos hacia una visión más profunda de las fases del aprovisionamiento: estratégico y táctico. En estas etapas, se revela cómo las decisiones y acciones se diseñan con la mira en los objetivos organizacionales a largo y a corto plazo. Con un enfoque estratégico, exploramos cómo el aprovisionamiento se convierte en un catalizador para lograr ventajas competitivas, seleccionando proveedores con precisión y construyendo relaciones sólidas. Por otro lado, en el ámbito táctico, explicamos cómo se llevan a cabo las adquisiciones en tiempo real para garantizar la disponibilidad oportuna de recursos en función de las necesidades operativas inmediatas. Estos dos enfoques se entrelazan armoniosamente para lograr la continuidad de la cadena de suministro y la alineación con la estrategia global de la empresa.

La conceptualización del aprovisionamiento inteligente se profundiza al explorar los tres pilares de valor que sustentan esta práctica: ahorro, eficiencia y trazabilidad del proceso. Cada uno de estos pilares comprende áreas clave donde las organizaciones pueden centrar su atención para optimizar sus procesos de adquisición. Así, el pilar de ahorro impulsa a las empresas a buscar oportunidades para reducir costos sin comprometer la calidad; el enfoque en la eficiencia dirige la mirada hacia la simplificación y optimización de procesos para agilizar el aprovisionamiento y, en tercer lugar, la trazabilidad del proceso se basa en la transparencia y control del ciclo de adquisición (desde la identificación de la necesidad hasta la entrega final).

Tránsito al aprovisionamiento inteligente

En estos capítulos nos sumergimos en el proceso transformador que lleva el aprovisionamiento de un estado reactivo a uno inteligente y proactivo. Nos adentramos en el concepto del iceberg empresarial, una metáfora que captura la esencia de las organizaciones que, al enfrentarse a problemas en su área de aprovisionamiento, solo ven la punta del iceberg: los problemas evidentes. Sin embargo, este enfoque limitado no abarca los procesos y factores subyacentes que mantienen el éxito aparente. En este contexto, exploramos cómo emprender una transición integral y transformadora hacia el aprovisionamiento inteligente.

A lo largo de los capítulos, descubrimos cómo es posible llevar a cabo una metamorfosis en los procesos y la organización. Comenzamos reconociendo que los procesos poco maduros y las estructuras organizativas ineficientes son obstáculos en el camino hacia el aprovisionamiento inteligente. A través de un enfoque holístico, se analiza cómo la reevaluación y mejora de los procesos pueden desencadenar cambios significativos en la eficiencia y la efectividad del aprovisionamiento y abogamos por la importancia de mirar más allá de lo obvio, explorando las raíces de los problemas y rediseñando los procesos para lograr mejoras duraderas.

En esta transición, la estructura organizativa emerge como pilar. A medida que las empresas se embarcan en la transformación hacia su aprovisionamiento inteligente, deben organizarse de manera que se fomente la colaboración, la comunicación fluida y la responsabilidad compartida. Esto no solo radica en crear roles claros y definidos, sino también en empoderar a los equipos para tomar decisiones informadas y ágiles. Esto permitirá una mayor capacidad de respuesta y una toma de decisiones basada en datos en tiempo real.

El tercer pilar que sustenta esta transición es la tecnología. Aquí, exploramos cómo las soluciones tecnológicas pueden transformar radicalmente la gestión del aprovisionamiento. Desde sistemas de gestión de la cadena de suministro hasta herramientas de análisis de datos, la tecnología puede optimizar los procesos, proporcionar insights profundos y facilitar la toma de decisiones basadas en evidencia. A medida que las organizaciones adopten estas soluciones, pasarán de una gestión basada en la intuición a una soportada en la información, lo que apunta a mejorar la eficiencia y la efectividad en la toma de decisiones.

Herramientas para la transición a un aprovisionamiento inteligente

Adicionalmente, en este libro exploramos un conjunto de herramientas prácticas para guiar a las organizaciones en su transición hacia un aprovisionamiento inteligente. Estas proporcionan un enfoque estructurado y eficiente para abordar los desafíos inherentes a esta transformación: desde la evaluación de niveles de madurez hasta la mejora continua de los procesos, estas herramientas empoderan a las empresas para alcanzar niveles óptimos de eficiencia y efectividad en su aprovisionamiento. Este conjunto de herramientas prácticas están agrupadas en tres categorías esenciales:

Herramientas para la transformación de la empresa

Comenzamos examinando las herramientas diseñadas para impulsar la transformación integral en la organización. Estas herramientas están destinadas a evaluar y mejorar el nivel de madurez de la organización en el ámbito del aprovisionamiento. También exploramos el equilibrio óptimo entre los tres pilares de valor —ahorro, eficiencia y trazabilidad— en línea con los objetivos y metas de la empresa.

Facilitadores para la ejecución de las actividades de aprovisionamiento

Continuamos con el conjunto de herramientas para simplificar la realización de las actividades de aprovisionamiento. Desde la segmentación de servicios para optimizar el control de las prácticas hasta el seguimiento de los procesos de negociación y adjudicación por medio de un tableo integral, estas herramientas apoyan la eficiencia operativa y la toma de decisiones basadas en datos en cada etapa del proceso de aprovisionamiento.

Herramientas para el análisis y gestión de costos, riesgos y problemas

Seguidamente, se tratan las herramientas enfocadas en el análisis y la gestión de aspectos críticos del aprovisionamiento. Esto incluye el uso de recursos como el mapa de empatía y el análisis de causa raíz para comprender mejor las necesidades de las partes interesadas y detectar el origen de los problemas. Además, abordamos cómo gestionar los riesgos en el aprovisionamiento y calcular el costo total de propiedad (TCO) para obtener una imagen completa de los costos asociados a una adquisición.

Definiciones importantes

El aprovisionamiento es el conjunto de procesos que aseguran la disponibilidad oportuna y adecuada de bienes y servicios esenciales para el funcionamiento y cumplimiento de los objetivos de una organización. Se trata de un proceso integral que implica determinar las fuentes de aprovisionamiento adecuadas y confiables, abarcando tanto la selección estratégica de proveedores como la gestión táctica de adquisiciones. En este contexto, es posible diferenciar dos enfoques complementarios: el aprovisionamiento estratégico y el aprovisionamiento táctico, que convergen para garantizar la continuidad de la cadena de suministro, la satisfacción de las necesidades internas y la obtención de ventajas competitivas en un entorno empresarial dinámico.

El aprovisionamiento estratégico es la planificación a largo plazo y la toma de decisiones orientadas a la obtención de ventajas competitivas y la alineación con los objetivos generales de la organización. Implica la selección cuidadosa de proveedores, la gestión de relaciones sólidas y estratégicas con ellos, y la identificación de oportunidades para optimizar costos y calidad a lo largo del tiempo. Este enfoque busca asegurar que los recursos de aprovisionamiento se alineen con la estrategia global de la empresa.

Por otro lado, el aprovisionamiento táctico se centra en la ejecución de las decisiones estratégicas, asegurando la disponibilidad oportuna de bienes y servicios en función de las necesidades operativas inmediatas. Implica la gestión de órdenes de compra y la supervisión de entregas. El enfoque táctico busca maximizar la eficiencia operativa y garantizar que las actividades diarias de aprovisionamiento se ajusten a las directrices estratégicas establecidas.

En última instancia, tanto el aprovisionamiento estratégico como el táctico buscan optimizar la adquisición de recursos para respaldar los objetivos de la organización sobre la base de la alineación estratégica y la eficiencia operativa.

Capítulo 1.
Integración de la cadena de valor de Michael Porter en el aprovisionamiento

En el mundo empresarial altamente competitivo de hoy, entender y optimizar la cadena de valor de una organización es fundamental para lograr una ventaja competitiva sostenible.

La cadena de valor de Porter proporciona un marco analítico que descompone las actividades internas de una empresa en categorías, permitiendo una comprensión más profunda de cómo se crea y se entrega valor a los clientes.

En este capítulo exploramos, desde una perspectiva teórico-analítica, la integración del aprovisionamiento en la cadena de valor de Porter como componente crítico para la creación de valor y el logro de ventajas competitivas.

La cadena de valor de Porter: un marco para la ventaja competitiva

La cadena de valor, desarrollada por Michael Porter en su libro *Ventaja competitiva: creación y sostenimiento de un desempeño superior* (1985), es un modelo analítico que permite descomponer las actividades internas de una empresa en una serie de actividades interrelacionadas que generan valor para el cliente y, por ende, contribuyen a la ventaja competitiva de la organización. Porter argumenta que el éxito de las empresas se basa en la capacidad para realizar sus actividades de manera más eficiente y efectiva que sus competidores.

La cadena de valor comprende tanto las actividades primarias —directamente relacionadas con la producción y entrega del producto o servicio— como las actividades de apoyo —que brindan el respaldo necesario para llevar a cabo las actividades primarias de manera eficiente—. Su análisis es una herramienta poderosa para identificar las fuentes de ventajas competitivas de una empresa y orientar sus estrategias hacia la diferenciación o el liderazgo en costos.

En este capítulo, nos sumergimos en la cadena de valor de Porter y exploramos en detalle sus componentes y su relevancia en la generación de valor para los clientes.

Comenzamos con una descripción general de la cadena de valor y su estructura básica.

La cadena de valor se compone de dos tipos de actividades: primarias y de apoyo.

Las actividades primarias son aquellas directamente relacionadas con la creación, entrega y comercialización de los productos o servicios. Incluyen la logística de entrada, las operaciones, la logística de salida, el marketing y las ventas y el servicio al cliente. Analizamos cada una de estas actividades en profundidad, destacando su importancia y cómo contribuyen al valor percibido por los clientes.

Por otro lado, las actividades de apoyo son aquellas que brindan el soporte necesario para que las actividades primarias se lleven a cabo de manera eficiente y efectiva. Incluyen el mantenimiento de la infraestructura de la empresa, la gestión de recursos humanos, el desarrollo tecnológico y las compras o aprovisionamiento. Examinamos estas actividades de apoyo y cómo influyen en la eficiencia y el desempeño de las actividades primarias y, en última instancia, en la generación de valor para los clientes.

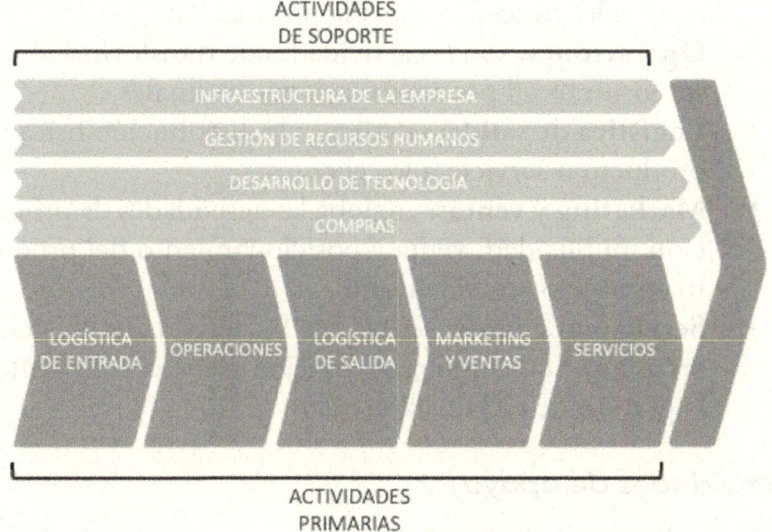

Ilustración 1 - Cadena de valor de Michael Porter

Descripción general de la cadena de valor y sus componentes

En esta sección exploramos en detalle los componentes principales de la cadena de valor de Porter, comenzando por la comprensión de su estructura básica y cómo se divide en actividades primarias y actividades de apoyo.

Actividades primarias

Son aquellas actividades directamente relacionadas con la creación y entrega del producto o servicio, así como con su comercialización y servicio al cliente. Las actividades primarias incluyen:

- **Logística de entrada:** engloba los procesos de recepción, almacenamiento y distribución de los insumos y materiales necesarios para la producción.
- **Operaciones:** son las actividades de transformación de los insumos en productos o servicios finales.
- **Logística de salida:** se refiere a la distribución física del producto o servicio a los clientes.
- **Marketing y ventas:** engloba las actividades de promoción, publicidad, venta y posicionamiento del producto o servicio en el mercado.
- **Servicio al cliente:** se trata de las actividades posteriores a la venta, como el soporte, la atención al cliente y la gestión de reclamaciones.

Actividades de apoyo

Son aquellas que brindan el soporte necesario para que las actividades primarias se realicen de manera eficiente y efectiva. Las actividades de apoyo incluyen:

- **Mantenimiento de la infraestructura de la empresa:** se refiere a los recursos tangibles e intangibles necesarios para el funcionamiento de la organización, como los sistemas de información, los edificios, los equipos y los recursos financieros.
- **Gestión de recursos humanos:** engloba las actividades relacionadas con la contratación, capacitación, motivación y retención del talento humano de la organización.
- **Desarrollo tecnológico:** incluye la investigación y desarrollo de nuevas tecnologías, así como su aplicación en los procesos y productos de la empresa.
- **Compras o aprovisionamiento:** se refiere a las actividades relacionadas con la adquisición de insumos, materiales y servicios necesarios para la producción y operación de la empresa.

Relación entre las actividades de la cadena de valor y la generación de valor para los clientes

Cada etapa de la cadena de valor desempeña un papel crucial en la creación y entrega de productos o servicios que satisfagan las necesidades y expectativas de los clientes.

Las actividades de la cadena de valor no solo tienen como objetivo producir y distribuir un producto, sino que están diseñadas para añadir valor en cada paso del proceso. A continuación, analizamos cómo cada actividad contribuye a la generación de valor:

- **Logística de entrada:** una gestión eficiente de la cadena de suministro garantiza que los insumos y materiales necesarios estén disponibles en el momento adecuado y en las cantidades requeridas. Esto permite reducir los tiempos de espera y asegurar una producción sin interrupciones. Al asegurar un abastecimiento fluido, se crea valor al ofrecer productos de calidad y en el momento preciso.

- **Operaciones:** la optimización de los procesos de producción y la calidad del producto final son fundamentales para generar valor. Mediante la mejora de la eficiencia, la reducción de errores y la implementación de prácticas de fabricación de clase mundial, se obtienen productos con un alto nivel de calidad y confiabilidad.
- **Logística de salida:** la entrega rápida y confiable de los productos a los clientes es esencial para generar valor. Una logística de salida eficiente garantiza que los productos estén disponibles en los puntos de venta adecuados en el momento preciso. Esto contribuye a la satisfacción del cliente al brindar conveniencia y cumplir con las expectativas de entrega.
- **Marketing y ventas:** las actividades de promoción, publicidad y ventas son fundamentales para crear conciencia de marca y persuadir a los clientes a elegir los productos o servicios de la empresa. Una estrategia de marketing efectiva, basada en un profundo conocimiento de los clientes y sus necesidades, permite comunicar el valor diferencial de los productos y generar demanda.
- **Servicio al cliente:** brindar un servicio excepcional después de la venta es clave para mantener la satisfacción del cliente y fomentar su fidelidad. El soporte técnico, la resolución de problemas y la atención personalizada generan valor al garantizar una experiencia positiva y satisfactoria para el cliente.

Es importante destacar que la generación de valor para los clientes no se limita a las actividades primarias de la cadena de valor. Las actividades de apoyo, como la infraestructura de la empresa, la gestión de recursos humanos, el desarrollo tecnológico y las compras también desempeñan un papel crucial en la creación de valor. Por ejemplo, una infraestructura sólida y una gestión de recursos humanos efectiva contribuyen a la calidad del servicio y la eficiencia operativa, lo que se traduce en una mejor experiencia para el cliente.

El papel del aprovisionamiento en la cadena de valor

El aprovisionamiento abarca las decisiones estratégicas a largo plazo y las actividades tácticas diarias relacionadas con la adquisición y gestión de recursos para la operación de la empresa.

Además, un aprovisionamiento estratégico y táctico eficiente puede generar beneficios adicionales, como la reducción de costos, la optimización de la cadena de suministro, la mitigación de riesgos y la identificación de oportunidades de innovación y colaboración con proveedores. Estas ventajas pueden generar una diferenciación en el mercado y fortalecer la posición competitiva de la empresa.

Identificación de la función del aprovisionamiento en el contexto de la cadena de valor

El aprovisionamiento desempeña una función crucial dentro de la cadena de valor de una organización, pues se encarga de garantizar la disponibilidad y el suministro eficiente de los recursos necesarios para llevar a cabo las actividades productivas y entregar productos o servicios a los clientes. A través de su papel estratégico y táctico, el aprovisionamiento contribuye directamente a la creación de valor en distintos niveles de la cadena.

En primer lugar, el aprovisionamiento estratégico tiene la responsabilidad de establecer las directrices y políticas relacionadas con la selección de proveedores, la gestión de contratos, la evaluación de riesgos y la planificación de la cadena de suministro. Su objetivo principal es alinear las necesidades de la organización con las capacidades y características de los proveedores. Para ello, busca establecer relaciones a largo plazo que impulsen la innovación, la calidad y la competitividad.

Por otro lado, el aprovisionamiento táctico se enfoca en la ejecución de las actividades operativas diarias, como la gestión de pedidos, el seguimiento de entregas, la gestión de inventarios y la coordinación con los proveedores. Su objetivo es asegurar que los recursos requeridos estén disponibles en el momento adecuado, en las cantidades necesarias y con los estándares de calidad establecidos.

Ambos enfoques del aprovisionamiento trabajan en conjunto para optimizar la cadena de valor: el aprovisionamiento estratégico define la visión y establece las estrategias para lograr una cadena de suministro eficiente y resiliente, mientras que el aprovisionamiento táctico se encarga de ejecutar tales estrategias de manera efectiva en el día a día.

La función del aprovisionamiento se extiende a lo largo de toda la cadena de valor. Desde la adquisición de materias primas y componentes hasta la entrega de productos o servicios finales, el aprovisionamiento garantiza que cada etapa se realice de manera eficiente, minimizando los costos, optimizando los tiempos y asegurando la calidad.

Además, el aprovisionamiento tiene un impacto directo en las actividades primarias y de apoyo de la cadena de valor. En las actividades primarias, como la logística de entrada, las operaciones y la logística de salida, el aprovisionamiento asegura el flujo adecuado de recursos y materiales, permitiendo la producción y distribución eficiente. En las actividades de apoyo, el aprovisionamiento contribuye con la gestión de proveedores, la optimización de costos y la gestión de riesgos, lo que tiene un impacto significativo en la eficiencia y efectividad de toda la cadena de valor.

Impacto del aprovisionamiento en las actividades primarias y de apoyo

En las actividades primarias, que incluyen la logística de entrada, las operaciones y la logística de salida, el aprovisionamiento tiene un impacto significativo en la eficiencia operativa y en la satisfacción del cliente. A través de la adecuada gestión de proveedores, la negociación de contratos y la planificación de la cadena de suministro, el aprovisionamiento garantiza la disponibilidad oportuna de los recursos necesarios para la producción y entrega de productos o servicios. Esto se traduce en una mayor eficiencia en la logística de entrada, asegurando que los materiales y componentes lleguen a tiempo y en las cantidades requeridas. Asimismo, el aprovisionamiento contribuye a la optimización de los procesos de producción y ensamblaje, asegurando un flujo constante y sin interrupciones. Por último, en la logística de salida, el aprovisionamiento se encarga de coordinar la distribución y entrega de los productos terminados, asegurando una cadena de suministro eficiente y satisfaciendo las necesidades de los clientes en términos de plazos y calidad.

En cuanto a las actividades de apoyo, el aprovisionamiento tiene un impacto directo en la gestión de proveedores, la optimización de costos y la gestión de riesgos. En la gestión de proveedores, el aprovisionamiento busca establecer relaciones sólidas y duraderas con proveedores confiables y de calidad, lo que se traduce en mayor disponibilidad de recursos, mejor capacidad de respuesta y mayor innovación. Además, el aprovisionamiento realiza una evaluación constante de los proveedores, identifica oportunidades de mejora, establece criterios de desempeño y promueve la colaboración para lograr mayor eficiencia y calidad en la cadena de suministro.

En cuanto a la optimización de costos, el aprovisionamiento trabaja en la identificación de oportunidades de ahorro, la negociación de precios y condiciones favorables, así como la gestión eficiente de inventarios y la reducción de costos logísticos. Estas acciones permiten minimizar los gastos asociados al aprovisionamiento y optimizar la asignación de recursos, lo que deviene en una mejora de la rentabilidad y una mayor competitividad en el mercado.

Finalmente, el aprovisionamiento desempeña un papel crucial en la gestión de riesgos, identificando y evaluando posibles riesgos en la cadena de suministro, implementando estrategias de mitigación y estableciendo planes de contingencia. Esto ayuda a reducir la exposición a riesgos operativos, como retrasos en la entrega de productos, escasez de materiales o fallas en la calidad, lo que garantiza la continuidad de las operaciones y la satisfacción del cliente.

Contribución del aprovisionamiento a la creación de valor para los clientes y la ventaja competitiva

A través de su capacidad para garantizar la disponibilidad, la calidad y la eficiencia de los recursos necesarios, el aprovisionamiento tiene un impacto directo en la satisfacción del cliente y en la capacidad de la empresa para destacarse en un mercado competitivo.

En primer lugar, el aprovisionamiento contribuye a la satisfacción del cliente al asegurar que los productos o servicios estén disponibles en el momento y lugar adecuados. Mediante la gestión eficiente de la cadena de suministro, el aprovisionamiento garantiza que los materiales y componentes necesarios estén disponibles en el momento oportuno para la producción y entrega de los productos finales. Esto evita retrasos en la entrega y permite cumplir con los plazos comprometidos con los clientes.

Además, el aprovisionamiento se encarga de mantener un adecuado nivel de inventario, evitando la escasez o el exceso de existencias, lo que se traduce en una mayor confiabilidad y agilidad en la respuesta a las demandas del cliente.

En segundo lugar, el aprovisionamiento tiene un impacto significativo en la calidad de los productos o servicios ofrecidos. A través de la selección cuidadosa de proveedores confiables y de la implementación de estándares y controles de calidad, el aprovisionamiento asegura que los materiales y componentes adquiridos cumplan con los requisitos especificados. Esto garantiza la consistencia y la fiabilidad de los productos finales, lo que a su vez genera confianza y satisfacción en los clientes. Asimismo, el aprovisionamiento se involucra en la gestión de la cadena de suministro, trabajando en estrecha colaboración con los proveedores para mejorar la calidad de los productos y la eficiencia de los procesos, lo que se refleja en una mayor calidad percibida por los clientes.

En tercer lugar, el aprovisionamiento aporta a las ventajas competitivas de la empresa al optimizar los costos y maximizar la eficiencia en la cadena de suministro. A través de la negociación de precios favorables, la búsqueda de alternativas de abastecimiento y la gestión eficiente de inventarios, el aprovisionamiento contribuye a reducir los costos de adquisición y logísticos. Esto permite mayor rentabilidad y la capacidad de ofrecer precios competitivos a los clientes. Además, el aprovisionamiento busca constantemente nuevas oportunidades y tecnologías en el mercado, lo que le permite identificar y adoptar prácticas innovadoras que mejoren la eficiencia y aporten mejoras a la cadena de suministro, apuntalando las ventajas competitivas.

Integrando el aprovisionamiento en las actividades primarias

El aprovisionamiento desempeña un papel esencial en las actividades primarias de la cadena de valor de una empresa. Estas incluyen la logística de entrada y el manejo de materiales, las operaciones de producción o prestación de servicios y la coordinación con la distribución física y la logística de salida.

A continuación, exploramos cómo el aprovisionamiento se integra en cada una de estas áreas clave.

Aprovisionamiento en la logística de entrada y el manejo de materiales

El aprovisionamiento desempeña un papel fundamental en la logística de entrada y el manejo de materiales de una organización. Esta función se encarga de garantizar que los materiales y componentes necesarios para la producción o prestación de servicios estén disponibles en el momento adecuado, en la cantidad correcta y en las condiciones requeridas, pero ¿cómo se integra el aprovisionamiento en la logística de entrada y el manejo de materiales y cuál es su impacto en el funcionamiento de estas áreas?

Identificación y selección de proveedores confiables

El aprovisionamiento se encarga de identificar y seleccionar proveedores confiables que puedan suministrar los materiales y componentes requeridos. Esto implica realizar un análisis exhaustivo del mercado, evaluar la capacidad y calidad de los proveedores potenciales y establecer relaciones sólidas con aquellos que cumplan los estándares y requisitos establecidos.

Al tener proveedores confiables, el aprovisionamiento asegura un suministro constante y de calidad para la organización.

Negociación de contratos y acuerdos de suministro

Una vez seleccionados los proveedores, el aprovisionamiento se encarga de negociar contratos y acuerdos de suministro favorables para la organización. Estos contratos establecen los términos y condiciones de la adquisición de materiales y servicios, incluyendo precios, plazos de entrega, volúmenes, condiciones de pago y otros aspectos relevantes. La capacidad de negociación del aprovisionamiento es crucial para obtener condiciones beneficiosas que garanticen un aprovisionamiento eficiente y rentable.

Gestión del proceso de adquisición

El aprovisionamiento desempeña un papel clave en la adquisición de materiales y servicios. Implica coordinar y supervisar las etapas del proceso, desde la identificación de las necesidades, la emisión de órdenes de compra y el seguimiento de los pedidos, hasta la recepción y verificación de los materiales o servicios entregados. Una gestión efectiva del proceso de adquisición garantiza la disponibilidad oportuna de los materiales necesarios para la producción o prestación de servicios, evitando retrasos e interrupciones en las operaciones.

Control de inventario y gestión de almacenes

El aprovisionamiento también tiene un papel importante en el control de inventario y la gestión de almacenes. Se encarga de mantener un adecuado nivel de inventario, evitando tanto la escasez como el exceso de materiales. Esto implica monitorear los niveles de existencias, planificar las reposiciones, gestionar los espacios de almacenamiento y coordinar el flujo de materiales en los almacenes.

La gestión eficiente del inventario y los almacenes contribuye a minimizar los costos de almacenamiento, reducir los tiempos de espera y optimizar la disponibilidad de los materiales.

Relación entre el aprovisionamiento y las operaciones de producción o prestación de servicios

La relación entre el aprovisionamiento y las operaciones de producción o prestación de servicios es crucial para el funcionamiento eficiente de una organización. El aprovisionamiento se encarga de proporcionar los recursos necesarios para llevar a cabo las actividades de producción o prestación de servicios de manera efectiva, pero ¿cómo se establece esta relación y cómo el aprovisionamiento impacta en las operaciones?

Suministro de materias primas y componentes

El aprovisionamiento asegura el suministro oportuno de las materias primas y componentes necesarios para la producción o prestación de servicios, lo que incluye coordinar con los proveedores la entrega de los materiales requeridos en las cantidades y condiciones adecuadas.

La eficiencia en el aprovisionamiento garantiza que las operaciones cuenten con los insumos necesarios para su funcionamiento sin interrupciones ni retrasos.

Calidad y cumplimiento de requisitos

El aprovisionamiento desempeña un papel fundamental en garantizar la calidad de los materiales y componentes adquiridos o de los servicios contratados. A través de la evaluación y selección de proveedores confiables, así como de la implementación de controles de calidad, el aprovisionamiento asegura que los insumos y servicios cumplan con los estándares establecidos. Esto es esencial para mantener altos niveles de calidad en los productos o servicios finales y cumplir con los requisitos de los clientes.

Planificación y programación de la producción

El aprovisionamiento tiene un rol importante en la planificación y programación de la producción. Al mantener una comunicación constante con los proveedores, el aprovisionamiento obtiene información sobre los tiempos de entrega, disponibilidad de materiales y posibles variaciones en la oferta. Esta información permite realizar la planificación precisa de las actividades de producción, evitando interrupciones en la cadena de suministro y optimizando los tiempos de entrega.

Gestión de la cadena de suministro

El aprovisionamiento está estrechamente relacionado con la gestión de la cadena de suministro. Trabaja en colaboración con otras áreas, como logística, distribución y compras, para asegurar un flujo eficiente de los materiales a lo largo de la cadena. La coordinación efectiva de estas actividades garantiza una cadena de suministro sin problemas, reduciendo los costos y mejorando la eficiencia operativa.

Coordinación con la distribución física y la logística de salida

La coordinación entre el aprovisionamiento y la distribución física, así como la logística de salida, es esencial para garantizar una cadena de suministro eficiente y el cumplimiento de los objetivos de la organización, pero ¿cómo se establece esta coordinación y cuál es el papel del aprovisionamiento en la distribución física y la logística de salida?

Planificación de la distribución

El aprovisionamiento colabora estrechamente con el departamento de distribución física para planificar y coordinar las actividades relacionadas con el transporte y la entrega de los productos o servicios: determina la cantidad y frecuencia de los envíos, selecciona los métodos de transporte más adecuados y coordina los tiempos de entrega para satisfacer las necesidades de los clientes.

Gestión de inventario

El aprovisionamiento desempeña un papel fundamental en la gestión del inventario, que incluye tanto los productos terminados como los materiales en proceso y los productos semielaborados. Asimismo, colabora con el departamento de distribución física para asegurarse de que los niveles de inventario sean óptimos y permitan cumplir con la demanda de manera eficiente, evitando la escasez o el exceso de existencias.

Coordinación de actividades logísticas

El aprovisionamiento trabaja en conjunto con el departamento de distribución física para coordinar las actividades logísticas para el envío de los productos. Esto incluye la preparación de los pedidos, el embalaje adecuado, la documentación requerida y la coordinación con los transportistas y proveedores de servicios logísticos. Una coordinación efectiva asegura una distribución fluida y a tiempo, minimizando los retrasos y los costos adicionales.

Cumplimiento de requisitos legales y normativos

El aprovisionamiento también se encarga de cumplir con los requisitos legales y normativos relacionados con la distribución física y la logística de salida. Para ello, debe asegurarse de que los productos estén etiquetados correctamente y que se cumplan las normas de embalaje y transporte, así como los requisitos aduaneros y de comercio internacional.

Para eso, el aprovisionamiento trabaja en estrecha colaboración con los departamentos legales y de cumplimiento para garantizar la observancia de las regulaciones aplicables.

El aprovisionamiento como facilitador de las actividades de apoyo

El aprovisionamiento también funge como facilitador de las actividades de apoyo dentro de una organización. A continuación exploramos cómo el aprovisionamiento contribuye a la gestión estratégica de proveedores y suministros, promueve la innovación y el desarrollo de proveedores, y tiene impacto en la infraestructura de la empresa y la tecnología.

Gestión estratégica de proveedores y suministros

La gestión estratégica de proveedores y suministros es una función esencial del aprovisionamiento. Se refiere al enfoque estratégico que se aplica en la selección, evaluación y gestión de proveedores y en la adquisición de los suministros necesarios para la organización. A continuación, exploramos en detalle los aspectos clave de la gestión estratégica de proveedores y suministros.

Selección de proveedores

La gestión estratégica de proveedores comienza con la identificación y selección de proveedores que cumplan con los requisitos de la organización. Esto requiere evaluar los proveedores potenciales en función de criterios como la calidad de los productos o servicios, la capacidad de cumplir con los plazos de entrega, la solidez financiera, la capacidad de innovación y la experiencia en el sector. La selección de proveedores estratégicos se basa en un análisis que busca establecer relaciones a largo plazo con aquellos que pueden contribuir de manera significativa al éxito de la organización.

Negociación de contratos

Una vez seleccionados los proveedores, se procede a la negociación de contratos que establezcan los términos y condiciones de la relación comercial. Esto toca aspectos como precios, volúmenes de compra, plazos de entrega, políticas de devolución y acuerdos de confidencialidad, entre otros.

La gestión estratégica de proveedores se enfoca en obtener acuerdos contractuales favorables que permitan a la organización maximizar el valor de sus compras y garantizar el cumplimiento de los estándares de calidad y servicio.

Monitoreo del desempeño

La gestión estratégica de proveedores implica el monitoreo continuo del desempeño de los proveedores seleccionados. Esto implica establecer métricas y KPI (indicadores clave de rendimiento) que permitan evaluar el cumplimiento de los proveedores en términos de calidad, tiempos de entrega, capacidad de respuesta, satisfacción del cliente, entre otros aspectos relevantes.

El monitoreo del desempeño permite identificar oportunidades de mejora, resolver problemas y mantener una comunicación oportuna con los proveedores para optimizar la relación y garantizar el logro de los objetivos estratégicos.

Desarrollo de proveedores

La gestión estratégica de proveedores no se limita a la selección y evaluación, sino que también considera el desarrollo de relaciones a largo plazo y la promoción de la mejora continua. Esto incluye aspectos como el intercambio de conocimientos, el fomento de la innovación conjunta, el establecimiento de programas de capacitación y desarrollo, y la colaboración en la optimización de procesos. El objetivo es fortalecer la relación con los proveedores estratégicos, impulsar su crecimiento, reducir los riesgos de fallas en el suministro y contribuir a la generación de valor compartido.

Innovación en el aprovisionamiento y desarrollo de proveedores

La innovación en el aprovisionamiento y el desarrollo de proveedores es un aspecto clave para mantener la competitividad y lograr mejoras continuas en la cadena de suministro. Se relaciona con la búsqueda de formas creativas de mejorar los procesos de aprovisionamiento y colaborar con los proveedores para fomentar la innovación en conjunto.

Fomento de la innovación

La innovación en el aprovisionamiento implica buscar constantemente nuevas ideas, enfoques y tecnologías para mejorar los procesos y las prácticas relacionadas con el aprovisionamiento. Esto puede incluir la adopción de nuevas tecnologías, como soluciones de gestión de la cadena de suministro basadas en inteligencia artificial o el uso de herramientas de análisis de datos para identificar oportunidades de mejora. También busca promover la creatividad y el pensamiento innovador dentro del equipo de aprovisionamiento, fomentando la generación de ideas y la implementación de mejoras.

Colaboración con proveedores

El desarrollo de proveedores incluye establecer una relación de colaboración estrecha con los abastecedores clave con el objetivo de trabajar juntos para mejorar los procesos, impulsar la innovación y generar valor mutuo. Esto puede incluir actividades como el intercambio de conocimientos y mejores prácticas, la participación conjunta en proyectos de investigación y desarrollo, y la cocreación de soluciones innovadoras.

Al involucrar a los proveedores en el proceso de innovación se pueden obtener ideas frescas y perspectivas externas que conduzcan a mejoras significativas de la cadena de suministro.

Evaluación y selección de proveedores innovadores

Para fomentar la innovación en el aprovisionamiento, es importante identificar y seleccionar proveedores reconocidos por su capacidad de innovación. Esto requiere evaluarlos no solo en función de sus capacidades operativas y de cumplimiento, sino también de su capacidad para generar ideas innovadoras y colaborar en la mejora de los procesos.

La selección de proveedores innovadores puede ser un factor diferenciador clave y e impulsar las ventajas competitivas de la organización.

Gestión de riesgos en la innovación

Si bien la innovación en el aprovisionamiento puede ser beneficiosa, también conlleva ciertos riesgos. Es importante tener en cuenta y gestionar estos riesgos de manera efectiva. Esto implica evaluar los riesgos asociados con la implementación de nuevas tecnologías o procesos innovadores, asegurarse de que los proveedores tengan la capacidad y los recursos para respaldar la innovación y establecer planes de contingencia en caso de posibles desafíos o interrupciones. La gestión adecuada de los riesgos permite aprovechar los beneficios de la innovación mientras se minimizan las posibles consecuencias negativas.

Impacto del aprovisionamiento en la infraestructura de la empresa y la tecnología

El aprovisionamiento tiene un impacto significativo en la infraestructura de la empresa y en la tecnología utilizada para respaldar las operaciones. A continuación, exploramos en detalle cómo el aprovisionamiento influye en estos aspectos y cómo puede generar valor para la organización.

Infraestructura de la empresa

El aprovisionamiento tiene un impacto directo en la infraestructura de la empresa, ya que se encarga de garantizar la disponibilidad de los recursos necesarios para el funcionamiento de las operaciones. Esto implica gestionar y coordinar la adquisición de materiales, equipos, instalaciones y otros activos físicos esenciales para el desarrollo de las actividades de la empresa.

Una gestión eficiente del aprovisionamiento permite optimizar la infraestructura, asegurando que los recursos estén disponibles en el momento adecuado, en la cantidad adecuada y en las condiciones adecuadas.

Tecnología de la cadena de suministro

El aprovisionamiento también tiene un impacto significativo en la tecnología utilizada en la cadena de suministro. Con el avance de las soluciones tecnológicas, el aprovisionamiento se ha vuelto cada vez más automatizado y digitalizado, pues ha sido permeado por el uso de sistemas de gestión de la cadena de suministro, software de planificación de recursos empresariales (ERP), herramientas de análisis de datos y plataformas de colaboración con proveedores, tecnologías que permiten una mayor eficiencia en los procesos de aprovisionamiento, una mejor visibilidad de la cadena de suministro y una toma de decisiones más informada.

Integración con otros sistemas empresariales

El aprovisionamiento también se integra con otros sistemas empresariales, como los de gestión de inventarios, de almacenes y de pedidos. Esta integración apuntala el flujo de información y la sincronización entre los departamentos y funciones de la empresa. Por ejemplo, la información sobre el inventario disponible y los pedidos en curso se comparte en tiempo real, lo que permite una planificación más precisa y una respuesta más rápida a las demandas del mercado.

Mejora de la eficiencia y reducción de costos

El aprovisionamiento eficiente y respaldado por la tecnología adecuada puede mejorar significativamente la eficiencia operativa y reducir costos. Al optimizar los procesos de aprovisionamiento se pueden eliminar ineficiencias, minimizar los tiempos de espera, reducir los errores y optimizar los niveles de inventario. Esto se traduce en una cadena de suministro más ágil, mejor utilización de los recursos y reducción de los costos asociados al aprovisionamiento.

Ejemplos de empresas que han integrado con éxito el aprovisionamiento en su cadena de valor

En esta sección, exploramos ejemplos de empresas líderes que han integrado con éxito el aprovisionamiento en su cadena de valor, aprovechando el enfoque estratégico para mejorar su desempeño y lograr una ventaja competitiva. Analizamos las estrategias implementadas, las mejores prácticas y las lecciones aprendidas que se pueden extraer de estos casos.

Caso 1: Apple Inc.

Apple Inc. es una empresa líder mundial en innovación y excelencia en la cadena de suministro. Su enfoque estratégico en el aprovisionamiento ha sido esencial para asegurar el suministro de componentes clave para la fabricación de sus productos y su éxito continuo en el mercado global.

- **Innovación en la cadena de suministro:** Apple es pionera en la integración de su cadena de suministro con un enfoque en la innovación. Ha desarrollado una cadena de suministro ágil y eficiente que le permite lanzar productos de alta calidad de manera constante. La innovación es parte de su ADN y se refleja en cómo gestionan el aprovisionamiento.
- **Colaboración con proveedores clave:** Apple ha establecido relaciones a largo plazo con proveedores clave. Esta colaboración va más allá de simplemente comprar

componentes: trabajan en estrecha colaboración con sus socios para impulsar la innovación en el diseño y la fabricación de productos, lo que ha resultado en productos de alta calidad que han transformado industrias enteras.
- **Reducción de tiempos de entrega:** a través de asociaciones estratégicas con proveedores, Apple ha logrado reducir significativamente los tiempos de entrega de componentes clave. Esto es esencial en una industria donde la velocidad de lanzamiento al mercado es crucial. La capacidad de Apple para obtener componentes de alta calidad de manera rápida ha sido una parte fundamental de su éxito.
- **Optimización de costos de producción:** a pesar de su enfoque en la calidad, Apple también ha optimizado sus costos de producción a través del aprovisionamiento estratégico. Negocian efectivamente con proveedores y buscan oportunidades para reducir costos sin comprometer la calidad.
- **Satisfacción del cliente:** uno de los resultados más visibles del enfoque en el aprovisionamiento de Apple es la satisfacción del cliente. Sus productos son conocidos por su calidad y confiabilidad, en gran parte gracias a su capacidad para asegurar un suministro constante de componentes de alta calidad.
- **Enfoque en la calidad:** Apple no solo busca precios competitivos, también exige altos estándares de calidad a sus proveedores. Esta búsqueda constante de calidad en toda su cadena de suministro se refleja en la experiencia del usuario final.
- **Ventaja competitiva:** a través de su enfoque en el aprovisionamiento estratégico, Apple ha logrado mantenerse

a la vanguardia de la industria y ofrecer productos de alta calidad de manera consistente. Su capacidad para innovar en diseño y tecnología ha sido posible gracias a su cadena de suministro eficiente y sus relaciones estratégicas con proveedores.

Apple Inc. continúa siendo un referente en cómo el aprovisionamiento estratégico puede impulsar la innovación, la calidad del producto y la satisfacción del cliente. Su enfoque riguroso en la cadena de suministro sigue siendo un modelo a seguir para empresas que buscan excelencia en aprovisionamiento y éxito sostenible en el mercado global.

Caso 2: Toyota Motor Corporation

Toyota Motor Corporation es ampliamente reconocida como un referente en la industria automotriz y una de las empresas pioneras en la implementación del sistema de producción Toyota conocido como Lean Manufacturing.

Su enfoque estratégico en el aprovisionamiento ha sido fundamental para el éxito y la eficiencia del sistema que ha transformado la manera de fabricar automóviles.

- **Sistema de producción Toyota (TPS):** en el centro de la filosofía de Toyota se encuentra el TPS, que se basa en la eliminación de desperdicios y la optimización de la cadena de suministro. El aprovisionamiento estratégico es una parte esencial de este sistema, ya que se enfoca en garantizar que las piezas y los componentes necesarios estén disponibles de manera precisa y eficiente.
- **Relaciones a largo plazo con proveedores:** Toyota ha establecido relaciones a largo plazo con proveedores

clave. A diferencia de las transacciones comerciales convencionales, Toyota ve a sus proveedores como socios estratégicos. Esta colaboración cercana ha permitido una comunicación fluida y la mejora continua de los procesos.
- **Flexibilidad y respuesta rápida:** gracias a su cadena de suministro ágil y flexible, Toyota puede adaptarse rápidamente a las cambiantes demandas del mercado. Esto le ha permitido responder eficazmente a crisis de escasez de piezas durante desastres naturales o la variabilidad en la demanda.
- **Eficiencia en la producción:** el aprovisionamiento estratégico también se traduce en una mayor eficiencia en la producción. Toyota puede mantener bajos niveles de inventario al garantizar un flujo constante de componentes. Esto reduce sus costos de almacenamiento y mejora la rentabilidad.
- **Calidad constante:** la búsqueda de la calidad es otra característica distintiva de Toyota. A través del aprovisionamiento estratégico, pueden asegurar que los componentes cumplan con los estándares más exigentes. Esto se traduce en automóviles de alta calidad y en confianza del cliente.
- **Reducción de costos:** a pesar de su enfoque en la calidad, Toyota también ha logrado reducir costos a través de prácticas de aprovisionamiento eficientes y la eliminación de desperdicios en la cadena de suministro.
- **Mejora continua:** la filosofía de mejora continua está arraigada en Toyota. Esto se aplica no solo a la producción, sino también al aprovisionamiento. Cada interacción con un proveedor es una oportunidad para identificar áreas de mejora.

- **Impacto global:** el enfoque en el aprovisionamiento estratégico ha permitido a Toyota expandirse globalmente y establecer operaciones en todo el mundo. Su cadena de suministro es un modelo a seguir para la industria automotriz global.

Toyota Motor Corporation continúa siendo líder en la industria automotriz gracias a su enfoque estratégico en el aprovisionamiento, base del sistema de producción Toyota. Su capacidad para mantener altos niveles de calidad, eficiencia y flexibilidad a lo largo de su cadena de suministro es un testimonio de cómo el aprovisionamiento estratégico puede impulsar el éxito empresarial y transformar una industria entera.

Caso 3: Amazon.com

Amazon.com, una de las empresas más influyentes en el comercio electrónico global, ha transformado radicalmente la forma en que compramos y vendemos productos. Su enfoque estratégico en el aprovisionamiento ha sido esencial para su éxito.

- **Innovación en la cadena de suministro:** Amazon ha revolucionado la industria minorista a través de su enfoque estratégico en el aprovisionamiento. Ha desarrollado una red logística global altamente eficiente e implementado tecnologías avanzadas para optimizar la gestión de inventarios, la planificación de la demanda y la gestión de pedidos.
- **Entrega rápida y confiable:** uno de los pilares del enfoque estratégico de Amazon es su capacidad para ofrecer entregas rápidas y confiables. Esto ha sido posible gracias a su red logística global, que incluye centros de distribución estratégicamente ubicados en todo el mundo. Los

productos están disponibles para su entrega en tiempos récord, lo que ha redefinido las expectativas de los consumidores en cuanto a la velocidad de entrega.
- **Gestión de inventarios precisa:** Amazon utiliza tecnologías avanzadas, como algoritmos de aprendizaje automático, para prever la demanda de productos con gran precisión. Esto le permite mantener niveles de inventario óptimos, asegurando que los productos estén disponibles cuando los clientes los necesiten, al mismo tiempo que minimizan los costos de almacenamiento.
- **Alianzas estratégicas:** Amazon ha establecido alianzas estratégicas con una variedad de proveedores clave. Estas asociaciones son esenciales para garantizar un suministro confiable y precios competitivos en su plataforma. Trabaja en estrecha colaboración con proveedores para mejorar la eficiencia de la cadena de suministro y reducir los tiempos de entrega.
- **Tecnología avanzada:** la tecnología desempeña un papel fundamental en la estrategia de aprovisionamiento de Amazon. Esta empresa ha implementado sistemas de inteligencia artificial y aprendizaje automático para optimizar la gestión de pedidos y mejorar la experiencia del cliente.
- **Ventaja competitiva:** a través de su enfoque en el aprovisionamiento estratégico, Amazon logra ofrecer una amplia selección de productos, precios competitivos y entrega rápida, lo que ha contribuido significativamente a su ventaja competitiva en el campo del comercio electrónico.

Amazon.com es un caso destacado de cómo un enfoque estratégico en el aprovisionamiento puede transformar una empresa y redefinir la industria. Sus prácticas innovadoras en el aprovisionamiento son un modelo a seguir para otras empresas en el espacio del comercio electrónico y más allá.

A partir de estos casos de estudio, se pueden extraer varias lecciones y mejores prácticas para integrar con éxito el aprovisionamiento en la cadena de valor. Entre ellas:

- Establecer relaciones estratégicas con proveedores clave para asegurar suministros confiables y de calidad.
- Implementar tecnologías avanzadas para optimizar la gestión de inventarios, la planificación de la demanda y la gestión de pedidos.
- Fomentar la colaboración y la mejora continua en toda la cadena de suministro.
- Desarrollar una infraestructura logística eficiente para garantizar una entrega rápida y confiable.
- Adoptar un enfoque basado en datos y análisis para tomar decisiones informadas en el aprovisionamiento.
- Priorizar la flexibilidad y la capacidad de respuesta para adaptarse a las demandas cambiantes del mercado.

Estos casos de estudio demuestran que la integración exitosa del aprovisionamiento en la cadena de valor puede generar ventajas competitivas significativas para las empresas. Al aprender de las estrategias implementadas y las mejores prácticas adoptadas por estas empresas líderes, otras organizaciones pueden mejorar su enfoque en el aprovisionamiento y lograr una mayor eficiencia y competitividad en sus operaciones.

Hacia una gestión integrada de la cadena de valor y el aprovisionamiento

En esta sección, exploramos cómo integrar la gestión de la cadena de valor y el aprovisionamiento, garantizando la alineación y coordinación entre ambas áreas, y examinamos las estrategias y consideraciones clave para implementar con éxito un enfoque integrado.

Estrategias para alinear y coordinar de manera efectiva el aprovisionamiento con las actividades de la cadena de valor

Estas estrategias permiten aprovechar al máximo el papel del aprovisionamiento en la generación de valor y la obtención de ventajas competitivas.

Definir visión y objetivos compartidos

Es fundamental establecer una visión clara y objetivos comunes entre el aprovisionamiento y las actividades de la cadena de valor. Esto implica comprender cómo el aprovisionamiento puede contribuir a los resultados estratégicos de la organización y cómo se integra en el logro de los objetivos de las diferentes funciones y departamentos. Alinear los intereses y metas fomenta la colaboración y el trabajo en equipo.

Comunicación efectiva

La comunicación abierta y fluida es clave para una alineación exitosa. Esto implica compartir información relevante y mantener su flujo constante y bidireccional entre los equipos de aprovisionamiento y las diferentes áreas de la cadena de valor.

La comunicación facilita la comprensión de las necesidades y desafíos de cada área, promoviendo mayor sinergia y coordinación.

Colaboración y trabajo en equipo

Fomentar la colaboración y el trabajo en equipo entre el aprovisionamiento y las actividades de la cadena de valor es esencial para una integración efectiva. Esto involucra la participación activa de los equipos en la toma de decisiones conjuntas, la identificación de oportunidades de mejora y la resolución de problemas de manera colaborativa. La colaboración promueve una comprensión mutua y facilita la implementación de soluciones más eficientes y efectivas.

Uso de tecnología y sistemas de información

Utilizar tecnología y sistemas de información adecuados puede potenciar la alineación y coordinación entre el aprovisionamiento y la cadena de valor. Esto incluye la implementación de herramientas de gestión de la cadena de suministro, software de planificación y seguimiento, sistemas de gestión de relaciones con proveedores, etc. Estas herramientas permiten compartir información en tiempo real, mejorar la visibilidad y facilitar la toma de decisiones basada en datos.

Evaluación y mejora continua

Es importante establecer un proceso de evaluación y mejora continua que apoye la alineación y coordinación efectiva en el tiempo. Esto requiere monitorear el desempeño del aprovisionamiento y las actividades de la cadena de valor, identificar áreas de mejora y desarrollar planes de acción para optimizar los procesos y resultados. La mejora continua es fundamental para adaptarse a los cambios del entorno y mantener la alineación a largo plazo.

Al implementar estas estrategias, las organizaciones pueden alinear y coordinar el aprovisionamiento y las actividades de la cadena de valor, lo que permite maximizar la eficiencia operativa, optimizar los costos, mejorar la calidad y ofrecer valor agregado a los clientes.

La alineación estratégica y la coordinación efectiva son elementos clave para aprovechar el potencial del aprovisionamiento en la generación de ventajas competitivas y el logro de los objetivos empresariales.

Consideraciones clave para la implementación exitosa de un enfoque integrado

Cuando se busca integrar el aprovisionamiento y las actividades de la cadena de valor, es importante considerar aspectos clave que ayudan a la implementación efectiva y permiten obtener los beneficios esperados de dicha integración. A continuación, exploramos algunos de ellos:

Compromiso de la alta dirección

El compromiso y el apoyo de la alta dirección son fundamentales para el éxito de la implementación. Es esencial que los líderes de la organización respalden y promuevan el enfoque integrado, proporcionando los recursos necesarios y estableciendo las prioridades adecuadas. La alta dirección debe comunicar claramente la importancia estratégica de la integración y alentar a todos los niveles de la organización a participar activamente en el proceso.

Evaluación de capacidades y recursos

Antes de implementar un enfoque integrado, es crucial evaluar las capacidades y recursos existentes en el aprovisionamiento y las actividades de la cadena de valor. Esto requiere identificar las fortalezas y debilidades, así como las brechas en términos de recursos humanos, tecnología, procesos y conocimientos. Esta evaluación proporcionará información valiosa para desarrollar planes de acción y asignar los recursos necesarios para la implementación.

Diseño de procesos integrados

Un enfoque integrado requiere el diseño de procesos que permitan la colaboración fluida y la comunicación efectiva entre el aprovisionamiento y las actividades de la cadena de valor. Esto implica identificar los puntos de conexión, las interdependencias y los flujos de información necesarios para garantizar una integración sin problemas.

Los procesos deben ser diseñados de manera que faciliten la coordinación, la toma de decisiones conjuntas y la retroalimentación continua.

Desarrollo de capacidades y habilidades

La implementación exitosa de un enfoque integrado requiere el desarrollo de capacidades y habilidades tanto en el aprovisionamiento como en las actividades de la cadena de valor. Esto puede involucrar la capacitación y el desarrollo de los equipos, la contratación de personal con habilidades específicas y la promoción de una cultura de colaboración y aprendizaje continuo. Las capacidades y habilidades adecuadas son fundamentales para respaldar la integración y aprovechar al máximo sus beneficios.

Establecimiento de métricas y seguimiento

Para evaluar el progreso y el impacto de la implementación, es importante establecer métricas y sistemas de seguimiento adecuados. Estas métricas deben reflejar los resultados deseados de la integración, como la eficiencia operativa, la calidad, la satisfacción del cliente y la rentabilidad. El seguimiento regular y el análisis de datos permitirán identificar áreas de mejora, tomar decisiones informadas y realizar ajustes en el enfoque integrado.

Gestión del cambio y comunicación

La implementación de un enfoque integrado requerirá un proceso de gestión del cambio efectivo. Esto debe tomar en cuenta la comunicación clara de los beneficios y la importancia de la integración, involucrar a los equipos en el proceso, abordar las resistencias y preocupaciones, y mantener una comunicación constante y transparente. La gestión del cambio ayuda a generar un sentido de propiedad y compromiso, facilitando la aceptación y adopción del enfoque integrado.

Al considerar estos aspectos clave, las organizaciones aumentan significativamente las posibilidades de implementar exitosamente un enfoque integrado del aprovisionamiento y las actividades de la cadena de valor. Con ello, pueden aprovechar más los beneficios de la integración, mejorar la eficiencia y efectividad operativa, y lograr una ventaja competitiva sostenible.

Conclusiones del capítulo 1

En este capítulo hemos explorado la integración de la cadena de valor de Porter en el aprovisionamiento de las empresas. Hemos comprendido cómo este marco conceptual desarrollado por Michael Porter puede ayudar a las organizaciones a analizar y optimizar sus actividades —internas y externas— para obtener ventajas competitivas.
Al aplicar la cadena de valor al aprovisionamiento, las empresas pueden identificar las actividades clave relacionadas con la adquisición, el almacenamiento y la distribución de los recursos, lo que puede aportar valor a toda la cadena de suministro.

El aprovisionamiento implica la identificación y selección cuidadosa de proveedores que se alineen con los objetivos estratégicos y los valores de la empresa, pero va más allá: hemos explorado cómo el aprovisionamiento se apoya en el desarrollo de relaciones sólidas y a largo plazo con proveedores clave, construyendo alianzas estratégicas para colaborar en el diseño de productos, la innovación, el intercambio de información y el logro de acuerdos mutuamente beneficiosos.

En resumen, la integración de la cadena de valor de Porter en el aprovisionamiento permite a las empresas identificar oportunidades para mejorar la eficiencia, reducir costos, fortalecer las relaciones con proveedores y asegurar el suministro de manera efectiva. Este enfoque estratégico del aprovisionamiento no solo contribuye a la creación de valor, sino que también proporciona una base sólida para la competitividad y el éxito empresarial a largo plazo.

Capítulo 2.
Las fases del aprovisionamiento: estratégico y táctico

El aprovisionamiento efectivo es un componente esencial de la gestión de la cadena de suministro y desempeña un papel crítico en el éxito y la competitividad de las empresas. Para abordar de manera integral el proceso de abastecimiento, debemos separar el concepto de aprovisionamiento en dos grandes fases: el aprovisionamiento estratégico y el aprovisionamiento táctico.

Se trata de dos enfoques complementarios: el aprovisionamiento estratégico se centra en la selección y gestión de proveedores a largo plazo, estableciendo relaciones sólidas y colaborativas para maximizar el valor y la competitividad de la cadena de suministro, mientras que el aprovisionamiento táctico se enfoca en la implementación eficiente de los acuerdos establecidos en la etapa estratégica mediante la coordinación de actividades operativas, control de inventarios y aseguramiento de la calidad de los procesos de aprovisionamiento. Ambos son fundamentales para lograr el aprovisionamiento efectivo y alcanzar los objetivos organizacionales.

Ilustración 2 - Aprovisionamiento estratégico y táctico como modelos complementarios

En este capítulo, exploramos estas fases en detalle y con una mirada práctica, analizando sus características distintivas, objetivos y las actividades clave involucradas en cada una.

Calificación de proveedores: establecer una base sólida

La calificación de proveedores es fundamental en el aprovisionamiento, ya que establece las bases para la selección de socios comerciales confiables y adecuados para el negocio. Este proceso implica evaluar y clasificar a los proveedores en función de diversos criterios y metodologías, como su capacidad financiera, calidad del producto o servicio, cumplimiento de normativas y requisitos legales, entre otros. La calificación de proveedores es crucial para asegurar que se establezcan relaciones sólidas y duraderas con socios estratégicos, fomentando la confianza mutua y la colaboración a largo plazo. Además, el establecimiento de estándares de calidad y requisitos de certificación contribuye a garantizar la excelencia en los productos o servicios adquiridos, así como el cumplimiento de los objetivos de la organización. En este sentido, la calificación de proveedores se convierte en un elemento clave para la eficiencia y el éxito del proceso de aprovisionamiento, ya que permite tomar decisiones informadas y minimizar los riesgos asociados a la selección de proveedores.

Importancia de la calificación de proveedores en el proceso de aprovisionamiento extendido (estratégico + táctico)

La calificación de proveedores es fundamental en el proceso de aprovisionamiento extendido y su papel es crucial para el éxito de las empresas. A continuación, destacaremos algunas razones que resaltan la importancia de la calificación de proveedores:

- **Garantía de calidad y cumplimiento:** la calificación de proveedores permite a las empresas evaluar la calidad de los productos o servicios suministrados. Al establecer criterios y estándares de calidad, las empresas pueden seleccionar proveedores confiables que cumplan con los requisitos y especificaciones establecidos. Esto garantiza que los productos o servicios adquiridos cumplan con los estándares de calidad deseados y se ajusten a las necesidades de la empresa y de sus clientes.
- **Reducción de riesgos:** la calificación de proveedores ayuda a mitigar los riesgos asociados con la adquisición de bienes y servicios. Evaluar la estabilidad financiera y la capacidad de producción de los proveedores reduce el riesgo de interrupciones en el suministro. Además, evaluar la reputación y el cumplimiento de las normas

éticas y legales de los proveedores ayuda a evitar asociaciones con entidades poco confiables o que podrían poner en peligro la imagen y reputación de la empresa.

- **Eficiencia en la cadena de suministro:** la calificación de proveedores contribuye a la eficiencia de la cadena de suministro al seleccionar aquellos capaces de cumplir con los plazos de entrega y proporcionar una gestión logística eficiente. Al contar con proveedores confiables y bien calificados, se reduce la posibilidad de retrasos o problemas en la cadena de suministro, lo que a su vez mejora la productividad y la satisfacción del cliente.
- **Innovación y colaboración:** la calificación de proveedores también puede fomentar la innovación y la colaboración. Al seleccionar proveedores estratégicos que demuestren capacidad de innovación, las empresas pueden beneficiarse de nuevas ideas, tecnologías y prácticas que impulsen la mejora continua. Además, establecer relaciones a largo plazo con proveedores confiables y bien calificados facilita la colaboración en áreas como la reducción de costos, el desarrollo de productos conjuntos y la optimización de la cadena de suministro.

Criterios y metodologías de calificación de proveedores

La calificación de proveedores implica el establecimiento de criterios y el uso de metodologías para evaluar a los proveedores de manera objetiva y precisa. A continuación, presentaremos algunos de los criterios comunes utilizados en la calificación de proveedores, así como las metodologías más utilizadas:

Criterios de evaluación:

- **Calidad del producto o servicio:** se evalúa la capacidad del proveedor para cumplir con los estándares de calidad establecidos por la empresa. Esto puede incluir la certificación de calidad, la conformidad con regulaciones específicas y la capacidad de control de calidad, entre otros aspectos.
- **Cumplimiento de requisitos técnicos:** se verifica si el proveedor puede satisfacer las características técnicas, especificaciones y requisitos de diseño de la requeridos por la empresa.
- **Capacidad de suministro:** se evalúa la capacidad del proveedor para entregar los productos o servicios en los plazos requeridos, así como su capacidad de respuesta y flexibilidad ante cambios en la demanda.
- **Estabilidad financiera:** se examina la salud financiera del proveedor para asegurar su viabilidad a largo plazo. Esto implica analizar su situación financiera, su solvencia, capacidad de inversión y capacidad para mantener una relación de negocios estable.
- **Cumplimiento ético y legal:** se verifica que el proveedor cumpla con los estándares éticos y legales, evitando asociaciones con proveedores involucrados en prácticas cuestionables o ilegales. En algunos países incluso se puede acceder a listas restrictivas o listas negras para verificar el cumplimiento de estos criterios.

Metodologías de calificación:

- **Evaluación de documentación:** consiste en analizar los documentos proporcionados por el proveedor,

como certificados de calidad, informes financieros, registros legales, entre otros, para evaluar su idoneidad.
- **Visitas y auditorías en el sitio:** se trata de realizar visitas a las instalaciones del proveedor para constatar su capacidad de producción, calidad, gestión de inventario y otros aspectos relevantes.
- **Evaluación de desempeño previo:** se basa en la revisión de la experiencia con el proveedor, la evaluación de su historial de entregas, la calidad de los productos o servicios suministrados, y las relaciones previas con otras empresas.
- **Evaluación de proveedores potenciales:** se utiliza para evaluar posibles nuevos proveedores antes de establecer una relación comercial. Esto puede requerir entrevistas, cuestionarios, pruebas de muestras, referencias y análisis de la capacidad técnica.

Es importante adaptar los criterios y metodologías de calificación a las necesidades y objetivos específicos de la empresa. Esto asegura que la evaluación sea relevante y proporcione una visión precisa de la idoneidad de los proveedores. Además, es recomendable establecer un sistema de calificación y puntuación que permita una comparación objetiva entre los proveedores evaluados.

Establecimiento de estándares de calidad y requisitos de certificación

En el proceso de calificación de proveedores, es fundamental establecer estándares de calidad claros y definir requisitos de certificación que los proveedores deben cumplir. Esto garantiza que los productos o servicios suministrados por los proveedores se ajusten a los estándares y especificaciones requeridos por la empresa. A continuación, exploramos algunos aspectos relacionados con el establecimiento de estándares de calidad y requisitos de certificación:

Definición de estándares de calidad

- **Especificaciones técnicas:** son las características técnicas que deben cumplir los productos o servicios suministrados por el proveedor, como dimensiones, tolerancias, materiales, rendimiento y seguridad, entre otros aspectos técnicos.
- **Normas de calidad:** hacen referencia a estándares y normas reconocidas a nivel nacional o internacional, como las normas ISO (por ejemplo, ISO 9001 para sistemas de gestión de calidad) u otras específicas de cada industria.
- **Requisitos adicionales:** son exigencias específicas relacionadas con la calidad, como pruebas de laboratorio, certificaciones adicionales, procedimientos de control de calidad, registros de inspección, etc.

Requisitos de certificación

- **Certificaciones de calidad:** se pueden requerir certificaciones específicas para asegurar que los proveedores cumplan con los estándares de calidad establecidos. Estas certificaciones pueden ser otorgadas por organismos reconocidos y avalan que el proveedor ha sido evaluado y cumple con los requisitos de calidad.
- **Certificaciones ambientales:** en un enfoque de sostenibilidad, la empresa puede requerir que los proveedores cumplan con estándares ambientales específicos, como certificaciones de gestión ambiental (por ejemplo, ISO

14001) o certificaciones relacionadas con la reducción de emisiones o el uso sostenible de recursos.

- **Certificaciones de responsabilidad social:** para garantizar que los proveedores cumplan con prácticas éticas y sociales adecuadas, pueden requerirse certificaciones relacionadas con la responsabilidad social corporativa (como la certificación SA8000, que se centra en condiciones laborales justas y derechos humanos).

Establecer estándares de calidad y requisitos de certificación no solo asegura la calidad de los productos o servicios suministrados, sino que también contribuye a la reputación de la empresa y su compromiso con la excelencia. Estos estándares y certificaciones pueden ser utilizados como criterios de evaluación en el proceso de calificación de proveedores, permitiendo una selección más precisa y confiable de los proveedores adecuados para el negocio.

Es importante mantener una comunicación periódica, clara y transparente con los proveedores sobre los estándares y requisitos establecidos, y proporcionarles la orientación y el apoyo necesarios para que puedan cumplirlos. Además, es recomendable realizar auditorías y revisiones periódicas para asegurarse del cumplimiento continuo de los estándares y requisitos acordados.

Selección de proveedores confiables y adecuados para el negocio

En el proceso de calificación de proveedores, la selección de proveedores confiables y adecuados es un paso crítico para garantizar el éxito de la cadena de suministro y el aprovisionamiento. A continuación, presentamos algunos aspectos clave a considerar durante la selección de proveedores:

Evaluación de capacidades y recursos

- **Capacidad de producción:** constatar la capacidad del proveedor para cumplir con los volúmenes y plazos de entrega requeridos.
- **Recursos técnicos:** considerar los recursos tecnológicos, maquinaria y equipos disponibles para la fabricación o prestación del servicio.
- **Capacidad financiera:** revisar la estabilidad financiera del proveedor y su capacidad para cumplir con los pagos y mantener una relación comercial a largo plazo.
- **Experiencia y conocimiento:** considerar la experiencia del proveedor en la industria y su conocimiento del mercado y los requisitos específicos del negocio.

Cumplimiento normativo y legal

- **Cumplimiento legal:** verificar que el proveedor cumpla con las regulaciones y normativas legales aplicables tanto a nivel local como internacional.
- **Ética y responsabilidad:** evaluar el compromiso del proveedor con prácticas éticas, responsabilidad social y sostenibilidad.

Calidad y rendimiento

- **Historial de calidad:** analizar el historial del proveedor en términos de calidad de los productos o servicios suministrados.
- **Certificaciones y acreditaciones:** considerar las certificaciones y acreditaciones que respalden la calidad y el cumplimiento de estándares específicos.

- **Evaluación de muestras:** solicitar y evaluar muestras de los productos o servicios para constatar que cumplen con los requisitos establecidos.

Costo y precio

- **Análisis de costos:** evaluar el costo total de propiedad (TCO) de los productos o servicios considerando, además del precio de compra, los costos asociados con la entrega, la calidad y el soporte posventa, entre otros.
- **Negociación de precios:** buscar oportunidades de negociación para obtener precios competitivos sin comprometer la calidad y el cumplimiento.

Evaluación de riesgos

- **Evaluación de riesgos:** identificar y considerar los riesgos potenciales asociados al proveedor, como problemas de capacidad, dependencia de fuentes de suministro únicas o situación geopolítica.
- **Plan de contingencia:** desarrollar un plan de contingencia para mitigar los riesgos identificados y asegurar la continuidad del suministro.

Para seleccionar proveedores confiables y adecuados, es esencial tener en cuenta los objetivos estratégicos de la empresa, así como las necesidades y requisitos específicos del negocio. La comunicación abierta y transparente con los proveedores durante el proceso de selección es fundamental para fundar una relación sólida y colaborativa. Además, es recomendable revisar periódicamente el desempeño de los proveedores seleccionados para asegurar que continúen cumpliendo con los estándares y expectativas establecidos.

Aprovisionamiento estratégico: mirar hacia el futuro

El aprovisionamiento estratégico está estrechamente relacionado con la planificación estratégica de la empresa. Se basa en una comprensión profunda de los objetivos y la dirección de la organización para alinear las actividades de adquisición con esta visión. Esto implica tener en cuenta factores como la segmentación de proveedores, la evaluación de riesgos, la selección de proveedores estratégicos y la búsqueda de alianzas y colaboraciones a largo plazo que impulsen la innovación y el crecimiento conjunto.

Los objetivos del aprovisionamiento estratégico son diversos, pero en general se enfocan en lograr una mayor eficiencia y eficacia en la adquisición de bienes y servicios, garantizar la calidad y la disponibilidad de suministros, optimizar los costos, mitigar riesgos y fomentar la innovación. Al adoptar un enfoque estratégico en el aprovisionamiento, las organizaciones pueden obtener beneficios significativos, como una mayor competitividad, una mayor agilidad para adaptarse a los cambios del mercado, una mejor gestión de la cadena de suministro y una mayor satisfacción del cliente.

Las actividades clave en la fase de aprovisionamiento estratégico incluyen:

- **Análisis de la cadena de suministro:** evaluar y comprender la cadena de suministro en su totalidad, identificando los puntos críticos y las oportunidades de mejora. Esto comprende el análisis de los flujos de materiales, información y fondos, así como la identificación de posibles riesgos y vulnerabilidades en la cadena.

- **Evaluación y selección de proveedores estratégicos:** identificar proveedores potenciales en función de criterios estratégicos, como su capacidad de innovación, calidad, confiabilidad, sostenibilidad y alineación con los valores y objetivos de la empresa. Se trata de seleccionar aquellos que puedan contribuir de manera significativa a la creación de valor y establecer relaciones a largo plazo con ellos.
- **Establecimiento de alianzas y colaboraciones a largo plazo:** buscar oportunidades para establecer alianzas estratégicas con proveedores clave y colaborar en proyectos conjuntos que impulsen la innovación, la mejora continua y el crecimiento mutuo. Estas alianzas pueden generar sinergias y beneficios adicionales para ambas partes, fortaleciendo la posición competitiva de la empresa en el mercado.

Definición y alcance del aprovisionamiento estratégico

El aprovisionamiento va más allá de simplemente realizar compras y se orienta por la planificación y ejecución de acciones estratégicas para maximizar el valor y obtener una ventaja competitiva.

En términos de alcance, el aprovisionamiento estratégico abarca todo el ciclo de vida de la adquisición, desde la identificación de necesidades y requisitos hasta la selección de proveedores, negociación de contratos, gestión de relaciones y seguimiento del rendimiento. Involucra múltiples departamentos y funciones de la organización, incluyendo compras, logística, calidad, finanzas y operaciones.

En detalle, las actividades principales del aprovisionamiento estratégicos son:

- Identificación de necesidades y la manera en que deben ser satisfechas.
- Planificación de las actividades propias de una negociación, además de la estructuración de los equipos de trabajo que participarán en las distintas etapas.
- Exploración del mercado para la selección de las mejores fuentes de aprovisionamiento disponibles (proveedor, grupo de proveedores o consorcios).
- Envío de bases de licitación, considerando alcances, requerimientos legales, requerimientos logísticos, plazos de entrega, presupuestos, etc.
- Recepción de ofertas de proveedores.
- Análisis de ofertas de proveedores en escenarios de adjudicación.
- Negociación y adjudicación con el o los proveedores seleccionados.
- Gestión del contrato con perspectiva legal y operacional.

Es importante aclarar que la actividad de exploración del mercado debe considerar tanto la base de proveedores existente (calificada y validada por la empresa) como la base de proveedores potenciales. Sobre la base de proveedores potenciales se debe ejecutar una acción de registro y calificación previo al envío de bases para asegurar la confiabilidad de los mismos y minimizar riesgos de falta de suministros al momento de la ejecución del contrato.

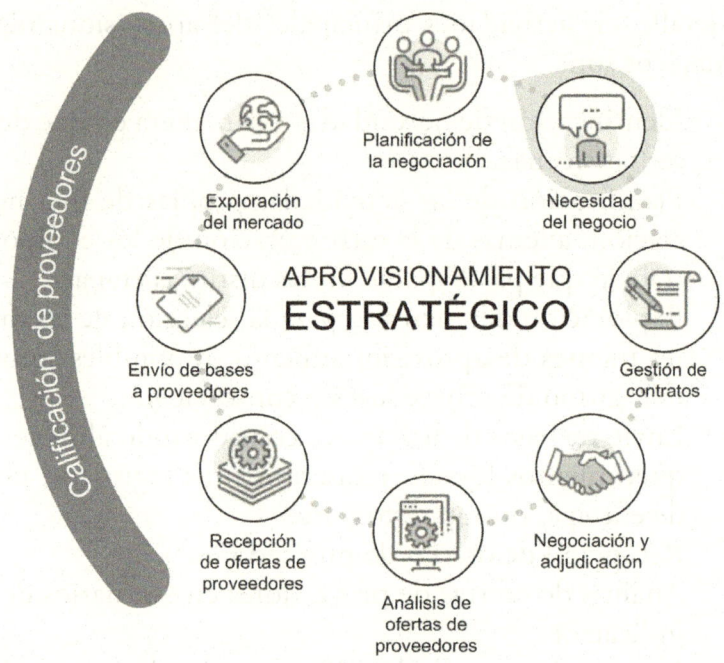

Ilustración 3 - Actividades principales del aprovisionamiento estratégico

Tal como lo hemos mencionado anteriormente, el objetivo principal del aprovisionamiento estratégico es alinear las actividades de adquisición con los objetivos y la estrategia general de la organización. Esto implica comprender las necesidades y prioridades del negocio, identificar oportunidades de mejora, mitigar riesgos y buscar sinergias con los proveedores. El enfoque estratégico también considera factores como la calidad, la sostenibilidad, la innovación y la colaboración a largo plazo.

El alcance del aprovisionamiento estratégico abarca la gestión de la cadena de suministro. Esto requiere analizar y optimizar los flujos de materiales, información y fondos a lo largo de la cadena, identificar áreas de mejora y colaborar estrechamente con proveedores y socios comerciales. La colaboración y la coordinación en toda la cadena de suministro son fundamentales para lograr una mayor eficiencia, reducir costos y satisfacer las demandas cambiantes del mercado. Es importante la evaluación continua de proveedores alineados a cada contrato en ejecución con el fin de detectar oportunidades de mejora y apoyar el desarrollo del proveedor en general y del contrato en particular.

Relación entre el aprovisionamiento y la planificación estratégicos de la empresa

La relación entre el aprovisionamiento estratégico y la planificación estratégica de la empresa es fundamental para lograr una alineación efectiva y alcanzar los objetivos organizacionales de manera coherente. El aprovisionamiento estratégico debe estar estrechamente vinculado a la planificación estratégica de la empresa, ya que ambos se complementan y se refuerzan mutuamente.

La planificación estratégica es el proceso mediante el cual una organización define su dirección estratégica a largo plazo y establece los objetivos y acciones necesarios para lograrla. Implica la evaluación del entorno empresarial, la identificación de oportunidades y desafíos, y la formulación de una estrategia global que guíe las decisiones y actividades de la organización.

En este contexto, el aprovisionamiento estratégico desempeña un papel clave al asegurar que la adquisición de bienes y servicios esté alineada con la estrategia general de la empresa. Esto implica identificar las necesidades de aprovisionamiento derivadas de la estrategia empresarial, así como las metas y prioridades establecidas.

El aprovisionamiento estratégico considera factores como la calidad, el costo, la disponibilidad, la innovación y la sostenibilidad de los proveedores y los suministros. Se basa en el análisis de mercado, la evaluación de riesgos y oportunidades y la identificación de proveedores que puedan contribuir al logro de los objetivos empresariales.

Además, el aprovisionamiento estratégico contribuye a la planificación estratégica al proporcionar información y conocimientos sobre las capacidades y limitaciones de los proveedores, los cambios en el entorno de suministro y las tendencias del mercado. Esto permite a la empresa tomar decisiones más informadas y adaptar su estrategia según sea necesario.

Asimismo, el aprovisionamiento estratégico puede influir en la planificación estratégica al identificar oportunidades para la colaboración y la integración con proveedores clave. Establecer alianzas con proveedores clave puede generar ventajas competitivas, permitiendo el acceso a tecnologías, conocimientos especializados, economías de escala y mayor agilidad en la respuesta a las demandas del mercado.

Objetivos y beneficios del aprovisionamiento estratégico

El aprovisionamiento estratégico tiene como objetivo principal maximizar el valor y la contribución de la función de aprovisionamiento a los objetivos generales de la organización. A través de un enfoque estratégico en el proceso de adquisición de bienes y servicios, se busca alcanzar una serie de objetivos clave y obtener beneficios significativos como:

- **Optimización de costos:** uno de los principales objetivos del aprovisionamiento estratégico es adquirir bienes y servicios al menor costo posible sin comprometer la calidad. Esto pasa por identificar y seleccionar proveedores que ofrezcan precios competitivos, negociar acuerdos favorables y gestionar eficientemente los contratos.

- **Mejora de la calidad y la eficiencia:** el aprovisionamiento estratégico busca asegurar la calidad de los suministros y la eficiencia de los procesos de adquisición. Tomando en cuenta los estándares de calidad, evalúa y selecciona los proveedores que cumplan con dichos estándares y lleva a cabo auditorías y controles para garantizar la conformidad de lo suministrado.
- **Gestión de riesgos:** el aprovisionamiento estratégico se enfoca en identificar y gestionar los riesgos asociados con la adquisición de bienes y servicios. Esto implica evaluar la estabilidad financiera de los proveedores, analizar los riesgos de interrupción de la cadena de suministro y desarrollar planes de contingencia para mitigar los impactos negativos.
- **Innovación y desarrollo de proveedores:** el aprovisionamiento estratégico busca fomentar la innovación y el desarrollo de proveedores, promoviendo la colaboración y el intercambio de conocimientos. Esto permite acceder a nuevas tecnologías, mejorar la calidad de los productos y servicios, y obtener ventajas competitivas a través de asociaciones estratégicas a largo plazo.
- **Mayor alineación con los objetivos estratégicos:** el aprovisionamiento estratégico busca alinear las actividades de adquisición con los objetivos estratégicos de la organización. Procura entender y apoyar las metas y prioridades de la empresa, contribuyendo a la generación de valor para los clientes y la obtención de ventajas competitivas sostenibles.

- **Mejora de la gestión de la cadena de suministro:** el aprovisionamiento estratégico tiene un impacto directo en la gestión de la cadena de suministro, pues contribuye con su eficiencia y efectividad. Al mejorar la coordinación con proveedores, optimizar los flujos de materiales y garantizar la disponibilidad de suministros, se logra una mayor eficiencia operativa y una respuesta más ágil a las demandas del mercado.

Actividades clave en la fase de aprovisionamiento estratégico

En la fase de aprovisionamiento estratégico se lleva a cabo una serie de actividades clave que tienen como objetivo establecer una base sólida para la gestión eficiente y efectiva de los suministros. Algunas de estas actividades incluyen:

- **Análisis de la cadena de suministro:** el análisis de la cadena de suministro es fundamental en el aprovisionamiento estratégico. Consiste en evaluar y comprender los elementos y procesos que conforman la cadena de suministro de la organización, desde la adquisición de materias primas hasta la entrega del producto final al cliente. Esto permite identificar áreas de mejora y posibles riesgos, así como diseñar estrategias para optimizar la cadena de suministro.
- **Evaluación y selección de proveedores estratégicos:** en el aprovisionamiento estratégico se realiza una evaluación exhaustiva de los proveedores potenciales para identificar aquellos que pueden ofrecer el mayor valor a la organización. Esto implica analizar aspectos como la calidad de los productos o servicios, la capacidad de entrega, la estabilidad financiera, la capacidad de

innovación, la sostenibilidad y la compatibilidad cultural. Se seleccionan proveedores estratégicos que cumplan con los criterios establecidos y que puedan contribuir de manera significativa al logro de los objetivos de la empresa.

- **Establecimiento de alianzas y colaboraciones a largo plazo:** el aprovisionamiento estratégico promueve la creación de relaciones sólidas y duraderas con proveedores clave. Esto requiere establecer alianzas y colaboraciones a largo plazo basadas en la confianza, el compromiso mutuo y la creación de valor compartido. Estas alianzas permiten la colaboración en el desarrollo de productos, la mejora continua, la innovación conjunta y la optimización de costos a lo largo de la cadena de suministro.
- **Negociación de acuerdos y contratos estratégicos:** en el aprovisionamiento estratégico se realizan negociaciones efectivas de acuerdos y contratos con proveedores clave, estableciendo términos y condiciones favorables para ambas partes, que reflejen los objetivos estratégicos de la organización. Los acuerdos y contratos estratégicos incluyen cláusulas relacionadas con el precio, la calidad, los plazos de entrega, la flexibilidad y la responsabilidad social y ambiental, entre otros aspectos relevantes.
- **Gestión del rendimiento de los proveedores:** en la fase de aprovisionamiento estratégico se implementan mecanismos para monitorear y evaluar el desempeño de los proveedores estratégicos. Esto implica establecer indicadores clave de rendimiento (KPI) y realizar evaluaciones periódicas para garantizar que los proveedores cumplan con los estándares establecidos. La gestión

del rendimiento de los proveedores permite identificar oportunidades de mejora, resolver problemas de manera proactiva y mantener una relación de colaboración mutuamente beneficiosa.

Tipos de negociaciones en el aprovisionamiento estratégico

En el aprovisionamiento estratégico hay tipos de negociaciones que se utilizan para obtener los mejores acuerdos con los proveedores. Estas negociaciones pueden variar según el tipo de bienes o servicios que se estén adquiriendo, así como las condiciones del mercado y los objetivos estratégicos de la empresa.

A continuación, describimos algunos de los tipos de negociaciones más relevantes en este ámbito:

Negociaciones de bienes

Las negociaciones de bienes, en el ámbito del aprovisionamiento estratégico, buscan establecer acuerdos favorables para la adquisición de bienes físicos esenciales para la operación de la empresa. Estos pueden ser materias primas, componentes o productos terminados que se requieren para la producción, ensamblaje o comercialización de los productos o servicios de la empresa.

En este tipo de negociación, es fundamental considerar varios aspectos clave. En primer lugar, el precio es un factor determinante, ya que se busca el menor costo posible sin comprometer la calidad de los bienes. Se deben explorar opciones de proveedores y analizar sus ofertas para seleccionar aquella que ofrezca un equilibrio adecuado entre precio y calidad.

La calidad es otro aspecto crítico en las negociaciones de bienes. La empresa debe asegurarse de que los proveedores cumplan con los estándares de calidad establecidos y que los bienes adquiridos sean aptos para el uso previsto. Esto implica realizar evaluaciones de los proveedores, revisar su historial de calidad y solicitar muestras o certificaciones de los productos.

El plazo de entrega es otro factor importante a considerar en estas negociaciones. La empresa debe asegurarse de que los proveedores sean capaces de cumplir con los tiempos de entrega requeridos para evitar retrasos en la producción o en la entrega a los clientes. Es importante establecer acuerdos claros sobre los plazos y condiciones de entrega, así como establecer mecanismos de seguimiento y comunicación efectiva con los proveedores.

Las condiciones de pago también son un aspecto relevante en las negociaciones de bienes. Se deben establecer condiciones de pago que sean justas y viables para ambas partes. Esto puede incluir acuerdos de pago anticipado, pagos a plazos o descuentos por pronto pago, según las necesidades y capacidades financieras de la empresa.

El objetivo final de las negociaciones de bienes es obtener los mejores términos y condiciones para garantizar el suministro eficiente de los bienes necesarios para la empresa. Esto pasa por encontrar proveedores confiables, establecer acuerdos sólidos y mantener una comunicación fluida para resolver cualquier problema o cambio en las circunstancias. La negociación exitosa en este ámbito permite a la empresa obtener los bienes necesarios en condiciones favorables, lo que puede tener un impacto significativo en su competitividad y rentabilidad.

Negociaciones de servicios

Desde el punto de vista del aprovisionamiento estratégico, en las negociaciones de servicios se busca establecer acuerdos para la adquisición de servicios profesionales, técnicos o especializados esenciales para el funcionamiento y desarrollo de la empresa. Estos servicios pueden abarcar una amplia gama de áreas, como consultoría, transporte, logística, marketing, tecnología o recursos humanos, entre otros.

En este tipo de negociación, es fundamental garantizar que los servicios contratados sean de alta calidad y se ajusten a las necesidades de la empresa. Uno de los aspectos clave a negociar es el alcance del servicio, es decir, definir claramente qué actividades y resultados se esperan del proveedor de servicios: objetivos, tareas a realizar, plazos y entregables esperados.

El tiempo de ejecución es otro aspecto importante en las negociaciones de servicios. Se deben acordar los plazos y fechas de inicio y finalización del servicio, así como los hitos o etapas intermedias, para asegurar que el proveedor pueda cumplir con los tiempos requeridos por la empresa. También es relevante establecer mecanismos de seguimiento y comunicación durante la ejecución del servicio para monitorear el progreso y resolver cualquier problema o desviación.

Los honorarios y las cláusulas contractuales son aspectos esenciales en las negociaciones de servicios. Se deben discutir y acordar los costos y condiciones económicas del servicio, como los honorarios, los pagos, los gastos adicionales y las penalizaciones por incumplimiento. También es importante definir cláusulas contractuales relacionadas con la confidencialidad, la propiedad intelectual, los derechos de autor, la responsabilidad y otras condiciones específicas que sean relevantes para el servicio contratado.

En este tipo de negociaciones, la confianza y la transparencia son fundamentales. Es necesario establecer una relación de colaboración y comunicación abierta con el proveedor de servicios para asegurar un entendimiento mutuo de las expectativas y requerimientos. Además, es recomendable realizar una evaluación previa del proveedor, revisando su experiencia, referencias y capacidades a fin de verificar su idoneidad y capacidad de cumplir con los servicios requeridos.

El objetivo final de las negociaciones de servicios es asegurar la contratación de servicios que cumplan con los estándares de calidad y sean adecuados para cubrir las necesidades de la empresa. Esto implica establecer acuerdos sólidos, claros y mutuamente beneficiosos. Una negociación exitosa en este ámbito puede brindar a la empresa acceso a conocimientos especializados, recursos externos y capacidades adicionales que contribuyan a su crecimiento y desarrollo.

Negociaciones de bienes y servicios combinados

En el ámbito de las negociaciones de bienes y servicios combinados, es importante reconocer que existen escenarios que requieren enfoques y consideraciones específicas, tales como:

- **Bienes y servicios con relevancia equivalente:** en este caso, tanto los bienes como los servicios tienen una importancia equivalente en la negociación. Un ejemplo podría ser la adquisición de un sistema informático que incluya hardware y software, donde ambas partes deben acordar los términos y condiciones tanto para los bienes físicos como para los servicios relacionados. En estas negociaciones se deben considerar aspectos como el precio total, las especificaciones técnicas, los plazos de entrega, las garantías y el soporte posventa.

- **Mayor relevancia de los bienes:** en este escenario, los bienes son más relevantes que los servicios asociados. Por ejemplo, en la negociación de un sistema de climatización, el enfoque principal puede estar en las características técnicas, la eficiencia energética y el rendimiento del sistema en sí, mientras que la instalación y los servicios de mantenimiento son considerados complementos. En este tipo de negociación, se deben establecer los términos para la adquisición de los bienes, así como las condiciones y costos asociados a los servicios adicionales.

- **Mayor relevancia de los servicios:** en esta situación, los servicios son más relevantes que los bienes incluidos. Un ejemplo típico sería la negociación de los servicios de mantenimiento de una flota de vehículos donde los repuestos necesarios para las reparaciones y el mantenimiento están incluidos. En este caso, la atención se centra en los servicios de mantenimiento, como el cronograma de mantenimiento, la disponibilidad de técnicos especializados, la respuesta ante averías y la gestión de garantías. Los bienes asociados, es decir, los repuestos, se consideran parte integral de los servicios y su suministro se acuerda en función de las necesidades de mantenimiento.

En todos los casos, es fundamental establecer una comunicación clara y abierta con los proveedores para asegurar que tanto los bienes como los servicios cumplan con los requisitos y expectativas de la organización. También se deben considerar aspectos relacionados con la gestión de contratos, la resolución de disputas y la coordinación entre los actores involucrados en la provisión de bienes y servicios combinados.

Subastas inversas

Las subastas inversas son una estrategia de negociación utilizada en el aprovisionamiento para obtener las mejores condiciones y precios competitivos de los proveedores. En este tipo de negociación, la empresa que busca adquirir un bien o servicio establece los términos y condiciones de la subasta, así como los criterios de selección y los parámetros que los proveedores deben cumplir.

En una subasta inversa, los proveedores compiten entre sí para ofrecer la mejor propuesta en términos de precio, plazo de entrega, calidad u otros aspectos relevantes. La empresa que realiza la compra puede establecer un tiempo límite para que los proveedores presenten sus ofertas y luego evaluarlas para seleccionar la mejor opción.

Este enfoque de subasta inversa tiene varios beneficios. En primer lugar, permite obtener precios más competitivos, ya que los proveedores están motivados para ofrecer sus mejores condiciones con el objetivo de ganar el contrato. Además, fomenta la transparencia en el proceso de selección de proveedores, ya que todas las ofertas son presentadas y evaluadas de manera objetiva.

La utilización de subastas inversas también agiliza el proceso de negociación, ya que se elimina la necesidad de negociaciones individuales con cada proveedor. En su lugar, se establecen los parámetros de la subasta y los proveedores compiten directamente entre sí, lo que reduce el tiempo y los recursos dedicados a la negociación.

Es importante destacar que las subastas inversas no se limitan al aspecto del precio. También se pueden incluir otros criterios de selección, como la calidad del producto o servicio, la capacidad de entrega, la experiencia del proveedor o cualquier otro factor relevante para la empresa.

Es importante tener en cuenta que las subastas inversas no son adecuadas para todos los casos y productos. Algunas compras pueden requerir un enfoque más colaborativo y basado en la relación con los proveedores. Por lo tanto, es necesario evaluar cada situación y determinar si la subasta inversa es la estrategia adecuada.

Las preguntas que nos debemos hacer para determinar la idoneidad de nuestras categorías para ser subastable, desde la perspectiva de los bienes o servicios, son las siguientes:

- ¿Las especificaciones son claras y de fácil comprensión? Si no hay un estándar de industria, ¿el comprador logra crear criterios de comparación transversales?
- ¿El valor de la compra es suficientemente grande para llevar a cabo una subasta?

Por otro lado, las preguntas que nos debemos hacer desde la perspectiva de los proveedores y el mercado son las siguientes:

- ¿Los productos y servicios son comparables?
- ¿Hay un número suficiente de proveedores calificados?
- ¿Los proveedores entienden y están de acuerdo con la estrategia/formación de precio?

Con lo anterior es posible determinar que tendremos categorías ideales para ser subastadas, categorías que potencialmente podrían ser subastadas y categorías que deberían ser negociadas con procesos tradicionales.

Categorías ideales para subastas:

- Embalajes
- Equipamiento de oficina
- Suministros de oficina y papel
- Materias primas y productos básicos
- Equipamientos y accesorios de TI
- Materiales directos
- Componentes químicos
- Abastecimiento de industria y MRO
- Trabajo contingente, de proyecto o temporario
- Muebles

Categorías con potencial para subastas:

- Productos promocionales
- Componentes y equipamiento de diseño/ingeniería customizada
- Servicios de procesamiento
- Materiales impresos
- Tercerización de procesos de negocio y TI
- Manutención de equipamientos
- Construcción y reformas
- Servicios de limpieza y manutención

Categorías no subastables o que requieren un proceso tradicional de negociación:

- Propaganda y marketing
- Consultoría
- Transporte
- Capacitación de RR. HH.
- Beneficios de funcionarios
- Servicios legales

- Servicios de reclutamiento
- Telecomunicaciones
- Software

Adicionalmente, es posible encontrar varios tipos de subasta inversa que se utilizan para optimizar el proceso de selección de proveedores y obtener los mejores términos y condiciones en las adquisiciones de bienes y servicios.

Entre los principales tipos de subasta inversa se encuentran los siguientes:

Subasta inglesa

Comienza con un precio tope y los proveedores reducen las pujas hasta que se cierra la subasta.

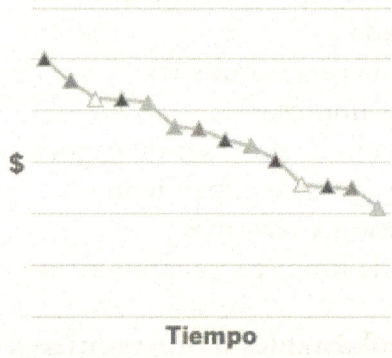

Ilustración 4 - Subasta inglesa

Subasta holandesa

A los proveedores se les presenta un precio bajo que aumenta automáticamente en intervalos predefinidos y programados. La subasta finaliza cuando el primer proveedor acepta el precio.

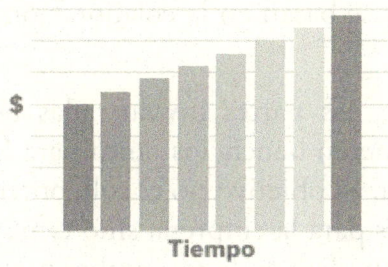

Ilustración 5 - Subasta holandesa

Subasta japonesa

A los proveedores se les presenta un precio alto que disminuye automáticamente en intervalos temporales: usted acepta o rechaza el precio en cada intervalo presentado. La subasta finaliza cuando un solo proveedor permanece «en pie».

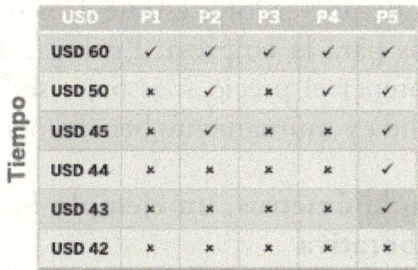

Ilustración 6 - Subasta japonesa

Negociaciones colaborativas

Las negociaciones colaborativas son una modalidad de negociación que se enfoca en establecer relaciones estratégicas a largo plazo con proveedores clave. A diferencia de las negociaciones tradicionales, que suelen ser más competitivas y centradas en obtener beneficios individuales, las negociaciones colaborativas se basan en la colaboración y la creación de valor mutuo.

En este enfoque, las partes involucradas buscan establecer acuerdos que generen beneficios tanto para la empresa como para el proveedor. El objetivo no es solo obtener el mejor precio o condiciones para la empresa, sino también crear una relación sólida y duradera en la que ambas partes se beneficien.

Durante las negociaciones colaborativas se fomenta la comunicación abierta y transparente entre la empresa y el proveedor. Se comparte información relevante y se exploran oportunidades de mejora conjunta. En lugar de centrarse en obtener concesiones o ventajas individuales, las partes trabajan juntas para identificar áreas de colaboración y generar valor adicional.

Las negociaciones colaborativas son especialmente adecuadas cuando se trata de proveedores estratégicos o de productos o servicios críticos para la empresa. En lugar de simplemente centrarse en obtener el precio más bajo, se busca establecer una relación sólida y mutuamente beneficiosa.

Neumáticos vs. kilómetros, un ejemplo hipotético de negociación colaborativa

Tomemos como ejemplo una compañía que requiere comprar neumáticos para su flota de camiones, los que deben operar en vías agrestes y de poco mantenimiento. El incentivo del comprador es adquirir neumáticos al menor precio posible, el incentivo del área de operaciones es tener neumáticos más duraderos y que se minimice el tiempo de parada de sus camiones por cambios de neumáticos, y el incentivo del vendedor es vender más neumáticos.

En una negociación tradicional, ninguno de estos incentivos podrían ser cubiertos con equilibrio para todas las partes involucradas, por lo que se debería privilegiar alguna de ellas. Con un análisis simple de costo/beneficio, la empresa compradora podría llegar al punto de equilibrio entre precio y calidad (durabilidad) pero se mantendría al vendedor al margen de este análisis.

Pero ¿qué incentivo podría ser común a las tres partes involucradas? Operaciones quiere que sus camiones recorran la mayor cantidad de kilómetros antes de sacarlo de la operación para un cambio de neumáticos, el comprador quiere que los neumáticos que compre tengan el mayor kilometraje al menor precio posible y el vendedor quiere tener la mejor utilidad posible por cada neumático vendido, lo que se podría traducir en tener la mejor utilidad por kilómetro de sus neumáticos.

En estas condiciones, cambiar el paradigma de comprar neumáticos a contratar kilómetros recorridos parece ser un punto que podría aunar visiones y objetivos. Una negociación colaborativa buscaría establecer un acuerdo de largo plazo que asegure kilómetros de neumáticos, con lo que los resultados obtenidos por las partes involucradas se acomodarían así: el vendedor trataría de extender la vida útil de sus neumáticos para asegurar la mayor cantidad de kilómetros con menos neumáticos; con esto, el área de operaciones obtendría un periodo más largo entre cambio de neumáticos, con lo que aseguraría una mayor productividad de sus camiones y, finalmente, el comprador obtendría comprar menos neumáticos, con la consiguiente reducción en el pago total de este ítem.

Además de los tipos de negociaciones mencionados, existen otros enfoques y estrategias que pueden ser relevantes en el aprovisionamiento estratégico, como las negociaciones basadas en el costo total de propiedad, las negociaciones de contratos marco o las negociaciones de reducción de riesgos.

Aprovisionamiento táctico: el enfoque en la ejecución

El aprovisionamiento táctico se considera un enfoque complementario al aprovisionamiento estratégico en la gestión de compras. Mientras el aprovisionamiento estratégico se centra en la planificación a largo plazo, la identificación de oportunidades de ahorro y la creación de relaciones estratégicas con proveedores, el aprovisionamiento táctico se enfoca en la ejecución eficiente de las compras y en el cumplimiento de las necesidades operativas inmediatas de la empresa.

El aprovisionamiento táctico es fundamental para garantizar la disponibilidad de productos y servicios en el momento adecuado, cumpliendo con los requisitos de calidad y precio establecidos. Se trata de la implementación práctica de las decisiones estratégicas tomadas en el proceso de aprovisionamiento, asegurando que las transacciones se realicen de manera eficiente y efectiva. Requiere la ejecución de actividades operativas como la emisión de órdenes de compra, la gestión de inventarios y el seguimiento de entregas, y busca aprovechar los mejores términos y condiciones en las transacciones comerciales, como precios competitivos, plazos de entrega adecuados y calidad del producto o servicio, obtenidos en las negociaciones de contratos del aprovisionamiento estratégico.

El aprovisionamiento táctico también implica lidiar con situaciones urgentes o imprevistas, como cambios en la demanda, problemas de suministro o reemplazo de proveedores. En estas circunstancias, es esencial contar con una respuesta rápida y eficiente para asegurar la continuidad de las operaciones de la empresa.

Como se dijo, el aprovisionamiento táctico no puede funcionar de manera aislada. Debe estar alineado con los objetivos estratégicos de la empresa y coordinarse con el aprovisionamiento estratégico. La colaboración entre ambos enfoques permite una gestión integral de compras, donde se logra un equilibrio entre la planificación a largo plazo y la ejecución efectiva de las operaciones diarias.

Definición y alcance del aprovisionamiento táctico

Ya mencionamos que el aprovisionamiento táctico se refiere a la fase operativa y ejecutiva de la gestión de suministros dentro de una organización. Este se centra en la implementación de las estrategias y decisiones tomadas en la fase de aprovisionamiento estratégico, con el objetivo de garantizar el abastecimiento eficiente y oportuno de los recursos necesarios para la operación diaria de la cadena de suministro.

El alcance del aprovisionamiento táctico abarca actividades específicas relacionadas con la adquisición, gestión y control de los suministros en el corto plazo. Implica la administración de pedidos, la negociación de contratos a corto plazo con proveedores, la coordinación de entregas, el seguimiento del inventario y la gestión de proveedores.

En detalle, las actividades principales del aprovisionamiento táctico son:

- Creación (recepción) de solicitudes de compras por parte de las áreas usuarias.

- Aprobación de interesados.
- Envío de orden de compra a los proveedores.
- Confirmación de recepción de orden de compra y suministro de bienes y servicios por parte de los proveedores.
- Envío de mercancías por parte de los proveedores.
- Recepción de mercancías o servicios por parte del solicitante o el área de logística.
- Recepción de facturas por parte del área de cuentas por pagar.
- Procesamiento del pago por parte del área de tesorería.

Durante el proceso de aprobación de interesados, de no existir una negociación estratégica previa, podría haber un proceso de cotización rápida para obtención de precios y condiciones comerciales de uno o más proveedores.

Ilustración 7 - Actividades principales del aprovisionamiento táctico

En términos prácticos, el aprovisionamiento táctico implica traducir las necesidades operativas y de producción en acciones concretas, asegurando que los suministros requeridos estén disponibles en el momento y lugar adecuados. Se enfoca en la ejecución de tareas diarias relacionadas con el abastecimiento, incluyendo la emisión de órdenes de compra, la gestión de contratos, la recepción y verificación de los suministros, así como el seguimiento y resolución de problemas relacionados con la entrega de los productos o servicios.

El aprovisionamiento táctico también está estrechamente vinculado con otras áreas funcionales de la cadena de suministro, como la logística, la producción y las operaciones. De hecho, trabaja en colaboración con estas áreas para procurar la integración y coordinación efectiva en el flujo de materiales, la planificación de la producción y la gestión de inventarios.

Objetivos y beneficios del aprovisionamiento táctico

El aprovisionamiento táctico tiene una serie de objetivos y beneficios clave que contribuyen al éxito de la operación diaria de la cadena de suministro. A continuación, detallamos algunos de ellos:

- **Asegurar el abastecimiento oportuno:** uno de los principales objetivos del aprovisionamiento táctico es garantizar que los suministros necesarios estén disponibles en el momento preciso. Esto implica gestionar los pedidos, coordinar las entregas y supervisar los plazos de entrega para evitar retrasos y asegurar un flujo continuo de materiales.
- **Optimizar la gestión de inventario:** el aprovisionamiento táctico busca mantener un equilibrio óptimo

entre los niveles de inventario y la demanda. Esto involucra controlar los niveles de stock, evitar excesos o faltantes y optimizar los costos asociados al almacenamiento de productos o materiales.

- **Mejorar la calidad y confiabilidad de los proveedores:** el aprovisionamiento táctico se enfoca en evaluar y seleccionar proveedores confiables que cumplan con los estándares de calidad requeridos. Esto contribuye a reducir los riesgos de recibir productos defectuosos o de baja calidad y garantiza la continuidad de los suministros.
- **Fomentar la colaboración y la comunicación efectiva:** el aprovisionamiento táctico requiere una estrecha colaboración con otras áreas funcionales, como la producción, la logística y las operaciones. Esto necesita una comunicación efectiva y una coordinación estrecha para asegurar la alineación de objetivos y la integración de las actividades en la cadena de suministro.
- **Optimizar los costos y maximizar la eficiencia:** el aprovisionamiento táctico busca identificar oportunidades de ahorro y optimización de costos en la adquisición de suministros. Esto se logra a través de la evaluación de proveedores, la búsqueda de alternativas más económicas, la consolidación de pedidos, entre otras estrategias. Además, al asegurar un flujo continuo de suministros, se minimizan los costos asociados a interrupciones en la producción o a la falta de materiales.

Actividades clave en la fase de aprovisionamiento táctico

En la fase de aprovisionamiento táctico se llevan a cabo actividades clave para garantizar la operación fluida y eficiente de la cadena de suministro. A continuación, describimos algunas de las más relevantes:

- **Gestión de requisiciones y pedidos:** en esta etapa, se recopilan y analizan las solicitudes de suministros o materiales provenientes de las áreas de la organización. Se verifica la disponibilidad de los requerimientos, se determina la cantidad necesaria y se generan las órdenes de compra o pedidos correspondientes. Además, se realiza el seguimiento de los pedidos para garantizar su cumplimiento dentro de los plazos establecidos.
- **Negociación de contratos a corto plazo:** el aprovisionamiento táctico implica la negociación y gestión de contratos con proveedores a corto plazo, que pueden abarcar compras por única vez, acuerdos por semanas o hasta pocos meses. Estos contratos permiten establecer condiciones específicas para los suministros, como precios, volúmenes, plazos de entrega y términos de garantía. La negociación efectiva de estos contratos contribuye a asegurar un flujo continuo de suministros y a optimizar los costos asociados.
- **Coordinación de entregas:** en el aprovisionamiento táctico, es crucial coordinar las entregas de los productos o materiales con los proveedores. Esto implica establecer horarios, rutas y métodos de entrega eficientes, así como verificar la calidad y la cantidad de los productos recibidos. La coordinación adecuada de las entregas garantiza la disponibilidad oportuna de los suministros necesarios para las operaciones.
- **Gestión del inventario:** en esta fase, se realiza un seguimiento y control continuo del inventario de productos o materiales. Se monitorean los niveles de

stock, se realizan ajustes en función de la demanda y se identifican oportunidades para optimizar la gestión del inventario, evitando excesos o faltantes. También se implementan técnicas como el reabastecimiento justo a tiempo (*just-in-time*) para minimizar los costos asociados al almacenamiento de inventario.
- **Evaluación de proveedores y rendimiento:** el aprovisionamiento táctico debe evaluar regularmente el desempeño de los proveedores analizando la calidad de los productos o servicios suministrados, la puntualidad en las entregas, el cumplimiento de los términos contractuales y otros aspectos relevantes. Esta evaluación permite identificar oportunidades de mejora y, en algunos casos, puede llevar a la toma de decisiones sobre la continuidad de la relación con un proveedor específico.
- **Gestión de la relación con proveedores:** en esta etapa, se establecen y mantienen relaciones sólidas con los proveedores. Esto involucra la comunicación efectiva, la resolución de problemas o conflictos de manera oportuna, la colaboración en la mejora continua y la exploración de oportunidades de desarrollo conjunto. La gestión adecuada de la relación con los proveedores contribuye a establecer alianzas a largo plazo y a generar beneficios mutuos.

Estas actividades clave en la fase de aprovisionamiento táctico son fundamentales para asegurar un flujo de suministros eficiente, coordinado y oportuno, así como para optimizar la gestión de inventario y establecer relaciones sólidas con los proveedores.

Al llevar a cabo estas actividades de manera efectiva, se mejora la operación diaria de la cadena de suministro y se obtienen beneficios asociados, como la reducción de costos, la mejora en la calidad y la satisfacción del cliente.

Tipos de compras en el aprovisionamiento táctico

En el aprovisionamiento táctico, se llevan a cabo distintos tipos de compras que se adaptan a las particularidades de los bienes y servicios requeridos. A continuación, exploramos los escenarios relacionados con la compra de bienes y servicios:

Compra de bienes

Compras con referencia a contratos marco

En el ámbito del aprovisionamiento táctico, una estrategia comúnmente utilizada es la compra con referencia a un contrato marco. Esta modalidad consiste en establecer acuerdos generales con proveedores para la adquisición de bienes a lo largo de un período determinado (por ejemplo, un año).

El contrato marco establece las condiciones generales de compra que regirán las transacciones entre la empresa y el proveedor. Estas condiciones suelen incluir aspectos clave como los precios acordados para los productos, los plazos de entrega estipulados, las condiciones de pago y otros términos y condiciones relevantes.

La ventaja de utilizar contratos marco es que permiten una gestión más eficiente de las compras recurrentes, ya que se establecen las bases y los términos para las transacciones a futuro. Esto evita tener que negociar los detalles de cada compra, agilizando y automatizando el proceso y reduciendo el tiempo y los recursos requeridos.

Además, los contratos marco permiten establecer relaciones más estables y duraderas con los proveedores, lo que puede derivar en beneficios adicionales, como descuentos por volumen de compra o acceso prioritario a productos y servicios.

Es importante destacar que, si bien el contrato marco establece las condiciones generales, cada compra específica dentro de este marco puede requerir una orden de compra adicional para detallar las especificaciones y cantidades exactas de los bienes a adquirir en cada ocasión.

Planes de entrega

En el ámbito del aprovisionamiento táctico, los planes de entrega desempeñan un papel básico en la gestión eficiente de los flujos de suministro de bienes. Estos planes consisten en la definición detallada de las entregas de los bienes requeridos, considerando aspectos clave como fechas, cantidades y ubicaciones de entrega.

Al establecer planes de entrega, se busca optimizar la planificación de las operaciones internas de la empresa, asegurando que los bienes sean entregados en el momento y lugar adecuados. Esto requiere coordinar y sincronizar los flujos de suministro con las necesidades de producción o consumo de la organización.

Los planes de entrega aportan previsibilidad a los flujos de suministro, lo que reduce la incertidumbre y los riesgos asociados con la disponibilidad de los bienes necesarios. Al conocer con antelación las fechas y cantidades de entrega, la empresa puede ajustar sus operaciones internas de manera eficiente, evitando problemas de escasez o exceso de inventario.

Además, los planes de entrega facilitan la colaboración y la comunicación con los proveedores. Al contar con una programación clara y precisa, se establece una base sólida para la coordinación y el seguimiento de las entregas, asegurando que se cumplan los compromisos acordados.

Es importante destacar que los planes de entrega pueden variar en su nivel de detalle y frecuencia, dependiendo de la naturaleza de los bienes y las necesidades de la empresa. Algunos planes pueden establecer entregas programadas a largo plazo, mientras que otros pueden enfocarse en entregas más frecuentes y específicas.

Consignaciones

En el contexto del aprovisionamiento táctico, las consignaciones son una modalidad utilizada para la gestión eficiente de los inventarios y la reducción de costos asociados a la propiedad de los bienes. En este modelo, los bienes son entregados a un tercero, conocido como consignatario, pero siguen siendo propiedad del proveedor hasta que se consumen o se venden.

La consignación ofrece varias ventajas tanto para el proveedor como para la empresa receptora de los bienes. En primer lugar, permite al proveedor mantener el control sobre los productos y minimizar los riesgos asociados a la propiedad de los inventarios. Esto se traduce en una reducción de los costos financieros y logísticos relacionados con el almacenamiento, el transporte y la obsolescencia de los bienes.

Por otro lado, para la empresa receptora, la consignación ofrece la posibilidad de disponer de un inventario sin incurrir en los costos de adquisición anticipada. Esto puede ser especialmente beneficioso en situaciones donde la demanda de los bienes es variable o incierta, ya que permite ajustar los niveles de inventario según las necesidades reales.

Además, la consignación facilita la gestión de los inventarios y simplifica los procesos de aprovisionamiento. El consignatario puede realizar un seguimiento preciso de los bienes recibidos y consumidos, lo que facilita la reposición oportuna y evita la acumulación innecesaria de existencias. Asimismo, se reducen los trámites administrativos relacionados con la facturación y el pago de los bienes, ya que estos se realizan únicamente cuando se consumen o venden.

Es importante destacar que la consignación requiere de un acuerdo claro y detallado entre el proveedor y el consignatario, estableciendo las responsabilidades, los plazos y las condiciones de devolución o venta de los bienes. Además, es fundamental mantener una comunicación fluida y transparente para garantizar un adecuado control y seguimiento de los inventarios consignados.

Subcontrataciones

En el ámbito del aprovisionamiento táctico, la subcontratación es una estrategia que consiste en delegar la producción de bienes a terceros especializados. En situaciones específicas, una empresa puede optar por subcontratar ciertos procesos o etapas de fabricación a proveedores externos, aprovechando su experiencia, capacidades y recursos para lograr mayor eficiencia y reducir costos.

La subcontratación ofrece diversas ventajas para las organizaciones. En primer lugar, permite acceder a conocimientos especializados y tecnologías avanzadas que pueden estar fuera del alcance de la empresa. Los proveedores especializados suelen contar con experiencia y recursos específicos que les permiten llevar a cabo la producción de manera más eficiente y con mayor calidad.

Además, la subcontratación permite a la empresa concentrarse en sus competencias centrales y actividades estratégicas, mientras delega aquellas tareas que no forman parte de su core business. Esto permite una mayor dedicación de recursos y esfuerzos en áreas que generan mayor valor agregado y contribuyen directamente a la ventaja competitiva de la organización.

Asimismo, la subcontratación puede ayudar a reducir costos operativos. Al externalizar ciertas actividades, la empresa puede evitar inversiones en infraestructura, maquinaria o personal adicional. Además, al aprovechar la economía de escala y las eficiencias del proveedor, es posible obtener mejores precios y condiciones en la producción de los bienes.

Sin embargo, es importante tener en cuenta algunos aspectos clave al realizar subcontrataciones. En primer lugar, es fundamental seleccionar proveedores confiables y competentes, que cumplan con los estándares de calidad y que sean capaces de cumplir con los plazos establecidos. También es necesario establecer acuerdos claros y detallados que especifiquen las responsabilidades, los plazos, los estándares de calidad y los aspectos relacionados con la propiedad intelectual, si corresponde.

Además, la empresa debe mantener una supervisión constante de las actividades subcontratadas para asegurarse de que se cumplen los objetivos y estándares establecidos. Esto implica establecer mecanismos de control y seguimiento, así como una comunicación fluida y transparente con el proveedor.

Compra de servicios

Compra de servicios con recepción detallada

En el contexto del aprovisionamiento táctico, existen servicios que requieren una recepción detallada que se apoya en una hoja de entrada de servicios. En este enfoque, se registra de manera minuciosa la recepción del servicio, incluyendo información relevante como fechas, duración, alcance, responsables de la entrega y la recepción del servicio y cumplimiento de los requisitos establecidos, etc.

La hoja de entrada de servicios se utiliza como una herramienta para evaluar y verificar la conformidad del servicio recibido con los estándares y expectativas establecidos. A través de este documento, se registran los detalles específicos de la ejecución del servicio, lo que permite tener información clara y objetiva de su calidad y cumplimiento.

La recepción detallada del servicio a través de la hoja de entrada de servicios facilita la comunicación entre la empresa y el proveedor del servicio: permite una retroalimentación específica y detallada, destacando los aspectos positivos y, en caso necesario, señalando las oportunidades de mejora. Además, esta práctica proporciona una base sólida para futuras negociaciones y contrataciones, ya que proporciona información detallada sobre el desempeño y la calidad de los servicios recibidos.

Es importante destacar que el uso de la hoja de entrada de servicios puede variar en cada organización, adaptándose a sus necesidades y procesos específicos. Sin embargo, en general, su objetivo es asegurar una recepción detallada y precisa de los servicios, permitiendo una evaluación efectiva y una gestión adecuada de las relaciones con los proveedores de servicios.

En este contexto, se pueden identificar dos enfoques: compras planificadas y compras no planificadas.

En el caso de las compras planificadas, con mayor nivel de detalle, el requirente establece de antemano el alcance de los servicios o actividades específicas que se requieren. Estos detalles son comunicados al proveedor, quien posteriormente confirma la ejecución de dichas actividades en la hoja de entrada de servicios. Este enfoque permite precisión en la definición de los servicios y una mejor alineación entre las expectativas del requirente y la ejecución por parte del proveedor.

Por otro lado, en el caso de las compras no planificadas, con un detalle menor, el requirente no define en detalle los servicios o actividades que se desarrollarán. En este escenario, es responsabilidad del proveedor determinar y definir el detalle de las actividades o servicios ejecutados. En la hoja de entrada de servicios, el proveedor registra los servicios realizados sin una especificación previa por parte del requirente. Este enfoque brinda flexibilidad al proveedor para adaptarse a las necesidades específicas del requirente, pero puede requerir una mayor comunicación y coordinación entre ambas partes para asegurar la satisfacción de los requerimientos.

En ambos casos, la hoja de entrada de servicios desempeña un papel fundamental como herramienta de registro y control, permitiendo documentar de manera detallada la ejecución de los servicios, verificar la conformidad con los requisitos establecidos y facilitar el proceso de pago. La elección entre uno u otro enfoque dependerá de las particularidades de cada situación y de los acuerdos establecidos entre el requirente y el proveedor.

Compra de servicios con recepciones simples

En el contexto del aprovisionamiento táctico, se pueden presentar situaciones donde la compra de servicios se basa en una recepción simple. A diferencia de la recepción detallada mencionada anteriormente, en este caso, el enfoque se centra en registrar únicamente la aceptación o conformidad de la prestación del servicio, sin requerir un detalle exhaustivo de su entrega.

La recepción simple de servicios se utiliza en situaciones donde no es necesario realizar un seguimiento minucioso de cada aspecto de la ejecución del servicio. Esto puede ocurrir cuando se trata de servicios estándar, de rutina o de menor complejidad, en los cuales se confía en la capacidad del proveedor para entregar el servicio de manera adecuada.

En este enfoque, el proceso de recepción se simplifica y la empresa se enfoca principalmente en verificar si el servicio ha sido realizado de manera general y satisfactoria, cumpliendo con los criterios de calidad y cumplimiento establecidos, de manera similar, si no igual, a como se haría con la recepción de bienes.

La recepción simple de servicios puede incluir la firma de un documento o un registro en el sistema interno de la empresa que indique que el servicio ha sido entregado y aceptado. Esta forma de recepción permite una gestión más ágil y eficiente, especialmente cuando se trata de servicios recurrentes o de menor impacto en la operación de la empresa.

Es importante destacar que, aunque la recepción sea simple, esto no significa que se descuide la calidad o la conformidad del servicio. La empresa aún debe asegurarse de que el servicio cumpla con los estándares acordados y satisfaga sus necesidades específicas.

Compra de servicios sin recepción

En el contexto del aprovisionamiento táctico, en ocasiones se puede realizar la compra de servicios sin necesidad de llevar a cabo una recepción formal. Este enfoque se utiliza especialmente cuando se trata de servicios recurrentes y confiables, en los cuales se ha establecido una relación de confianza y se tiene la certeza de que el proveedor cumplirá con las condiciones acordadas.

En este caso, en lugar de realizar una recepción detallada o una recepción simple del servicio, se utiliza la presentación de la factura como evidencia de la prestación del servicio. Una vez que se recibe la factura correspondiente, se procede con el proceso de pago según los términos y condiciones ya acordados.

La ausencia de una recepción formal no significa que la empresa deba descuidar el seguimiento y control del servicio. Es fundamental mantener una comunicación continua con el proveedor y contar con mecanismos de monitoreo para asegurarse de que el servicio se está entregando de acuerdo con los estándares de calidad y los requisitos requeridos.

Compra de servicios con recepciones por monto

En el ámbito de la compra de servicios en el aprovisionamiento táctico, en algunas situaciones el precio puede estar asociado a una cantidad no precisa, lo cual implica que la recepción del servicio se realice según un monto específico en lugar de una cantidad física o medida convencional.

Este enfoque es común en servicios donde los hitos o etapas de entrega no son fácilmente cuantificables o medibles de manera precisa. Por ejemplo, un servicio de consultoría que tiene un costo total de cien unidades monetarias, pero los hitos de recepción no se definen por unidades físicas o tiempo específico, sino por conceptos o aspectos que no se pueden cuantificar directamente.

En este escenario, se pueden establecer hitos de recepción basados en montos parciales del servicio. Por ejemplo, acordar una primera recepción por veinte unidades monetarias, luego una segunda recepción por treinta y cinco unidades monetarias y, finalmente, el saldo restante al concluir el servicio.

Estas recepciones por monto ejecutado permiten un seguimiento financiero detallado y brindan flexibilidad en la definición de los hitos de recepción. Cada vez que se alcanza un monto específico del servicio ejecutado, se procede a realizar la recepción correspondiente y a realizar el pago parcial acordado.

Es importante destacar que, aunque las recepciones se realicen en función de montos específicos, ello no exime a la empresa de supervisar y evaluar la calidad y el cumplimiento de los aspectos no cuantificables del servicio. La empresa debe asegurarse de que los hitos acordados se cumplan satisfactoriamente y que el servicio entregado cumpla con los estándares de calidad y los requisitos establecidos.

Compra de servicios con recepción automática

En el contexto de la compra de servicios en el aprovisionamiento táctico, existe la posibilidad de configurar un sistema automatizado que genere recepciones automáticas al momento de emitir una orden de compra de servicios. Esta práctica agiliza el proceso y facilita el seguimiento eficiente de las transacciones.

El sistema puede estar configurado para generar automáticamente una recepción del servicio correspondiente cuando se realice una orden de compra con los detalles del servicio a adquirir. Esta recepción automática se registra en el sistema de gestión de compras y queda asociada a la orden de compra y al proveedor específico, generando los asientos contables correspondientes.

La recepción automática puede estar basada en criterios predefinidos, como la emisión de la orden de compra o la fecha de inicio del servicio. En el momento en que se cumplen tales criterios, el sistema genera automáticamente la recepción, sin necesidad de una intervención manual adicional.

Este enfoque de recepciones automáticas en la compra de servicios ofrece varias ventajas. En primer lugar, agiliza el proceso de recepción al eliminar la necesidad de realizar manualmente cada recepción de servicio por separado. Esto ahorra tiempo y esfuerzo, especialmente cuando se realizan múltiples compras de servicios en un período determinado.

Además, la recepción automática permite un seguimiento más eficiente de las transacciones. Al contar con un registro automatizado de las recepciones de servicio, se tiene una trazabilidad clara y actualizada de las adquisiciones realizadas. Esto facilita la gestión financiera y la generación de informes relacionados con los servicios adquiridos.

La compra de servicios sin recepción y la compra de servicios con recepción automática presentan similitudes en los pasos ejecutados durante su desarrollo. No obstante, existe una diferencia fundamental en la contabilización del gasto, especialmente en relación a la temporalidad. En el caso de la compra de servicios sin recepción, el gasto se registra contablemente al momento de recibir la factura, lo que puede ocurrir semanas o incluso meses después de la creación de la orden de compra del servicio. Además, es posible que se realicen eventos parciales de facturación. Por otro lado, en la compra de servicios con recepción automática, el gasto se contabiliza al momento de generar la orden de compra, en un único evento. Posteriormente, se registra la recepción de facturas, permitiendo eventos parciales. Esto es una diferencia clave en la gestión contable y la temporalidad de la contabilización del gasto.

Es importante destacar que, a pesar de la automatización de las recepciones, es necesario contar con un mecanismo de verificación y validación de los servicios prestados. Aunque la recepción automática registra la entrega del servicio en el sistema, aún se requiere una evaluación y confirmación de que el servicio ha sido realizado satisfactoriamente y cumple con los requisitos establecidos.

Evaluación del desempeño de proveedores

La evaluación del desempeño de proveedores es una etapa fundamental en el proceso de aprovisionamiento extendido. Permite medir y analizar el rendimiento de los proveedores con el fin de identificar áreas de mejora, fortalecer las relaciones y desarrollar acuerdos a largo plazo.

A continuación, detallamos algunos aspectos clave en la evaluación de desempeño de proveedores:

Importancia de la evaluación del desempeño

La importancia de la evaluación del desempeño de proveedores radica en su capacidad para desarrollar habilidades ausentes o no óptimas y mejorar la ejecución contractual. Más allá de ser un simple análisis retrospectivo, esta práctica se erige como un medio efectivo para identificar áreas de mejora en las habilidades y conocimientos de los proveedores. Al enfocarse en estas, no solo se asegura una ejecución más eficiente de los contratos existentes, sino que se sientan las bases para relaciones de largo plazo más sólidas. En última instancia, la evaluación del desempeño se convierte en un catalizador para el crecimiento mutuo y la adaptabilidad, contribuyendo a la evolución continua de las relaciones en la cadena de suministro.

La evaluación del desempeño de los proveedores es de vital importancia en el proceso de aprovisionamiento por varias razones:

- **Mejora de la calidad y cumplimiento de los requisitos:** permite verificar si los proveedores están cumpliendo con los estándares de calidad y los requisitos establecidos por la organización. Esto es esencial para asegurar que los productos o servicios recibidos cumplen con las expectativas y necesidades de la empresa y sus clientes.
- **Identificación de áreas de mejora:** se pueden identificar áreas en que los proveedores pueden mejorar su rendimiento. Esto puede incluir aspectos como la calidad del producto o servicio, el tiempo de entrega, la capacidad de respuesta, la gestión de inventarios, entre otros. Al identificar estas áreas, la organización puede colaborar con los proveedores para implementar acciones correctivas y mejorar la eficiencia y la efectividad de la cadena de suministro.

- **Reducción de riesgos y costos:** a reducir riesgos y costos asociados con la relación con los proveedores. Al evaluar su rendimiento, se pueden detectar proveedores con desempeño deficiente o inadecuado, lo que permite tomar decisiones informadas sobre la continuidad de la relación comercial. Esto ayuda a evitar retrasos, fallas en la entrega, productos o servicios de baja calidad, y otros problemas que podrían generar costos adicionales o pérdida de oportunidades.
- **Mejora de la colaboración y la relación con proveedores:** brinda la oportunidad de tener una comunicación más abierta y transparente con los proveedores. Se pueden compartir los resultados de la evaluación y discutir acciones de mejora de manera constructiva. Esto fortalece la relación y fomenta una colaboración más estrecha, lo que puede generar beneficios adicionales, como el intercambio de conocimientos, el desarrollo conjunto de productos o servicios y la innovación.
- **Impulso de la mejora continua:** permite establecer metas y objetivos claros, medir el progreso y tomar acciones para alcanzar una mayor eficiencia y efectividad en la relación con los proveedores. La retroalimentación y la comunicación resultantes de la evaluación ayudan a mantener un ciclo de mejora continua en toda la cadena de suministro.

Establecimiento de indicadores clave de desempeño (KPI)

Establecer indicadores clave de desempeño (KPI) es fundamental para evaluar de manera efectiva a los proveedores en el proceso de aprovisionamiento extendido. Estos indicadores son medidas cuantificables que permiten monitorear el desempeño de manera objetiva y comparativa. Al establecer KPI adecuados, se pueden evaluar diferentes aspectos del desempeño de los proveedores y tomar decisiones basadas en datos concretos.

A continuación, presentamos algunas consideraciones que deben tenerse en cuenta al definir los indicadores clave de desempeño:

- **Relevancia:** deben estar directamente relacionados con los objetivos y requisitos estratégicos de la organización. Deben medir aspectos críticos para el proceso de aprovisionamiento y reflejar las expectativas y necesidades de la empresa.
- **Medibilidad:** deben ser cuantificables. Deben poder ser recolectados y analizados de manera objetiva, utilizando datos y métricas concretas que permitan una evaluación precisa y confiable del desempeño de los proveedores.
- **Especificidad:** deben ser específicos y estar enfocados en aspectos relevantes del desempeño de los proveedores. Pueden abarcar diferentes áreas, como calidad del producto o servicio, cumplimiento de plazos de entrega, eficiencia en la gestión de inventarios, capacidad de respuesta ante cambios, entre otros.
- **Realismo:** los indicadores deben ser realistas y alcanzables. Deben reflejar expectativas razonables y considerar las capacidades y limitaciones de los proveedores. Establecer objetivos demasiado exigentes puede ser contraproducente y afectar negativamente la relación con los proveedores.

- **Actualización:** deben ser revisados y actualizados periódicamente para asegurar su relevancia y adecuación. Las condiciones y requisitos pueden cambiar con el tiempo, lo que requiere adaptar los indicadores a medida que evoluciona la situación y las necesidades de la organización.

Retroalimentación y comunicación efectiva con proveedores

La retroalimentación y la comunicación efectiva con los proveedores son elementos clave para fomentar la mejora continua en el proceso de aprovisionamiento. Estas prácticas permiten establecer relaciones de colaboración y confianza mutua, en que las partes pueden compartir información, identificar áreas de mejora y tomar acciones correctivas o preventivas.

A continuación, presentamos algunas consideraciones importantes para lograr una retroalimentación y comunicación efectiva con los proveedores:

- **Transparencia:** es fundamental establecer un ambiente de transparencia en el que ambas partes compartan información relevante de manera clara y honesta. Esto incluye compartir metas, expectativas, desafíos y resultados relacionados con el desempeño del proveedor.
- **Frecuencia:** la retroalimentación y la comunicación deben ser frecuentes y regulares. No se trata solo de proporcionar comentarios una vez al año durante una evaluación formal, sino de mantener un diálogo constante para abordar problemas de manera oportuna y mantener a los proveedores informados sobre los cambios en las necesidades o requisitos.

- **Objetividad:** la retroalimentación debe ser objetiva y basada en datos concretos. Es importante proporcionar ejemplos específicos y evidencia de los puntos a mejorar o de los logros alcanzados. Esto permite una discusión fundamentada y evita malentendidos.
- **Enfoque en la mejora:** la retroalimentación debe centrarse en la mejora continua y no en la culpa o la crítica destructiva. Es importante resaltar los aspectos positivos y reconocer los esfuerzos del proveedor, al mismo tiempo que se identifican áreas de mejora y se ofrecen sugerencias constructivas para impulsar el crecimiento y el desarrollo.
- **Comunicación bidireccional:** la retroalimentación debe ser un proceso bidireccional. No solo se trata de que la empresa proporcione comentarios al proveedor, sino también de escuchar activamente las perspectivas y sugerencias del proveedor. Esto promueve la colaboración y el intercambio de ideas para encontrar soluciones conjuntas.
- **Acciones de seguimiento:** es importante realizar un seguimiento de las acciones acordadas durante la retroalimentación y verificar el progreso realizado. Esto demuestra el compromiso de ambas partes con la mejora continua y ayuda a mantener el impulso hacia los objetivos establecidos.

Al establecer una comunicación abierta y una retroalimentación efectiva con los proveedores, se promueve un ambiente de colaboración y mejora constante. Esto beneficia al proveedor —al permitirle ajustar su desempeño a las expectativas— y a la organización —al garantizar un flujo eficiente de productos o servicios de alta calidad—. Además, una comunicación efectiva puede fortalecer la relación a largo plazo con los proveedores y generar nuevas oportunidades de colaboración y crecimiento conjunto.

Utilización de los resultados de la evaluación de proveedores

La evaluación del desempeño de los proveedores no solo se realiza para medir su rendimiento actual, sino también para identificar áreas de mejora y oportunidades de crecimiento conjunto. Los resultados de la evaluación son una valiosa fuente de información que puede ser utilizada estratégicamente para fortalecer las relaciones existentes con los proveedores y desarrollar acuerdos a largo plazo.

A continuación, presentamos algunas formas de aprovechar los resultados de la evaluación:

- **Reconocimiento y recompensa:** si los proveedores han alcanzado o superado los estándares de desempeño establecidos, es importante reconocer sus logros y recompensar su excelencia. Esto puede incluir premios, incentivos financieros o el reconocimiento público de su contribución. Este enfoque fomenta la lealtad y motiva a los proveedores a mantener y mejorar su desempeño.
- **Identificación de áreas de mejora:** los resultados de la evaluación también pueden revelar áreas donde los proveedores pueden mejorar su desempeño. En lugar de simplemente señalar deficiencias, es importante trabajar de manera colaborativa para identificar soluciones y desarrollar planes de acción conjuntos. Esto fortalece la relación y demuestra el compromiso mutuo con la mejora continua.

- **Revisión de acuerdos y contratos:** los resultados de la evaluación pueden proporcionar información importante para revisar y ajustar los acuerdos y contratos existentes. Si se identifican deficiencias persistentes en el desempeño del proveedor, es posible que sea necesario revisar los términos del acuerdo para establecer metas más claras, requisitos más estrictos o cláusulas de penalización por incumplimiento. Por otro lado, si un proveedor ha demostrado un desempeño sobresaliente, es posible considerar la posibilidad de ampliar la relación comercial y desarrollar acuerdos a largo plazo más sólidos o de mayor nivel de alcance.
- **Desarrollo conjunto:** los resultados de la evaluación pueden servir como punto de partida para el desarrollo conjunto de iniciativas de mejora y crecimiento. Al trabajar de cerca con los proveedores, se pueden identificar oportunidades para mejorar la eficiencia, reducir costos, aumentar la calidad o explorar nuevos mercados. Esta colaboración mutuamente beneficiosa puede conducir a una relación más sólida y a acuerdos a largo plazo que generen valor para ambas partes.
- **Comunicación efectiva:** la comunicación abierta y efectiva basada en los resultados de la evaluación es fundamental para fortalecer las relaciones con los proveedores. Es importante compartir los hallazgos de la evaluación y discutirlos de manera constructiva con los proveedores. Esto ayuda a establecer expectativas claras, alinear metas y promover una cultura de mejora continua.

Interrelación entre el aprovisionamiento estratégico y el táctico

La interrelación entre las dos fases del aprovisionamiento, es decir, el aprovisionamiento estratégico y el aprovisionamiento táctico, es crucial para la gestión eficiente de la cadena de suministro. Ambas fases son complementarias y se sustentan mutuamente, con roles diferentes pero igualmente importantes.

Ilustración 8 - Interrelación entre el aprovisionamiento estratégico y el táctico

A continuación, exploraremos algunos aspectos relevantes de esta interrelación:

Complementariedad y dependencia entre el aprovisionamiento estratégico y el aprovisionamiento táctico

La complementariedad y la dependencia mutua entre el aprovisionamiento estratégico y el aprovisionamiento táctico son clave para una gestión eficiente de la cadena de suministro. Ambas fases se entrelazan y se apoyan una a la otra para garantizar que la organización pueda satisfacer las necesidades del negocio y mantener su competitividad. En este ámbito, los contratos bien negociados y bien ejecutados son la fórmula del éxito.

A continuación, exploremos en detalle estos aspectos:

- **Complementariedad de las fases:** el aprovisionamiento estratégico y el aprovisionamiento táctico son dos fases complementarias que se basan en diferentes enfoques y objetivos. El aprovisionamiento estratégico se enfoca en la planificación a largo plazo, la identificación de oportunidades estratégicas, la selección de proveedores y la negociación de contratos a largo plazo. Por otro lado, el aprovisionamiento táctico se centra en la ejecución diaria de las actividades de aprovisionamiento, como la gestión de pedidos, la coordinación de entregas, la gestión del inventario y el control de facturas y pagos. Ambas fases trabajan en conjunto para asegurar que los productos o servicios estén disponibles de manera oportuna.
- **Dependencia mutua:** existe una dependencia mutua entre el aprovisionamiento estratégico y el aprovisionamiento táctico. El éxito de la fase táctica depende en gran medida de las decisiones tomadas en la fase estratégica. Por ejemplo, si en la fase estratégica se seleccionan proveedores confiables y se establecen relaciones sólidas con ellos, la fase táctica se beneficiará al tener acceso a suministros de calidad y entregas confiables. Además, la fase estratégica proporciona la dirección y los objetivos que guían las acciones tácticas, asegurando que los esfuerzos operativos estén alineados con la visión estratégica de la organización.
- **Retroalimentación y mejora continua:** la complementariedad entre el aprovisionamiento estratégico

y el táctico se fortalece a través de un proceso de retroalimentación constante. La fase táctica proporciona información valiosa sobre la efectividad de las decisiones estratégicas y permite identificar oportunidades de mejora. Esta retroalimentación se utiliza para ajustar y mejorar las estrategias y procesos en la fase estratégica, permitiendo a la organización adaptarse a cambios en el entorno empresarial, optimizar sus operaciones y maximizar el valor generado.

- **Coordinación y alineación:** para una complementariedad efectiva, es crucial contar con una coordinación estrecha y una alineación clara entre el aprovisionamiento estratégico y el aprovisionamiento táctico. La comunicación abierta y la colaboración entre los equipos encargados de ambas fases son fundamentales para asegurar que las decisiones y acciones sean coherentes y estén orientadas hacia los mismos objetivos. Esto implica compartir información relevante, mantener una visión compartida de la cadena de suministro y trabajar en conjunto para superar desafíos y aprovechar oportunidades.

La importancia de la alineación y la comunicación efectiva entre ambas fases

La alineación y la comunicación efectiva entre el aprovisionamiento estratégico y el táctico son fundamentales para el éxito de la cadena de suministro. Ambas deben trabajar en estrecha colaboración y mantener una comunicación constante para garantizar que las decisiones estratégicas se implementen de manera efectiva en las operaciones diarias y que los objetivos organizacionales se cumplan de manera coherente.

A continuación, exploramos la importancia de la alineación y la comunicación efectiva entre ambas fases:

- **Coherencia con los objetivos:** la alineación asegura que los objetivos estratégicos de la organización se reflejen en las actividades tácticas del aprovisionamiento. Es esencial que los miembros del equipo comprendan y compartan los objetivos a largo plazo, ya que proporcionan una guía clara para la toma de decisiones tácticas. La comunicación efectiva asegura que los involucrados estén al tanto de los objetivos y trabajen en conjunto para alcanzarlos.
- **Mejor toma de decisiones:** la alineación y la comunicación efectiva facilitan una toma de decisiones más informada y acertada. Cuando existe un flujo constante de información entre las dos fases, se pueden compartir datos relevantes, tendencias del mercado, cambios en la demanda y otros factores que puedan influir en las decisiones estratégicas y tácticas. Esto permite tomar decisiones basadas en información actualizada y reduce el riesgo de desalineación o errores.
- **Adaptación ágil:** la alineación y la comunicación efectiva permiten una respuesta ágil a los cambios del entorno empresarial. La cadena de suministro se enfrenta a desafíos constantes, como fluctuaciones en la demanda, cambios en la disponibilidad o interrupciones en la cadena de suministro. Mediante una comunicación efectiva, los equipos pueden compartir información sobre desafíos y trabajar juntos para encontrar soluciones rápidas y eficientes. Esto contribuye a la rápida adaptación a situaciones cambiantes y a minimizar impactos negativos en la operación diaria.

- **Coordinación operativa:** la alineación y la comunicación efectiva son clave para la coordinación operativa entre el aprovisionamiento estratégico y el táctico. La comunicación abierta y regular ayuda a coordinar las actividades y los plazos, asegurando que los suministros se adquieran y entreguen según lo planeado. Además, la coordinación permite optimizar la utilización de recursos, evitar duplicaciones y minimizar los costos asociados con el aprovisionamiento.
- **Mejora continua:** la alineación y la comunicación efectiva fomentan la mejora continua de la cadena de suministro. A través de la retroalimentación constante y el intercambio de información, los equipos pueden identificar oportunidades de mejora, resolver problemas y optimizar los procesos y las prácticas. Esto contribuye a la eficiencia operativa, la reducción de costos y la capacidad de adaptación a medida que la empresa evoluciona.

Casos que ilustran cómo una integración sólida entre ambas fases mejora la eficiencia y la efectividad del abastecimiento

En este punto, exploraremos algunos casos que ilustran cómo una integración sólida entre el aprovisionamiento estratégico y el aprovisionamiento táctico puede mejorar la eficiencia y la efectividad del abastecimiento. Estos casos demuestran que las organizaciones pueden lograr beneficios significativos al alinear y coordinar ambas fases del aprovisionamiento.

Empresa X

La empresa X enfrentaba desafíos en la coordinación y comunicación entre el equipo de aprovisionamiento estratégico y el equipo de aprovisionamiento táctico. Esto generaba dificultades en la gestión de pedidos, la negociación de contratos y la administración del inventario. Además, la falta de una comunicación eficiente dificultaba la capacidad de la empresa para responder rápidamente a los cambios en la demanda y los suministros.

La empresa X decidió implementar un sistema de comunicación y colaboración entre el equipo de aprovisionamiento estratégico (negociadores) y el equipo de aprovisionamiento táctico (administradores de contratos). Para lograrlo, se llevaron a cabo las siguientes acciones:

- **Implementación de una plataforma de colaboración:** se estableció una plataforma digital que permitía la comunicación en tiempo real, el intercambio de información y la colaboración entre los dos equipos. Esta plataforma facilitaba la comunicación fluida y aseguraba que los miembros del equipo estuvieran al tanto de los cambios y actualizaciones relevantes.
- **Definición de roles y responsabilidades claros:** se establecieron roles y responsabilidades claros para cada equipo, asegurando que todos comprendieran sus funciones y contribuciones dentro del proceso de aprovisionamiento. Esto ayudó a evitar confusiones y a mejorar la eficiencia en la ejecución de tareas.
- **Implementación de reuniones periódicas:** se establecieron reuniones periódicas entre los equipos de aprovisionamiento estratégico y táctico para revisar el progreso, alinear objetivos y abordar cualquier problema o desafío que surgiera. Estas reuniones fomentaron la colaboración y la resolución conjunta de problemas.

Gracias a la implementación del sistema de comunicación y colaboración eficiente, la empresa X logró obtener los siguientes resultados:

- **Mejor coordinación en la gestión de pedidos:** la comunicación fluida y la colaboración entre los equipos de aprovisionamiento permitieron una mejor coordinación en la gestión de pedidos, lo que resultó en una reducción de errores y una mayor eficiencia en la entrega de productos y servicios.
- **Negociación de contratos más efectiva:** el sistema de comunicación permitió una mejor negociación de contratos con proveedores, ya que ambos equipos tenían acceso a la información relevante y podían compartir perspectivas y necesidades. Esto ayudó a obtener condiciones más favorables y a establecer acuerdos más sólidos.
- **Gestión de inventario más eficiente:** la comunicación en tiempo real y la colaboración entre los equipos facilitaron la gestión del inventario, permitiendo un seguimiento más preciso de los niveles de stock y una respuesta rápida a los cambios en la demanda y los suministros. Esto redujo los costos asociados con el inventario excesivo o insuficiente.
- **Mayor capacidad para satisfacer las necesidades de los clientes:** la comunicación fluida y la respuesta rápida a los cambios en la demanda y los suministros mejoraron la capacidad de la empresa para satisfacer las necesidades de los clientes de manera eficiente. Esto se tradujo en una mayor satisfacción del cliente y en una mejora de la reputación de la empresa en el mercado.

Empresa Y

La empresa Y enfrentaba desafíos en la colaboración y toma de decisiones entre las fases del aprovisionamiento estratégico y táctico. La falta de una estructura de gobierno sólida dificultaba la alineación de objetivos y estrategias, lo que impactaba en la calidad de los productos, los tiempos de entrega y la satisfacción del cliente.

La empresa Y decidió establecer una estructura de gobierno que incluyera representantes de ambas fases del aprovisionamiento. Para lograrlo, se llevaron a cabo las siguientes acciones:

- **Creación de un comité de gobierno:** se estableció un comité de gobierno que incluía representantes de alto nivel tanto del aprovisionamiento estratégico como del aprovisionamiento táctico. Este comité se reunió periódicamente para discutir y tomar decisiones en temas estratégicos y tácticos relacionados con el aprovisionamiento.
- **Definición de roles y responsabilidades claras:** se clarificaron los roles y responsabilidades de cada equipo, asegurando que todos comprendieran su contribución en el proceso de aprovisionamiento. Esto ayudó a evitar confusiones y a mejorar la coordinación entre los equipos.
- **Establecimiento de canales de comunicación efectivos:** se implementaron canales de comunicación efectivos y regulares entre los representantes de ambas fases del aprovisionamiento. Esto permitió una comunicación fluida, la identificación de desafíos y la toma de decisiones conjunta.

Gracias a la implementación de una estructura de gobierno sólida y una colaboración estrecha entre las fases del aprovisionamiento, la empresa Y obtuvo los siguientes resultados:

- **Mejora en la calidad de los productos:** la colaboración entre los equipos de aprovisionamiento permitió un intercambio de conocimientos y mejores prácticas, lo que se tradujo en una mejora en la calidad de los productos ofrecidos por la empresa.
- **Reducción de los tiempos de entrega:** la toma de decisiones conjunta y la coordinación efectiva entre las fases del aprovisionamiento contribuyeron a una planificación más precisa y una gestión más eficiente de los tiempos de entrega. Esto resultó en una reducción de los plazos de entrega y una optimización de los niveles de inventario.
- **Aumento de la satisfacción del cliente:** la sinergia entre los equipos y la comprensión compartida de los objetivos y estrategias del aprovisionamiento se reflejaron en una mejora en la satisfacción del cliente. Los productos entregados cumplían con los requisitos y expectativas de los clientes de manera más consistente.

Empresa Z

La empresa Z se enfrentaba a desafíos en la gestión de su aprovisionamiento. Su enfoque anterior era exclusivamente táctico y reactivo, lo que generaba una falta de confiabilidad en el suministro y ocasionaba frecuentes quiebres de stock. La falta de un enfoque estratégico impedía la planificación a largo plazo y la colaboración efectiva con los proveedores.

Consciente de la necesidad de un cambio, la empresa Z decidió implementar un proceso de aprovisionamiento estratégico. Para lograrlo, se llevaron a cabo las siguientes acciones:

- **Evaluación y análisis de la cadena de suministro:** se realizó una evaluación exhaustiva de la cadena de suministro de la empresa, identificando las áreas de mejora y los puntos críticos que requerían atención.
- **Establecimiento de objetivos estratégicos:** se definieron objetivos claros y medibles para el aprovisionamiento, orientados a garantizar la confiabilidad en el suministro y reducir los quiebres de stock. Estos objetivos se alinearon con los objetivos comerciales de la empresa.
- **Desarrollo de relaciones a largo plazo con proveedores:** la empresa inició la búsqueda y selección de proveedores confiables y estratégicos con los que pudiera establecer acuerdos a largo plazo. Se enfocaron en la construcción de relaciones sólidas basadas en la confianza y el beneficio mutuos.
- **Automatización de procesos tácticos:** se implementaron soluciones tecnológicas y sistemas de automatización para agilizar y optimizar los procesos tácticos de aprovisionamiento. Esto permitió una gestión más eficiente de los pedidos, la gestión de inventarios y la planificación de la demanda.

Gracias a la implementación del proceso de aprovisionamiento estratégico, la empresa Z logró los siguientes resultados:

- **Confiabilidad en el suministro:** la colaboración estratégica con proveedores confiables y los acuerdos a largo plazo permitieron el suministro constante y confiable de los productos necesarios. Esto solucionó los

quiebres de stock, garantizando la disponibilidad de los productos en el momento requerido.
- **Reducción de los costos asociados a los quiebres de stock:** al evitar los quiebres de stock y optimizar la gestión de inventarios, la empresa redujo los costos asociados a la falta de stock y los problemas de producción causados por la falta de suministros.
- **Mayor eficiencia en los procesos de aprovisionamiento:** la automatización de los procesos tácticos agilizó las operaciones diarias de aprovisionamiento, permitiendo una mayor eficiencia en la gestión de pedidos, la planificación de la demanda y la gestión de inventarios.

Estos casos de estudio destacan cómo una integración sólida entre el aprovisionamiento estratégico y el aprovisionamiento táctico puede generar beneficios significativos para las organizaciones. La alineación de objetivos, la coordinación operativa, la comunicación efectiva y la colaboración estrecha son elementos clave para una integración exitosa. Al trabajar juntos de manera armoniosa, los equipos de aprovisionamiento pueden maximizar la eficiencia, optimizar los costos, mejorar la calidad y fortalecer la posición competitiva de la empresa en el mercado.

Mejores prácticas y desafíos en la implementación de las fases del aprovisionamiento

En esta sección, exploramos las mejores prácticas y los desafíos comunes en la implementación de las fases del aprovisionamiento, así como recomendaciones para superar obstáculos y maximizar los resultados en ambas fases.

Los lineamientos generales sobre las mejores prácticas para la implementación del aprovisionamiento estratégico son:

- Definir claramente los objetivos estratégicos de la empresa y alinear el aprovisionamiento con ellos.
- Analizar exhaustivamente de la cadena de suministro para identificar áreas de mejora y oportunidades estratégicas.
- Establecer criterios de evaluación y selección de proveedores estratégicos basados en factores como la calidad, el costo, la capacidad de respuesta y la sostenibilidad.
- Desarrollar alianzas y colaboraciones a largo plazo con proveedores clave para fomentar la innovación y la mejora continua.
- Implementar sistemas de gestión de la cadena de suministro que permitan medir y monitorear el desempeño de los proveedores estratégicos.

Como lineamientos generales sobre las mejores prácticas para la implementación del aprovisionamiento táctico tenemos:

- Establecer procesos eficientes para la gestión de requisiciones y pedidos, asegurando una comunicación clara y un seguimiento adecuado.
- Negociar contratos a corto plazo con proveedores para optimizar los costos y la flexibilidad en función de la demanda fluctuante.
- Coordinar de manera efectiva las entregas de los productos y servicios, asegurando la puntualidad y la calidad.
- Implementar sistemas de gestión del inventario que permitan el control preciso y la optimización de los niveles de stock.

Los desafíos comunes en la gestión de las fases del aprovisionamiento incluyen:

- La falta de alineación entre las estrategias de aprovisionamiento y los objetivos empresariales.
- La falta de visibilidad y transparencia en la cadena de suministro, lo que dificulta la toma de decisiones informadas.
- La dependencia excesiva de proveedores únicos, lo que puede representar un riesgo para la continuidad del negocio.
- La falta de colaboración y comunicación entre los equipos de aprovisionamiento y otros departamentos clave de la organización.
- Los cambios en la demanda del mercado o en los suministros que requieran una respuesta ágil y flexible por parte del aprovisionamiento.

Para superar estos desafíos y maximizar los resultados en ambas fases del aprovisionamiento, se recomienda:

- Establecer una estructura de gobernanza sólida que promueva la colaboración y la comunicación entre los equipos de aprovisionamiento y otros departamentos.
- Adoptar tecnologías y herramientas de gestión de la cadena de suministro que mejoren la visibilidad y la eficiencia operativa.
- Fomentar la formación y el desarrollo del personal de aprovisionamiento para asegurar una comprensión sólida de las mejores prácticas y las últimas tendencias en la gestión de la cadena de suministro.
- Establecer indicadores clave de desempeño (KPI) para monitorear y evaluar el aprovisionamiento en relación con los objetivos estratégicos de la empresa.

- Mantener una mentalidad de mejora continua, buscando constantemente oportunidades de optimización en ambas fases del aprovisionamiento.

Al implementar estas mejores prácticas y abordar los desafíos comunes, las organizaciones pueden mejorar la gestión de su aprovisionamiento estratégico y táctico, logrando una cadena de suministro más eficiente, rentable y competitiva.

Examen de las mejores prácticas para la implementación exitosa de cada fase del aprovisionamiento

La implementación exitosa de cada fase del aprovisionamiento es fundamental para lograr una gestión eficiente de los recursos en una organización. En esta sección, examinaremos en detalle las mejores prácticas para cada etapa, tanto en el aprovisionamiento estratégico como en el táctico. Estas prácticas, basadas en la experiencia y el conocimiento acumulado, proporcionan pautas clave para optimizar la eficiencia, minimizar los riesgos y maximizar el valor obtenido.

Al explorar estas mejores prácticas, podremos identificar enfoques sólidos y recomendaciones para fortalecer el aprovisionamiento y obtener resultados significativos en términos de calidad, costos y satisfacción del cliente.

Mejores prácticas para la implementación exitosa del aprovisionamiento estratégico

- **Definición clara de los objetivos estratégicos:** establecer metas claras y alineadas con la estrategia general de la empresa permite orientar las actividades de aprovisionamiento hacia la consecución de dichos objetivos.

- **Análisis de la cadena de suministro:** realizar un análisis detallado de la cadena de suministro es esencial para identificar áreas de mejora, puntos críticos y oportunidades para optimizar procesos y fortalecer la competitividad de la organización.
- **Evaluación y selección de proveedores estratégicos:** establecer criterios claros para la evaluación y selección de proveedores estratégicos es fundamental. Estos criterios deben incluir aspectos como la calidad del producto o servicio, la capacidad de respuesta, la estabilidad financiera y la sostenibilidad.
- **Establecimiento de alianzas y colaboraciones a largo plazo:** fomentar relaciones sólidas y duraderas con proveedores estratégicos permite la creación de sinergias, la generación de valor compartido y la búsqueda conjunta de la mejora continua. Estas alianzas fortalecen la posición competitiva de la empresa en el mercado.

Mejores prácticas para la implementación exitosa del aprovisionamiento táctico

- **Procesos eficientes de gestión de requisiciones y pedidos:** es fundamental establecer procesos claros y eficientes para gestionar las solicitudes y órdenes de compra. Esto implica la comunicación efectiva entre los departamentos y una coordinación precisa para satisfacer las necesidades del negocio.
- **Negociación de contratos a corto plazo:** la capacidad de negociar contratos a corto plazo brinda flexibilidad y adaptabilidad a las fluctuaciones de la demanda y las condiciones del mercado, pues permite ajustar rápidamente las cantidades y los plazos de

entrega, así como aprovechar oportunidades comerciales ventajosas.
- **Coordinación de entregas:** la coordinación efectiva de las entregas es esencial para la disponibilidad oportuna de los productos y servicios necesarios. Esto requiere la planificación cuidadosa de los tiempos de entrega, la optimización de rutas y la comunicación fluida con los proveedores y las áreas internas correspondientes.
- **Gestión del inventario:** la gestión eficiente del inventario es fundamental para evitar la escasez o el exceso de stock. Exige el monitoreo constante de los niveles de inventario, la implementación de sistemas de control y la adopción de prácticas como el just-in-time (justo a tiempo) para minimizar los costos de almacenamiento y maximizar la disponibilidad de los productos.

Al implementar estas mejores prácticas, las empresas pueden mejorar la efectividad y la eficiencia de cada fase del aprovisionamiento, garantizando un flujo de suministro óptimo, una mejor gestión de costos y una mayor satisfacción del cliente. Cada una de estas prácticas contribuye a una cadena de suministro más sólida y competitiva.

Identificación y abordaje de los desafíos comunes en la gestión de cada fase

La gestión eficiente de cada fase del aprovisionamiento presenta desafíos que requieren un abordaje adecuado para garantizar el éxito. En esta sección, exploramos los desafíos comunes que se enfrentan tanto en el aprovisionamiento estratégico como en el táctico. Identificarlos y comprenderlos es crucial para desarrollar estrategias efectivas y soluciones adecuadas. A través de un análisis detallado, podremos adquirir conocimientos valiosos sobre cómo abordar estos desafíos y superarlos, lo que permitirá una gestión más eficiente y efectiva del aprovisionamiento en todas sus etapas.

Desafíos comunes en la gestión del aprovisionamiento estratégico

- **Identificación y evaluación de proveedores estratégicos:** uno de los desafíos consiste en identificar y evaluar proveedores que cumplan con los requisitos estratégicos de la empresa. Esto implica analizar una gran cantidad de información y tomar decisiones basadas en datos confiables.
- **Gestión de riesgos en la cadena de suministro:** el aprovisionamiento estratégico implica la identificación y mitigación de riesgos en la cadena de suministro. Esto puede incluir riesgos relacionados con la calidad, la disponibilidad de productos, la estabilidad financiera de los proveedores, los desastres naturales u otros eventos que puedan interrumpir la cadena de suministro.
- **Gestión de cambios en la estrategia de aprovisionamiento:** los cambios en la estrategia de aprovisionamiento pueden surgir debido a variaciones en la demanda, nuevas decisiones en la estrategia empresarial o modificaciones en el entorno competitivo. El desafío radica en adaptarse rápidamente a estos cambios y realinear la estrategia de aprovisionamiento de manera eficiente.

Desafíos comunes en la gestión del aprovisionamiento táctico

- **Coordinación interna y comunicación efectiva:** la gestión táctica del aprovisionamiento implica una

estrecha coordinación entre departamentos de la empresa (como compras, logística, producción y finanzas). El desafío radica en asegurar una comunicación fluida y una colaboración efectiva para garantizar la ejecución adecuada de las actividades tácticas.
- **Gestión de la cadena de suministro en tiempo real:** la gestión táctica del aprovisionamiento requiere una capacidad para tomar decisiones rápidas y precisas en función de la demanda y las condiciones del mercado en tiempo real. Para esto, es necesario contar con sistemas y herramientas adecuadas para el seguimiento y la gestión eficiente de los pedidos, las entregas y el inventario.
- **Optimización de costos y eficiencia operativa:** uno de los desafíos principales en el aprovisionamiento táctico es la optimización de costos y la eficiencia operativa. Esto requiere encontrar el equilibrio entre la calidad, el costo y el tiempo de entrega, así como aprovechar oportunidades para negociar acuerdos favorables y minimizar los costos logísticos.
- **Gestión de proveedores y relaciones comerciales:** la gestión de proveedores en el aprovisionamiento táctico implica mantener relaciones sólidas con ellos, negociar contratos, gestionar disputas y resolver problemas de manera eficiente con el fin de que ambas partes se beneficien y se consolide la continuidad y la calidad del suministro.

Al abordar estos desafíos de manera proactiva y estratégica, las empresas pueden mejorar la gestión de cada fase del aprovisionamiento, superar obstáculos y lograr un flujo de suministro eficiente y efectivo. La implementación de procesos claros, la adopción de tecnología adecuada y la inversión en el desarrollo de capacidades son aspectos clave para abordar estos desafíos de manera exitosa.

Recomendaciones para superar obstáculos y maximizar los resultados en ambas fases

Superar los obstáculos y maximizar los resultados en las fases de aprovisionamiento estratégico y táctico es esencial para una gestión eficiente de la cadena de suministro. A lo largo de estas etapas, las empresas se enfrentan a desafíos que requieren enfoques y soluciones específicas.

En este sentido, contar con recomendaciones prácticas y efectivas puede marcar la diferencia para la optimización de los procesos y la obtención de resultados exitosos. A continuación, se presenta una serie de recomendaciones clave para superar los obstáculos comunes y maximizar los resultados en ambas fases del aprovisionamiento.

Aprovisionamiento estratégico

- **Establecer una visión clara:** definir una visión estratégica clara para el aprovisionamiento y alinear los objetivos con la estrategia global de la empresa.
- **Colaborar con otras áreas funcionales:** trabajar estrechamente con otros departamentos, como ventas, producción y finanzas, para comprender las necesidades y objetivos de la empresa en su conjunto.
- **Desarrollar una red sólida de proveedores:** identificar y establecer relaciones sólidas con proveedores estratégicos que puedan proporcionar productos y servicios de alta calidad de manera consistente.

- **Implementar un sistema de gestión de riesgos:** desarrollar un sistema robusto para identificar, evaluar y mitigar los riesgos en la cadena de suministro apoya la continuidad del suministro y la gestión eficiente de los riesgos potenciales.
- **Fomentar la innovación en el aprovisionamiento:** buscar constantemente oportunidades para mejorar los procesos de aprovisionamiento a través de la innovación, como el uso de nuevas tecnologías y la implementación de prácticas de vanguardia en la gestión de la cadena de suministro.

Aprovisionamiento táctico

- **Establecer procesos eficientes de gestión de pedidos y compras:** implementar sistemas y procesos efectivos para gestionar las solicitudes de compra, negociar contratos al corto plazo, realizar pedidos y dar seguimiento a las entregas.
- **Adoptar tecnología adecuada:** utilizar herramientas y software de aprovisionamiento para automatizar procesos, mejorar la precisión y eficiencia en la gestión del inventario y agilizar las comunicaciones con los proveedores.
- **Establecer métricas de desempeño:** definir y monitorear métricas clave de desempeño para evaluar la eficiencia y la efectividad del aprovisionamiento táctico, como el tiempo de entrega, la calidad del producto y la satisfacción del cliente.
- **Fomentar la colaboración interna:** promover la comunicación efectiva y la colaboración entre los departamentos de la empresa ayuda a una gestión táctica armonizada y al flujo de trabajo eficiente.

- **Realizar análisis costo-beneficio:** evaluar las decisiones de aprovisionamiento táctico y buscar oportunidades para reducir costos sin comprometer la calidad y la eficiencia operativa.

Al seguir estas recomendaciones, las empresas pueden superar obstáculos y maximizar los resultados en ambas fases del aprovisionamiento, logrando así una gestión integral y efectiva de la cadena de suministro. La adaptación continua a los cambios del entorno empresarial y la implementación de mejores prácticas son clave para garantizar el éxito en el aprovisionamiento estratégico y táctico.

Conclusiones del capítulo 2

En este capítulo, hemos explorado las dos fases principales del aprovisionamiento: la fase estratégica y la fase táctica. Hemos comprendido cómo se complementan y juegan un papel fundamental en la gestión efectiva de la cadena de suministro.

La fase estratégica del aprovisionamiento se enfoca en la toma de decisiones a largo plazo y en la planificación estratégica. Durante esta fase, las empresas analizan su cadena de suministro en conjunto y establecen objetivos estratégicos relacionados con la adquisición de materiales, la gestión de proveedores y la optimización de costos. Esta fase involucra la identificación de proveedores clave, el establecimiento de alianzas estratégicas y la colaboración en el desarrollo de productos y servicios. Al llevar a cabo un aprovisionamiento estratégico sólido, las empresas pueden obtener ventajas competitivas sostenibles y fortalecer su posición en el mercado.

La fase táctica del aprovisionamiento se centra en la ejecución de las decisiones estratégicas tomadas en la fase anterior. Durante esta etapa, se implementan los acuerdos y contratos establecidos con los proveedores estratégicos. Asimismo, se gestionan los pedidos, se realizan las entregas y se controla el inventario. Además, se monitorea y asegura el cumplimiento de los estándares de calidad y se resuelven los problemas o desafíos operativos que surjan en el proceso de abastecimiento. La fase táctica se caracteriza por la gestión y ejecución de los acuerdos con miras en garantizar el flujo adecuado y confiable de los productos y servicios necesarios para la operación de la empresa.

Es importante destacar que estas dos fases del aprovisionamiento están interrelacionadas y se retroalimentan mutuamente. La fase estratégica proporciona la visión a largo plazo y establece las bases para la toma de decisiones tácticas, mientras que la fase táctica pone en práctica las decisiones estratégicas y proporciona información valiosa para el refinamiento y ajuste de la estrategia.

En conclusión, la combinación efectiva de las fases estratégica y táctica del aprovisionamiento es esencial para una gestión integral y exitosa de la cadena de suministro. Al adoptar un enfoque estratégico en la toma de decisiones y una ejecución táctica eficiente, las empresas pueden maximizar la eficiencia, reducir costos, fortalecer relaciones con proveedores y garantizar un suministro continuo y confiable.

En el próximo capítulo, exploramos cómo estas fases pueden adaptarse y variar según el tipo de industria y el nivel de madurez de las empresas, entre otras características relevantes.

Capítulo 3.
Los tres pilares de valor en el aprovisionamiento: ahorro, eficiencia y trazabilidad

En el ámbito del aprovisionamiento, existen tres pilares que impulsan la creación de valor y contribuyen al éxito de la gestión de la cadena de suministro: ahorro, eficiencia y trazabilidad. En este capítulo, exploramos cada uno de estos pilares y cómo su equilibrio puede conducir a una gestión sólida y exitosa. Comprender cómo se entrelazan y se refuerzan mutuamente permitirá a las empresas desarrollar estrategias efectivas para maximizar el valor en su proceso de aprovisionamiento.

Los tres pilares de valor en el aprovisionamiento —el ahorro, la eficiencia y la trazabilidad— son elementos fundamentales para el éxito y la competitividad de las empresas en su gestión de la cadena de suministro. El pilar del ahorro se centra en la optimización de costos y recursos, buscando oportunidades para reducir gastos y maximizar la rentabilidad; la eficiencia se refiere a la mejora de procesos y rendimiento con el objetivo de lograr una gestión ágil y efectiva de las actividades de aprovisionamiento y, por último, la trazabilidad se relaciona con el control y la transparencia del proceso que permitan rastrear y monitorear cada etapa de la cadena de suministro.

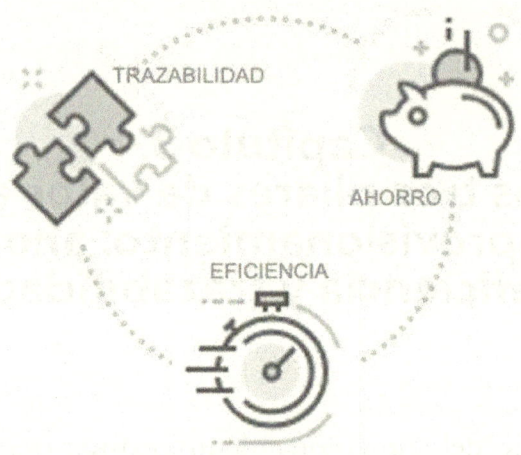

Ilustración 9 - Pilares de valor en el aprovisionamiento

Estos tres pilares se complementan entre sí y su equilibrio permite la reducción de riesgos, el fortalecimiento de relaciones y el aseguramiento del suministro.

Pilar 1. Ahorro - Optimización de costos y recursos

El pilar del ahorro en el aprovisionamiento se centra en la optimización de costos y recursos a lo largo de la cadena de suministro. Lograr ahorros significativos no solo impacta directamente en la rentabilidad de la empresa, sino que también proporciona una ventaja competitiva al permitir precios más competitivos, mayores márgenes de beneficio y recursos disponibles para reinvertir en otras áreas del negocio.

Importancia del ahorro en el aprovisionamiento y su impacto en la rentabilidad

El ahorro en el aprovisionamiento tiene un impacto directo en la rentabilidad de una empresa. A continuación, se desarrolla la importancia del ahorro en el aprovisionamiento y su impacto en la rentabilidad de la organización:

- **Maximización de los márgenes de beneficio:** permite reducir los costos asociados a la adquisición de bienes y servicios. Al negociar precios más bajos, obtener descuentos por volumen o mejorar las condiciones contractuales, una empresa puede optimizar sus márgenes de beneficio. El ahorro en el aprovisionamiento aumenta la diferencia entre los ingresos generados por las ventas y los costos incurridos, mejorando así la rentabilidad general.
- **Competitividad en el mercado:** las empresas que logran un ahorro significativo en el aprovisionamiento tienen una ventaja competitiva en el mercado. Al poder ofrecer productos o servicios a precios más competitivos, se posicionan de manera favorable frente a sus competidores. Esta ventaja puede resultar en un aumento de la participación en el mercado, la conquista de nuevos clientes y la retención de los existentes.
- **Recursos adicionales para inversiones estratégicas:** el ahorro en el aprovisionamiento libera recursos financieros que se pueden reinvertir en áreas estratégicas de la empresa. Estos pueden destinarse a la investigación y desarrollo de nuevos productos, la expansión de la capacidad productiva, la mejora de la calidad, el fortalecimiento de la cadena de suministro o la implementación de tecnologías innovadoras. Estas inversiones

estratégicas contribuyen al crecimiento y desarrollo de la empresa a largo plazo.
- **Estabilidad financiera:** el ahorro ayuda a la estabilidad financiera de la empresa. Al reducir los costos de adquisición de materias primas, componentes, servicios y otros insumos, se minimiza el impacto de posibles fluctuaciones en los precios del mercado. Esto proporciona una base sólida para enfrentar cambios económicos, volatilidad en los precios o situaciones imprevistas, lo que a su vez protege la rentabilidad y la viabilidad financiera de la empresa.

Identificación de oportunidades de ahorro en la cadena de suministro

La identificación de oportunidades de ahorro en la cadena de suministro permite optimizar los costos y mejorar la rentabilidad de una empresa. A continuación, presentamos claves y estrategias para identificar estas oportunidades:

- **Análisis de la cadena de suministro:** para identificar oportunidades de ahorro, es necesario analizar exhaustivamente toda la cadena de suministro. Desde la adquisición de materias primas hasta la entrega del producto final al cliente, se deben considerar aspectos como los proveedores, los procesos de producción, los costos logísticos, el almacenamiento y la distribución.
- **Evaluación de proveedores:** una de las áreas clave para identificar oportunidades de ahorro es la selección y evaluación de proveedores. Es importante analizar los precios y las condiciones ofrecidas por los proveedores actuales y buscar alternativas en el mercado. Se deben considerar factores como la calidad de los productos o

servicios, los plazos de entrega, la capacidad de respuesta y la estabilidad financiera de los proveedores. Negociar precios más favorables y condiciones contractuales ventajosas puede generar ahorros significativos.

- **Optimización de procesos:** examinar los procesos internos de la empresa es esencial para identificar oportunidades de ahorro. Se deben analizar los procedimientos de compra, almacenamiento, producción, transporte y distribución para identificar posibles ineficiencias y áreas de mejora. La eliminación de pasos innecesarios, la reducción de desperdicios, la mejora en la planificación de la demanda y la implementación de tecnologías innovadoras pueden contribuir a la optimización de los procesos y generar ahorro.
- **Gestión del inventario:** una gestión eficiente del inventario puede generar importantes ahorros en la cadena de suministro. Es fundamental evitar tanto la falta de inventario —que puede llevar a pérdida de ventas— como el exceso, que conlleva costos de almacenamiento. Es posible reducir los costos asociados a la gestión y mantener un nivel óptimo de existencias aplicando técnicas como la gestión de la demanda, el uso de pronósticos y la implementación de sistemas de control de inventario.
- **Colaboración con proveedores y clientes:** la colaboración estrecha con proveedores y clientes puede ayudar a identificar oportunidades de ahorro. Compartir información sobre la demanda, los plazos de entrega, los volúmenes de pedido y las expectativas de calidad puede permitir la optimización de los procesos y la reducción de costos en toda la cadena de suministro. La colaboración también puede facilitar la identificación

de nuevas estrategias, como la consolidación de pedidos, la gestión conjunta del inventario o la implementación de sistemas de entrega just-in-time.

Estrategias para negociar precios favorables y condiciones contractuales ventajosas

Las estrategias para negociar precios favorables y condiciones contractuales ventajosas en el aprovisionamiento son fundamentales para lograr ahorros significativos y mejorar la rentabilidad de una empresa. A continuación, presentamos algunas claves para definir estas estrategias:

- **Investigación de mercado:** antes de negociar con un proveedor, es importante realizar una investigación exhaustiva del mercado. Es decir, analizar varios proveedores y comparar precios, condiciones contractuales y términos de pago. Conocer las opciones disponibles y tener información actualizada sobre el mercado de proveedores proporciona una posición sólida para negociar.
- **Establecer metas claras:** antes de iniciar las negociaciones, es importante establecer metas y objetivos claros. Las metas pueden incluir la reducción de costos en un porcentaje determinado, obtener descuentos por volumen o mejorar las condiciones de pago. Tener metas claras ayuda a enfocar las negociaciones y mantener la atención en los resultados deseados.
- **Valorar el volumen y la relación a largo plazo:** si una empresa tiene un volumen de compras significativo, puede utilizarlo como ventaja durante las negociaciones. Los proveedores pueden estar dispuestos a ofrecer precios más competitivos o condiciones contractuales

favorables para asegurar una relación a largo plazo con un cliente importante. Mostrar el potencial de crecimiento y la estabilidad de la relación comercial puede ser un argumento poderoso en las negociaciones.

- **Utilizar el poder de la competencia:** si existe una competencia entre proveedores para obtener el negocio de una empresa, se puede utilizar esta situación a favor durante las negociaciones. Al comunicar que se están evaluando diferentes opciones y que se están considerando otros proveedores, se puede generar un sentido de competencia y motivar a los interesados a ofrecer mejores precios y condiciones contractuales para asegurar el contrato.
- **Negociación basada en el valor:** en lugar de enfocarse únicamente en el precio, es importante considerar el valor total que ofrece un proveedor. Esto involucra aspectos como la calidad de los productos o servicios, la capacidad de respuesta, la flexibilidad y el soporte técnico. Enfocarse en el valor agregado que el proveedor puede ofrecer puede abrir espacio para negociar no solo precios, sino también condiciones contractuales que beneficien a ambas partes.
- **Establecer contratos claros y detallados:** durante las negociaciones, es esencial establecer contratos claros y detallados que especifiquen los términos y condiciones acordados. Estos contratos deben incluir aspectos como los precios, los plazos de entrega, los términos de pago, las penalizaciones por incumplimiento y cualquier otro aspecto relevante. Un contrato bien redactado y comprensible ayuda a evitar malentendidos y conflictos futuros.

- **Mantener una relación de colaboración:** una vez alcanzados los acuerdos, es importante mantener una relación de colaboración con los proveedores. Mantener una comunicación abierta y transparente, cumplir con los compromisos y resolver los problemas de manera constructiva fortalece la relación y puede conducir a futuras negociaciones exitosas.

Implementación de prácticas de compra inteligentes y optimización del gasto

La implementación de prácticas de compra inteligentes y la optimización del gasto permiten ahorros significativos en el aprovisionamiento. A continuación, presentamos los pasos clave para implementar estas prácticas:

- **Análisis de gastos:** el primer paso para implementar prácticas de compra inteligentes es el análisis exhaustivo de los gastos de la empresa. Esto implica identificar las categorías de gastos, evaluar su relevancia y determinar los volúmenes y la frecuencia de compra. El análisis de gastos permite identificar áreas de oportunidad y priorizar las acciones para optimizar el gasto.
- **Establecimiento de políticas y procedimientos de compras:** es importante establecer políticas y procedimientos claros para las compras en la organización. Estas políticas deben definir los criterios de selección de proveedores, los límites de autorización, los procedimientos de solicitud y aprobación de compras, así como los mecanismos de control interno. Al tener políticas claras, se promueve la transparencia, se evitan compras innecesarias y se maximiza el poder de negociación con los proveedores.

- **Centralización de compras:** la centralización de las compras en la organización puede promover la eficiencia y dar pie a ahorros significativos. Al consolidar los volúmenes de compra, se pueden obtener mejores condiciones y precios más favorables. Además, la centralización permite un mejor control y seguimiento de las adquisiciones, evitando duplicidad de tareas y gastos innecesarios.
- **Negociación y aprovechamiento de descuentos por volumen:** una estrategia efectiva para optimizar el gasto es negociar descuentos por volumen con los proveedores. Al concentrar las compras con un proveedor preferido y acordar volúmenes de compra más altos, se pueden obtener descuentos significativos. Es importante establecer metas de volumen y negociar condiciones contractuales que incluyan descuentos graduales a medida que los volúmenes de compra aumentan.
- **Análisis de costos totales de propiedad (TCO):** el análisis de TCO es una práctica que consiste en evaluar todos los costos asociados con la adquisición de un producto o servicio, más allá del precio de compra. Esto incluye costos de transporte, almacenamiento, mantenimiento, servicio posventa, entre otros. Al considerar el TCO, se pueden tomar decisiones más informadas que optimicen el gasto a largo plazo.
- **Evaluación continua de proveedores:** realizar evaluaciones regulares del desempeño de los proveedores ayuda a identificar oportunidades de mejora y optimización del gasto. Al evaluar aspectos como la calidad de los productos o servicios, el cumplimiento de los plazos de entrega y el nivel de servicio, se pueden tomar decisiones informadas sobre la continuidad de la relación

con los proveedores y buscar alternativas más rentables de ser necesario.

- **Implementación de tecnología de compras:** la utilización de herramientas tecnológicas de compras, tales como sistemas de gestión de compras y plataformas de abastecimiento electrónico, puede agilizar los procesos, mejorar la visibilidad de los datos y facilitar la toma de decisiones. Estas tecnologías pueden ayudar a identificar oportunidades de ahorro, automatizar la gestión de proveedores y agilizar los procesos de compras, lo que a su vez contribuye a la optimización del gasto.

El ahorro desde las perspectivas estratégica y táctica

El ahorro es un objetivo fundamental en el proceso de aprovisionamiento. Su aplicación abarca tanto el aprovisionamiento estratégico como el táctico. En ambas perspectivas, se busca maximizar la eficiencia y reducir los costos asociados con la adquisición de bienes y servicios.

A continuación, exploramos cómo se aplica el ahorro en cada una de ellas.

Ahorro en el aprovisionamiento estratégico

En el aprovisionamiento estratégico, el ahorro se logra a través de decisiones a largo plazo y estrategias que buscan optimizar la cadena de suministro en su conjunto. Algunas formas en que se aplica el ahorro en el aprovisionamiento estratégico incluyen:

- **Negociación de contratos favorables:** se busca negociar contratos con proveedores que ofrezcan condiciones

más ventajosas, como precios competitivos, descuentos por volumen, plazos de pago flexibles y garantías favorables. Estas negociaciones se basan en la capacidad de la empresa para obtener mejores condiciones y precios a través de la consolidación de compras, la selección de proveedores confiables y la optimización de los términos contractuales.
- **Gestión eficiente de proveedores:** se busca identificar y trabajar con proveedores confiables y de calidad que ofrezcan productos y servicios a precios competitivos. La gestión adecuada de los proveedores implica evaluar regularmente su desempeño, buscar oportunidades de consolidación de compras, fomentar relaciones a largo plazo y buscar mejoras continuas en términos de calidad, precios y servicios.

Ahorro en el aprovisionamiento táctico

En el aprovisionamiento táctico, el enfoque se centra en las decisiones operativas y la ejecución eficiente de las compras. Aquí, el ahorro se busca a través de acciones específicas que generen beneficios económicos inmediatos. Algunas formas en que se aplica el ahorro en el aprovisionamiento táctico incluyen:

- **Comparación de precios:** se realiza una comparación exhaustiva de precios entre proveedores para obtener los mejores precios y condiciones para los bienes y servicios necesarios. Para ello, se solicitan cotizaciones y se evalúan cuidadosamente las opciones disponibles en el mercado antes de realizar la compra. La selección del proveedor con la mejor relación calidad-precio contribuye al ahorro en el aprovisionamiento táctico.

- **Optimización de inventarios:** la gestión eficiente de los inventarios permite evitar el exceso o la escasez de existencias, lo que puede tener un impacto en los costos operativos. Al mantener niveles de inventario adecuados, se evitan costos de almacenamiento innecesarios y se asegura la disponibilidad de los productos cuando se necesitan, evitando interrupciones en la cadena de suministro.

Pilar 2. Eficiencia - Mejora de procesos y rendimiento

La eficiencia es un pilar en la gestión del aprovisionamiento, ya que busca maximizar la utilización de los recursos disponibles y minimizar el desperdicio de tiempo, dinero y esfuerzo.

A continuación, exploramos los aspectos clave de este pilar.

El papel fundamental de la eficiencia en la gestión del aprovisionamiento

La eficiencia en la gestión del aprovisionamiento es esencial para lograr un funcionamiento óptimo de la cadena de suministro y obtener resultados positivos en términos de costos, calidad y tiempo. A continuación, detallamos el papel de la eficiencia en la gestión del aprovisionamiento:

- **Optimización de recursos:** la eficiencia en el aprovisionamiento implica maximizar el rendimiento de los activos, como el inventario, la capacidad de producción y los recursos humanos. Al optimizar los recursos, se evita el desperdicio y se reducen los costos asociados

con el almacenamiento, el mantenimiento y la capacidad ociosa.
- **Reducción de costos:** la eficiencia en la gestión del aprovisionamiento tiene un impacto directo en la reducción de costos. Al mejorar los procesos de abastecimiento, se eliminan las actividades innecesarias, se optimiza la cadena de suministro y se negocian precios y condiciones favorables con los proveedores. Esto lleva a ahorros significativos en términos de costos de adquisición, de inventario, de transporte y de almacenamiento.
- **Mejora del tiempo de respuesta:** la eficiencia en el aprovisionamiento permite una respuesta más rápida y ágil a las demandas del mercado. Al optimizar los flujos de trabajo y los procesos de abastecimiento, se acortan los plazos de entrega, se reduce el tiempo de procesamiento de los pedidos y se mejora la coordinación con los proveedores. Esto resulta en una mayor capacidad de adaptación a los cambios en la demanda y una mejora en la satisfacción del cliente.
- **Mejora de la calidad:** la eficiencia en la gestión del aprovisionamiento también está estrechamente relacionada con la mejora de la calidad. Al establecer procesos eficientes y controles adecuados, se minimizan los errores y se asegura que los productos o servicios cumplan con los estándares de calidad requeridos. Esto contribuye a la satisfacción del cliente, a la reputación de la empresa y a la reducción de costos asociados con devoluciones, reclamos y retrabajos.
- **Competitividad y ventaja competitiva:** la eficiencia en el aprovisionamiento es un factor clave para mantener la competitividad en el mercado. Una gestión

eficiente de la cadena de suministro permite a las organizaciones responder rápidamente a las demandas del mercado, adaptarse a los cambios y aprovechar oportunidades de negocio. Además, puede ser una fuente de ventaja competitiva, ya que puede generar ahorros significativos en costos y permitir una mayor flexibilidad y capacidad de innovación.

Análisis y optimización de los flujos de trabajo y los procesos de abastecimiento

El análisis y la optimización de los flujos de trabajo y los procesos de abastecimiento son básicos para mejorar la eficiencia en la gestión del aprovisionamiento. A continuación, se presentan los puntos clave para este análisis y optimización:

- **Identificación de los procesos críticos:** el primer paso en el análisis de los flujos de trabajo y los procesos de abastecimiento es identificar los procesos críticos que tienen un impacto significativo en la cadena de suministro. Estos procesos pueden incluir la gestión de requisiciones, la selección de proveedores, la negociación de contratos, la realización de pedidos, la recepción y verificación de los productos y la gestión del inventario.
- **Mapeo de los flujos de trabajo:** una vez identificados los procesos críticos, se realiza un mapeo detallado de los flujos de trabajo asociados. Con esto, se busca visualizar y comprender cómo se llevan a cabo los pasos del proceso: qué tareas se realizan, qué decisiones se toman y qué recursos se utilizan. El mapeo de los flujos de trabajo ayuda a identificar cuellos de

botella, redundancias, ineficiencias y oportunidades de mejora.
- **Análisis de los procesos existentes:** después de mapear los flujos de trabajo, se realiza un análisis exhaustivo de los procesos existentes. Para ello, se evalúa la eficiencia de cada paso, identificando actividades innecesarias, cuellos de botella y puntos de mejora, para así determinar si los procesos cumplen con los objetivos y requisitos establecidos. Se pueden utilizar técnicas como el análisis de valor agregado (AVA) y el análisis de causa raíz para identificar las causas de las ineficiencias y los problemas.
- **Diseño de procesos optimizados:** con base en el análisis de los procesos existentes, se diseñan procesos optimizados. Esto implica identificar áreas de mejora, eliminar actividades innecesarias, simplificar los flujos de trabajo, estandarizar los procedimientos y aplicar mejores prácticas. El diseño de procesos optimizados debe apuntar a la reducción de costos, la minimización de los tiempos de ciclo, la eliminación de actividades que no agregan valor y la mejora de la calidad y la satisfacción del cliente.
- **Implementación y seguimiento:** una vez diseñados los procesos optimizados, se procede a su implementación. Esto puede requerir capacitar al personal involucrado, establecer medidas de seguimiento y control y realizar ajustes según sea necesario. Es importante monitorear continuamente los procesos y realizar mejoras adicionales a medida que surjan nuevas oportunidades de optimización.

Implementación de tecnologías y herramientas para mejorar la eficiencia operativa

La implementación de tecnologías y herramientas es crucial para mejorar la eficiencia operativa en el proceso de aprovisionamiento. A continuación, se detallan algunos aspectos relevantes sobre la implementación de estas tecnologías:

- **Sistemas de gestión de la cadena de suministro (SCM):** los sistemas SCM (*supply chain management*) permiten una gestión integral y eficiente de las actividades de aprovisionamiento. Estos sistemas automatizan y centralizan los procesos relacionados con la cadena de suministro, como la gestión de proveedores, la gestión de pedidos, el seguimiento de inventario y la planificación de la demanda. Al utilizar un sistema SCM, se mejora la visibilidad de la cadena de suministro, se reducen los errores y se agilizan los flujos de trabajo.
- **Herramientas de análisis de datos:** el análisis de datos es fundamental para identificar oportunidades de mejora y tomar decisiones informadas en el proceso de aprovisionamiento. Las herramientas de análisis de datos permiten realizar un seguimiento y análisis detallados de los indicadores clave de rendimiento (KPI) relacionados con el aprovisionamiento. Estas herramientas pueden ayudar a identificar patrones, tendencias y áreas de mejora, lo que permite tomar medidas proactivas y optimizar los procesos.
- **Sistemas de gestión de pedidos:** la implementación de sistemas de gestión de pedidos automatiza y simplifica el proceso de generación, seguimiento y gestión de pedidos. Estos sistemas agilizan la comunicación con los proveedores, permiten realizar un seguimiento

en tiempo real del estado de los pedidos y facilitan la coordinación de las entregas. Al utilizar un sistema de gestión de pedidos, se reduce el tiempo y los errores asociados con su procesamiento manual, lo que mejora la eficiencia operativa.
- **Tecnologías de identificación y seguimiento:** el uso de tecnologías como códigos de barras, etiquetas RFID (identificación por radiofrecuencia) y sistemas de seguimiento en tiempo real proporciona una mayor visibilidad y trazabilidad de los productos a lo largo de la cadena de suministro. Estas tecnologías permiten un seguimiento preciso de la ubicación y el estado de los productos, lo que facilita la gestión de inventario, la planificación de la producción y la respuesta rápida a los cambios en la demanda.
- **Automatización de procesos:** la implementación de tecnologías como la automatización robótica de procesos (RPA) puede agilizar y simplificar las tareas rutinarias y repetitivas del aprovisionamiento y liberar tiempo y recursos para actividades de mayor valor agregado, reducir los errores y acelerar los tiempos de respuesta.

La implementación de tecnologías y herramientas de automatización puede mejorar significativamente la eficiencia operativa en el aprovisionamiento, pues facilitan la automatización de tareas, la precisión y la velocidad de procesamiento, la optimización de los flujos de trabajo y la toma de decisiones basada en datos. Al utilizarlas de manera efectiva, las organizaciones logran mayor eficiencia en el aprovisionamiento, reducen costos, mejoran la calidad y la satisfacción del cliente y pueden mantenerse competitivas en un entorno empresarial en constante cambio.

La eficiencia desde las perspectivas estratégica y táctica

La eficiencia es un factor crítico en el aprovisionamiento, ya que permite maximizar la utilización de recursos y minimizar los costos asociados a la adquisición de bienes y servicios. Desde las perspectivas estratégica y táctica, se pueden aplicar diferentes enfoques para lograr una mayor eficiencia en el proceso de aprovisionamiento. A continuación, exploramos cómo se aplica la eficiencia en cada una de ellas.

Eficiencia en el aprovisionamiento estratégico

En el aprovisionamiento estratégico, la eficiencia se centra en establecer procesos más livianos y orientados a los objetivos específicos de la organización, como la eficiencia en la gestión de proveedores, en las actividades de negociación y adjudicación, y en las tareas de generación, aprobación y firma de contratos. A continuación, exploramos cómo se aplica la eficiencia en cada uno de estos procesos:

- **Eficiencia en la gestión de proveedores:** la eficiencia en la gestión de proveedores implica optimizar los procesos relacionados con la selección, evaluación y seguimiento de los abastecedores. Requiere un enfoque proactivo para identificar proveedores confiables y calificados, establecer criterios claros de evaluación, agilizar los procedimientos de solicitud de cotizaciones y realizar un seguimiento regular de su desempeño. Al gestionar eficientemente a los proveedores, se reduce el tiempo dedicado a la búsqueda y selección de aquellos adecuados, lo que a su vez permite ahorrar costos y mejorar la calidad y la entrega de los productos o servicios.

- **Eficiencia en las actividades de negociación y adjudicación:** la eficiencia en las actividades de negociación y adjudicación agiliza los procesos involucrados en la obtención de acuerdos favorables con proveedores. Esto implica establecer criterios de negociación claros, contar con información actualizada sobre precios y condiciones del mercado, utilizar herramientas tecnológicas para agilizar el intercambio de información y documentación, y establecer plazos y procesos de decisión eficientes. Con ello, se reducen los tiempos de negociación, se obtienen mejores condiciones y se maximizan los beneficios para la organización.
- **Eficiencia en las tareas de generación, aprobación y firma de contratos:** la eficiencia en estas tareas implica optimizar los procesos involucrados en la creación, revisión, aprobación y firma de contratos. Esto implica utilizar plantillas y herramientas estandarizadas para la generación de contratos, establecer flujos de trabajo claros y eficientes para su revisión y aprobación, y utilizar tecnología para facilitar la firma electrónica de acuerdos. Todo ello permite reducir el tiempo dedicado a la gestión administrativa de contratos, minimizar errores o retrasos y aportar agilidad a las relaciones contractuales.

Eficiencia en el aprovisionamiento táctico

En el aprovisionamiento táctico, la eficiencia se centra en la ejecución efectiva de las actividades de compra y en la optimización de los procesos operativos. Algunas estrategias que se pueden emplear son las siguientes:

- **Procesos estandarizados:** la estandarización de los procesos de compra y adquisición permite agilizar y simplificar las tareas operativas. Esto requiere establecer procedimientos claros para la solicitud, aprobación y seguimiento de las compras, así como para la gestión de contratos y la evaluación de proveedores. Los procesos estandarizados reducen la posibilidad de errores, mejoran la eficiencia y aportan coherencia a las operaciones de aprovisionamiento.

- **Uso de tecnología y automatización:** la adopción de herramientas tecnológicas y soluciones de automatización puede mejorar significativamente la eficiencia en el aprovisionamiento táctico. Esto incluye el uso de sistemas de gestión de compras, plataformas de e-sourcing, software de gestión de contratos y herramientas de análisis de datos. Estas soluciones permiten una mayor visibilidad, agilidad y control en los procesos de compra, lo que conduce a una mejora de la eficiencia y la toma de decisiones informadas.

Es importante destacar que la eficiencia en el aprovisionamiento no se limita a reducir costos, sino que también busca maximizar el valor obtenido de las compras realizadas. Esto se logra al encontrar el equilibrio adecuado entre la calidad, el precio y los tiempos de entrega, considerando los objetivos y necesidades específicas de la empresa.

Pilar 3. Trazabilidad - Control y transparencia del proceso

El pilar de trazabilidad es fundamental para garantizar el control y la transparencia en el proceso de aprovisionamiento, tanto desde la perspectiva del aprovisionamiento estratégico como del táctico. La trazabilidad y la auditabilidad son elementos clave para asegurar que el proceso de adquisición y suministro de productos o servicios se realice de manera eficiente, confiable y en cumplimiento de los estándares y regulaciones aplicables.

La implementación de sistemas y herramientas tecnológicas adecuadas desempeña un papel fundamental en la trazabilidad y la auditabilidad del proceso de aprovisionamiento. Tales soluciones permiten registrar y almacenar la información relevante de manera centralizada, facilitando el acceso, la revisión y el análisis de los datos en tiempo real. Asimismo, promueven la automatización de los flujos de trabajo, la generación de reportes y el establecimiento de alertas para garantizar la integridad y la transparencia en todas las etapas del proceso.

La importancia de la trazabilidad y la auditabilidad en el aprovisionamiento

La trazabilidad y la auditabilidad proporcionan control y transparencia en cada etapa de la cadena de suministro. Garantizan la calidad y seguridad de los productos, aseguran el cumplimiento de normativas y regulaciones, facilitan la respuesta efectiva ante problemas y reclamaciones, y permiten la mejora continua y la toma de decisiones informadas.

En industrias como la alimentaria, la farmacéutica y la automotriz, donde la calidad y la seguridad son primordiales, la trazabilidad y la auditabilidad son especialmente relevantes. Además, en áreas con mayores exigencias de trazabilidad, como el sector público o la banca, estos aspectos son cruciales para el cumplimiento de regulaciones y normativas específicas.

A continuación, exploramos la importancia de estos aspectos desde la perspectiva del proceso de aprovisionamiento:

- **Mejora del control y la transparencia:** la trazabilidad y la auditabilidad del proceso de aprovisionamiento permiten mayor control y transparencia en todas las etapas. Al proporcionar registros precisos y detallados de las actividades realizadas, se puede identificar de manera efectiva cualquier discrepancia o irregularidad en el proceso, lo que facilita la detección temprana de problemas y la toma de medidas correctivas oportunas.
- **Cumplimiento normativo y regulatorio:** muchas industrias y sectores están sujetos a regulaciones y normativas específicas en el proceso de aprovisionamiento. La trazabilidad y la auditabilidad ayudan a demostrar el cumplimiento de las regulaciones al mantener registros adecuados y documentación respaldatoria. Esto incluye aspectos como la gestión de proveedores, el rastreo de documentos, la verificación de autorizaciones y licencias, entre otros. Al cumplir con los requisitos normativos, se evitan sanciones legales y se mantiene la integridad del proceso de aprovisionamiento.
- **Eficiencia en la gestión de riesgos:** la trazabilidad y la auditabilidad son clave para gestionar los riesgos asociados con el aprovisionamiento. Al tener un seguimiento detallado de las actividades y decisiones tomadas, se pueden identificar riesgos potenciales y tomar medidas preventivas para mitigarlos. Además, en caso de surgir algún problema, la trazabilidad y la auditabilidad permiten una respuesta rápida y efectiva, ya que permiten rastrear el origen del problema para tomar medidas correctivas.

- **Mejora en la toma de decisiones:** la trazabilidad y la auditabilidad brindan datos valiosos que respaldan la toma de decisiones informadas y estratégicas en el aprovisionamiento. Al analizar los registros y las auditorías, se pueden identificar patrones, tendencias y oportunidades de mejora en el proceso. Esto permite optimizar los flujos de trabajo, fortalecer las relaciones con proveedores y tomar decisiones basadas en información confiable y precisa.

Cumplimiento normativo y regulaciones en el proceso de aprovisionamiento

El cumplimiento normativo y las regulaciones son aspectos críticos en el proceso de aprovisionamiento, y la trazabilidad tiene un papel fundamental en garantizar el cumplimiento de estas normas. Desde la perspectiva de la trazabilidad del proceso de aprovisionamiento, se busca asegurar que todas las actividades y decisiones realizadas estén alineadas con las leyes, regulaciones y políticas aplicables. A continuación, se detallan los aspectos relevantes en este sentido:

- **Documentación y registros adecuados:** la trazabilidad del proceso de aprovisionamiento requiere de documentación adecuada y registros precisos. Esto implica mantener registros detallados de las transacciones, contratos, acuerdos y cualquier otra documentación relacionada con el proceso de aprovisionamiento. Estos registros proporcionan evidencia de que se han seguido los procedimientos correctos y se han cumplido las regulaciones establecidas.
- **Cumplimiento de políticas internas y externas:** la trazabilidad permite garantizar el cumplimiento de las

políticas internas y externas relacionadas con el aprovisionamiento. Esto incluye políticas internas de la organización, así como regulaciones gubernamentales, estándares de la industria y códigos éticos. Al contar con un sistema de trazabilidad sólido, se puede identificar cualquier desviación o incumplimiento de las políticas establecidas y tomar acciones correctivas de manera oportuna.

- **Gestión de riesgos y mitigación de incumplimientos:** la trazabilidad del proceso de aprovisionamiento ayuda a gestionar los riesgos y mitigar posibles incumplimientos normativos. Mediante la identificación y seguimiento de proveedores, se pueden evaluar y disminuir los riesgos asociados a proveedores no confiables o que no cumplan con los requisitos normativos. Además, la trazabilidad permite identificar posibles incumplimientos y tomar medidas para evitar consecuencias legales o sanciones.
- **Auditorías internas y externas:** la trazabilidad del proceso de aprovisionamiento facilita la realización de auditorías internas y externas para verificar el cumplimiento normativo. Estas auditorías evalúan la conformidad con las regulaciones, políticas y estándares establecidos, y ayudan a identificar áreas de mejora y posibles riesgos. Al contar con un sistema de trazabilidad sólido, la organización puede demostrar el cumplimiento normativo a través de la presentación de registros y documentación en caso de auditoría.

Gestión de riesgos y respuesta efectiva en el aprovisionamiento

La gestión de riesgos y la respuesta efectiva en el aprovisionamiento son elementos clave para garantizar un proceso eficiente y confiable. Desde la perspectiva de la trazabilidad del proceso de aprovisionamiento, se busca identificar, evaluar y mitigar los riesgos asociados con las actividades de aprovisionamiento, así como responder de manera efectiva ante situaciones adversas.

A continuación, se detallan los aspectos relevantes en este sentido:

- **Identificación y evaluación de riesgos:** la trazabilidad del proceso de aprovisionamiento permite identificar los posibles riesgos y vulnerabilidades en cada etapa del proceso. Esto implica analizar los aspectos del aprovisionamiento, como la selección de proveedores, los contratos, la calidad de los productos o servicios, los plazos de entrega, entre otros. Al contar con un sistema de trazabilidad, se pueden identificar los puntos críticos donde pueden surgir riesgos y se pueden tomar medidas para prevenirlos o mitigarlos.
- **Monitoreo y seguimiento de proveedores:** la trazabilidad facilita el monitoreo y seguimiento de los proveedores a lo largo del proceso de aprovisionamiento. Esto implica mantener registros actualizados de los proveedores, sus actividades, desempeño y cumplimiento normativo. Al contar con esta información, se puede evaluar la confiabilidad de los proveedores, identificar posibles riesgos y tomar decisiones informadas en cuanto a la continuidad de la relación.
- **Planificación de contingencias:** la trazabilidad del proceso de aprovisionamiento permite la planificación de contingencias. En caso de que surjan problemas con los proveedores o se presenten situaciones adversas, la trazabilidad facilita la identificación de alternativas y la

toma de decisiones rápidas y fundamentadas. Al tener registros precisos de cada etapa del proceso, se puede identificar rápidamente el origen del problema y tomar medidas correctivas de manera oportuna.

- **Respuesta rápida y efectiva ante incidencias:** la trazabilidad del proceso de aprovisionamiento es fundamental para responder de manera rápida y efectiva ante incidencias o problemas que puedan surgir. Al contar con un sistema de trazabilidad sólido, se puede rastrear y documentar cada paso del proceso, lo que facilita la identificación de la causa raíz de una incidencia y la adopción de medidas correctivas inmediatas. Esto contribuye a minimizar el impacto en la cadena de suministro y garantizar la continuidad de las operaciones.
- **Mejora continua y aprendizaje organizacional:** la trazabilidad del proceso de aprovisionamiento permite obtener datos y análisis detallados que pueden utilizarse para la mejora continua y el aprendizaje organizacional. Al analizar los registros y las auditorías, se pueden identificar patrones, tendencias y áreas de mejora en el proceso de aprovisionamiento. Esto brinda la oportunidad de implementar acciones correctivas y preventivas, optimizar los flujos de trabajo y los procesos, y fortalecer la gestión de riesgos.

Trazabilidad y auditabilidad desde las perspectivas estratégica y táctica

La trazabilidad y la auditabilidad son fundamentales tanto en el aprovisionamiento estratégico como en el táctico, ya que permiten el control riguroso y la transparencia completa en todas las etapas del proceso de aprovisionamiento.

A continuación, se describen cómo se aplican estos aspectos en cada perspectiva.

Trazabilidad y auditabilidad en el aprovisionamiento estratégico

En el aprovisionamiento estratégico, la trazabilidad y la auditabilidad desempeñan un papel clave en la planificación y la toma de decisiones estratégicas. Algunos aspectos relevantes son:

- **Evaluación de proveedores:** la trazabilidad y la auditabilidad permiten evaluar el desempeño de los proveedores a nivel estratégico. Al contar con registros precisos de las interacciones y transacciones con los proveedores, se puede evaluar su capacidad de cumplir con los requisitos estratégicos de la organización, como la calidad, la sostenibilidad y el cumplimiento normativo.
- **Análisis de riesgos y oportunidades:** la trazabilidad y la auditabilidad proporcionan datos valiosos para identificar riesgos y oportunidades en el aprovisionamiento estratégico. Mediante el análisis de los registros y auditorías, se pueden identificar riesgos potenciales —como interrupciones en la cadena de suministro o problemas de calidad— y aprovechar oportunidades —como la identificación de proveedores más eficientes o la optimización de los costos—.
- **Establecimiento de políticas y procesos:** la trazabilidad y la auditabilidad permiten establecer políticas y procesos sólidos en el aprovisionamiento estratégico. Al contar con registros detallados de las actividades, se pueden definir políticas claras que rijan la selección

de proveedores, la evaluación del desempeño y los acuerdos comerciales estratégicos. Además, se pueden diseñar procesos eficientes y efectivos que aseguren la trazabilidad y la transparencia del proceso de aprovisionamiento.

Trazabilidad y auditabilidad en el aprovisionamiento táctico

En el aprovisionamiento táctico, la trazabilidad y la auditabilidad son esenciales para garantizar la ejecución efectiva de las actividades y el cumplimiento de los requisitos operativos. Algunos aspectos relevantes son:

- **Registro y seguimiento de transacciones:** la trazabilidad y la auditabilidad permiten registrar y realizar un seguimiento de todas las transacciones del aprovisionamiento táctico. Esto incluye la emisión de órdenes de compra, la recepción de bienes y servicios y los pagos realizados. El registro detallado de estas transacciones brinda una visibilidad completa del proceso y facilita la detección de posibles discrepancias o problemas.
- **Control de calidad y cumplimiento normativo:** la trazabilidad y la auditabilidad aseguran el control de calidad y el cumplimiento normativo en el aprovisionamiento táctico. Al contar con registros y documentación adecuada, se puede verificar que los bienes y servicios recibidos cumplen con los estándares establecidos y las regulaciones aplicables. Esto es especialmente importante en áreas como la trazabilidad de productos, la gestión de sustancias peligrosas y el cumplimiento de normas específicas de la industria.

- **Resolución de problemas y reclamaciones:** la trazabilidad y la auditabilidad son fundamentales para la resolución eficiente de problemas y reclamaciones en el aprovisionamiento táctico. Al contar con registros detallados, se puede identificar rápidamente el origen de los problemas, como productos defectuosos o entregas incorrectas. Esto agiliza la investigación y permite tomar medidas correctivas de manera oportuna para minimizar el impacto en la cadena de suministro.

Equilibrio entre los tres pilares de valor

En el proceso de aprovisionamiento, el equilibrio entre los pilares de valor es fundamental para alcanzar resultados exitosos. El ahorro, la eficiencia y la trazabilidad son componentes interconectados que se complementan entre sí. Este equilibrio no solo implica la optimización de costos y recursos, sino también la mejora de procesos y el control transparente de la cadena de suministro.

En esta sección, exploramos la interacción y sinergia entre los pilares, el impacto que este equilibrio tiene en la reducción de riesgos, aseguramiento del suministro y el fortalecimiento de relaciones, así como algunos casos de estudio que demuestran cómo el balance entre estos pilares genera resultados exitosos.

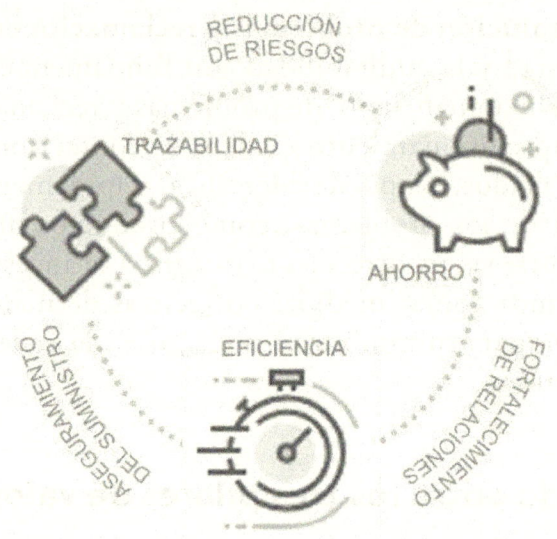

Ilustración 10 - Equilibrio entre los tres pilares de valor

A continuación, presentaremos los puntos clave para comprender mejor este equilibrio en el aprovisionamiento.

Interacción y sinergia entre el ahorro, la eficiencia y la trazabilidad

La interacción y la sinergia entre el ahorro, la eficiencia y la trazabilidad son fundamentales en el proceso de aprovisionamiento. El ahorro se refiere a la optimización de costos y recursos, lo cual implica buscar oportunidades para reducir gastos innecesarios y obtener precios y condiciones contractuales favorables; la eficiencia se enfoca en mejorar los procesos y los flujos de trabajo, eliminando actividades superfluas, reduciendo los tiempos de entrega y maximizando la productividad en cada etapa del aprovisionamiento; y la trazabilidad garantiza la capacidad de rastrear y monitorear el flujo del aprovisionamiento gracias a sistemas y procesos que permiten registrar y seguir cada paso del proceso —desde la adquisición de materias primas hasta la entrega del producto final—, lo que es fundamental para asegurar la calidad, el cumplimiento normativo y la mitigación de riesgos en la cadena de suministro.

La interacción entre estos tres pilares es esencial, ya que se complementan y se refuerzan mutuamente. Por ejemplo, al implementar prácticas de eficiencia en los procesos de aprovisionamiento, se pueden identificar oportunidades de ahorro al eliminar actividades redundantes o innecesarias. Asimismo, la trazabilidad proporciona información precisa y detallada sobre el uso de los recursos, lo que a su vez contribuye a mejorar la eficiencia y a identificar posibles áreas de ahorro.

Impacto del equilibrio entre el ahorro, la eficiencia y la trazabilidad

Impacto del equilibrio en la reducción de riesgos

El equilibrio adecuado entre los pilares del ahorro, la eficiencia y la trazabilidad puede tener un impacto significativo en la mitigación de riesgos y la protección de la organización.

En primer lugar, el equilibrio entre el ahorro y la eficiencia desempeña un papel importante en la reducción de riesgos financieros. Al buscar el ahorro sin comprometer la eficiencia en los procesos de aprovisionamiento, se pueden evitar gastos innecesarios y optimizar el uso de los recursos financieros disponibles. Esto ayuda a la organización a estar preparada ante posibles adversidades económicas y a tener una mayor capacidad de adaptación a los cambios en el entorno. Además, una gestión eficiente de los recursos contribuye a garantizar la continuidad de las operaciones y a minimizar el impacto de los riesgos financieros.

Por otro lado, el equilibrio entre la eficiencia y la trazabilidad también tiene un impacto en la reducción de riesgos. La eficiencia en los procesos de aprovisionamiento permite realizar seguimiento y control de manera efectiva, lo que ayuda a identificar y mitigar riesgos en etapas tempranas. La trazabilidad, por su parte, proporciona transparencia y visibilidad en todo el proceso de aprovisionamiento, lo que facilita la identificación de posibles puntos de riesgo y la implementación de medidas preventivas. El equilibrio entre ambos aspectos contribuye a una gestión más efectiva de los riesgos operativos y a la minimización de errores y pérdidas.

Además, el equilibrio entre la trazabilidad y el ahorro también es relevante para la reducción de riesgos. La trazabilidad adecuada de los procesos de aprovisionamiento permite un seguimiento detallado de las actividades, desde la selección de proveedores hasta la entrega de los productos o servicios. Esto facilita la identificación de cualquier desviación o incumplimiento, lo que ayuda a evitar riesgos relacionados con la calidad, la seguridad o el cumplimiento normativo. Al mismo tiempo, buscar el ahorro en el aprovisionamiento no implica comprometer la trazabilidad, sino encontrar soluciones eficientes y rentables sin perder de vista la transparencia y registro adecuado de las operaciones.

Impacto del equilibrio en el aseguramiento del suministro

El equilibrio entre los pilares de ahorro, eficiencia y trazabilidad en los procesos de aprovisionamiento tiene un impacto crucial en el aseguramiento del suministro. Este equilibrio permite garantizar la disponibilidad y la calidad de los bienes y servicios necesarios para el funcionamiento adecuado de una organización.

El equilibrio entre el ahorro y la eficiencia es fundamental para el aseguramiento del suministro, ya que ambos pilares son complementarios para este. Al perseguir el ahorro, se busca obtener los mejores precios y condiciones, lo que contribuye a la sostenibilidad económica de la organización. Por otro lado, la eficiencia en los procesos de aprovisionamiento garantiza que los recursos se utilicen de manera óptima, evitando costos innecesarios y reduciendo los tiempos de entrega. Esto permite una gestión más ágil y efectiva del suministro, minimizando el riesgo de escasez o retrasos en la entrega de los productos o servicios necesarios.

Por otro lado, el equilibrio entre la eficiencia y la trazabilidad también es crucial para el aseguramiento del suministro. La trazabilidad en el proceso de aprovisionamiento se refiere a la capacidad de documentar y seguir el flujo de información, decisiones y acciones relacionadas con la adquisición de materiales o servicios. Al proporcionar transparencia y visibilidad en cada etapa del proceso, permite identificar posibles desviaciones, resolver problemas y garantizar el cumplimiento normativo. Al equilibrar la eficiencia con la trazabilidad, se evitan errores y se reducen los riesgos asociados con la adquisición de productos o servicios inadecuados.

Además, el equilibrio entre la trazabilidad y el ahorro también influye en el aseguramiento del suministro. La trazabilidad en el proceso de aprovisionamiento implica mantener registros y documentación adecuada de las actividades realizadas, las decisiones tomadas y los proveedores involucrados. Esto promueve una mayor transparencia y rendición de cuentas. Al mismo tiempo, buscar el ahorro en el aprovisionamiento implica buscar alternativas más económicas y evaluar cuidadosamente las opciones de proveedores. Al equilibrar la trazabilidad con el ahorro, se evita comprometer la calidad y la seguridad de los productos o servicios adquiridos, propiciando el suministro confiable.

Impacto del equilibrio en el fortalecimiento de relaciones

El equilibrio entre el ahorro, la eficiencia y la trazabilidad es esencial para el fortalecimiento de las relaciones con los proveedores y los equipos internos. En conjunto, estos elementos fortalecen las relaciones colaborativas, fomentan la confianza mutua y contribuyen al establecimiento de relaciones sólidas y duraderas con los colaboradores involucrados en el proceso de aprovisionamiento.

Al lograr un equilibrio entre el ahorro y la eficiencia en el proceso de aprovisionamiento, se promueve una relación colaborativa con los proveedores y los equipos internos. La búsqueda de ahorros en la adquisición de materiales o servicios permite optimizar los recursos financieros de la organización, lo que a su vez puede traducirse en precios más competitivos y ventajas comerciales para los proveedores. Esto crea un ambiente propicio para la colaboración, la negociación y el establecimiento de acuerdos mutuamente beneficiosos. Asimismo, la eficiencia en el proceso de aprovisionamiento agiliza las operaciones, reduce los tiempos de entrega y minimiza los errores, lo que contribuye a la satisfacción de los colaboradores y a la generación de relaciones sólidas basadas en la confianza y la transparencia.

Por otro lado, el equilibrio entre la eficiencia y la trazabilidad en el proceso de aprovisionamiento desempeña un papel fundamental en el fortalecimiento de las relaciones con los proveedores y los equipos internos. Este equilibrio es relevante ya que la eficiencia garantiza una gestión ágil y efectiva de los procesos de aprovisionamiento, optimizando tiempos, recursos y costos. Al mismo tiempo, la trazabilidad proporciona transparencia y visibilidad en cada etapa del proceso, permitiendo el seguimiento y la verificación de las actividades realizadas.

Esta combinación de eficiencia y trazabilidad genera confianza y credibilidad en las relaciones con los proveedores, al demostrar compromiso con la gestión responsable y el cumplimiento de los requisitos normativos. Además, fortalece el relacionamiento con los equipos internos al ofrecerles información precisa y oportuna sobre el proceso de aprovisionamiento, permitiendo una comunicación clara y una colaboración más efectiva.

Además, el equilibrio entre el ahorro y la trazabilidad en el proceso de aprovisionamiento desempeña un papel crucial en el fortalecimiento de las relaciones con los proveedores y los equipos internos. Este equilibrio es relevante porque combina la búsqueda de eficiencia en costos y recursos con la capacidad de rastrear y verificar cada etapa del proceso. Por un lado, el enfoque en el ahorro implica la optimización de los gastos y la identificación de oportunidades para reducir costos sin comprometer la calidad y la entrega, y, por otro lado, la trazabilidad avala la transparencia y la responsabilidad al proporcionar un registro detallado de todas las acciones y decisiones tomadas. Esta combinación fortalece el relacionamiento con los proveedores, ya que muestra un compromiso con la gestión responsable de los recursos y la adhesión a los requisitos normativos. Además, genera confianza y credibilidad en los equipos internos al ofrecer una visión clara del proceso y permitir una comunicación abierta y una colaboración efectiva.

Casos de estudio que demuestran cómo el balance adecuado entre los pilares genera resultados exitosos

El balance adecuado entre los pilares del ahorro, la eficiencia y la trazabilidad en el aprovisionamiento ha sido demostrado en numerosos casos de estudio que han dada resultados exitosos. A continuación, se presentan algunos ejemplos que ilustran cómo este equilibrio ha generado beneficios significativos:

- **Caso de estudio en la industria automotriz:** una empresa del sector automotriz implementó un enfoque equilibrado entre el ahorro, la eficiencia y la trazabilidad en su proceso de aprovisionamiento. Mediante la optimización de costos y la negociación de contratos ventajosos, lograron reducir los gastos de adquisición de materiales en un 15 %. Además, mejoraron la eficiencia de los procesos de abastecimiento, lo que les permitió reducir los plazos de entrega en un 20 %. Por último, implementaron un sistema de trazabilidad que les permitió monitorear y auditar la cadena de suministro, lo que resultó en una mayor confiabilidad en la calidad de los productos y una reducción significativa de reclamaciones de clientes.
- **Caso de estudio en el sector de alimentos y bebidas:** una empresa de alimentos implementó estrategias para equilibrar el ahorro, la eficiencia y la trazabilidad en su aprovisionamiento. Mediante la identificación de

oportunidades de ahorro en la cadena de suministro y la optimización de los flujos de trabajo, lograron reducir los costos de producción en un 10 %. Además, implementaron tecnologías avanzadas de seguimiento y monitoreo de la cadena de suministro, lo que les permitió tener una mayor visibilidad de los productos desde su origen hasta su entrega final. Esto resultó en una mayor confianza por parte de los clientes y en la capacidad de responder rápidamente ante cualquier problema de calidad o seguridad alimentaria.

- **Caso de estudio en la industria farmacéutica:** una empresa farmacéutica enfocada en el equilibrio entre el ahorro, la eficiencia y la trazabilidad logró resultados significativos. Implementaron prácticas de compra inteligentes y negociaron acuerdos favorables con proveedores, lo que les permitió reducir los costos de adquisición de materiales en un 20 %. Además, mejoraron la eficiencia en los procesos de aprovisionamiento, lo que se tradujo en una mayor agilidad en la entrega de medicamentos y una reducción de los niveles de inventario. La implementación de sistemas de trazabilidad y el cumplimiento normativo riguroso les permitieron mantener un control total sobre la cadena de suministro y asegurar la calidad y seguridad de sus productos.

Estos casos de estudio demuestran cómo el equilibrio adecuado entre los pilares del ahorro, la eficiencia y la trazabilidad en el aprovisionamiento puede generar resultados exitosos en diferentes industrias.

Al optimizar los costos, mejorar los procesos y garantizar la transparencia en la cadena de suministro, las organizaciones pueden lograr una mayor rentabilidad, fortalecer las relaciones con los proveedores y garantizar la satisfacción de los clientes.

Medición y mejora continua

En el capítulo anterior, se abordaron los tres pilares de valor en el aprovisionamiento: ahorro, eficiencia y trazabilidad. En esta sección, nos enfocamos en la importancia de medir y mejorar constantemente estos pilares seguir optimizando resultados y mantener un equilibrio de valor a lo largo del tiempo.

- **Desarrollo de indicadores de rendimiento:** para evaluar el desempeño en cada uno de los pilares, es fundamental establecer indicadores de rendimiento clave (KPI) específicos. Estos KPI deben ser medibles, relevantes y alineados con los objetivos estratégicos de la organización. Por ejemplo, algunos indicadores comunes podrían incluir el porcentaje de ahorro logrado, la eficiencia en los procesos de aprovisionamiento, la tasa de entrega a tiempo, la calidad de los productos y la precisión en la trazabilidad de la cadena de suministro.
- **Análisis de resultados y retroalimentación:** una vez establecidos los KPI, es esencial realizar un análisis periódico de los resultados y proporcionar retroalimentación adecuada. Se requiere comparar los resultados obtenidos con los objetivos establecidos, identificar áreas de mejora y tomar medidas correctivas cuando sea necesario. La retroalimentación debe ser clara, específica y constructiva, y se debe compartir tanto con los equipos internos como con los proveedores. Esto permitirá a las partes involucradas comprender los puntos

fuertes y las áreas de mejora, así como tomar acciones para impulsar la mejora continua.
- **Implementación de estrategias de innovación y adaptación:** el entorno empresarial está en constante cambio, por lo que es fundamental que las organizaciones implementen estrategias de innovación y adaptación para mantener el equilibrio de valor en el aprovisionamiento. Esto implica estar al tanto de las nuevas tecnologías, tendencias del mercado y mejores prácticas en la gestión de la cadena de suministro. Además, se deben fomentar la creatividad y la colaboración interna y externa, buscando constantemente formas de mejorar los procesos, optimizar los recursos y encontrar soluciones innovadoras que impulsen la eficiencia, el ahorro y la trazabilidad.

Desarrollo de indicadores de rendimiento para evaluar los tres pilares

En el contexto del aprovisionamiento, es fundamental contar con indicadores de rendimiento adecuados para evaluar los tres pilares de valor: ahorro, eficiencia y trazabilidad. Estos indicadores proporcionan métricas cuantitativas y cualitativas que permiten medir el desempeño y el impacto de las actividades de aprovisionamiento en la organización.

A continuación, se exploran algunos ejemplos de indicadores de rendimiento para cada uno de los pilares.

Indicadores relacionados con el ahorro

Los indicadores relacionados con el ahorro evalúan la capacidad de la organización para obtener mejores precios y condiciones contractuales ventajosas. Algunos indicadores comunes incluyen:

- **Porcentaje de ahorro:** calcula la diferencia entre el costo real de adquisición y el costo esperado o de referencia, expresado como un porcentaje del costo esperado.
- **Costo unitario promedio:** mide el costo promedio de adquisición de un producto o servicio en comparación con un costo de referencia o histórico.
- **Reducción de costos:** evalúa la capacidad de la organización para reducir los costos de adquisición en términos absolutos o relativos.

Indicadores relacionados con la eficiencia

Los indicadores de eficiencia miden la efectividad de los procesos de aprovisionamiento y la optimización de los recursos. Algunos ejemplos son:

- **Tiempo de entrega:** duración desde la realización de un pedido hasta la recepción física del producto o servicio.
- **Nivel de cumplimiento de pedidos:** capacidad de la organización para entregar los productos y servicios solicitados dentro de los plazos acordados.
- **Productividad del equipo de aprovisionamiento:** eficiencia del equipo en términos de cantidad de pedidos procesados, tiempo dedicado a cada actividad, etc.

Indicadores relacionados con la trazabilidad

Los indicadores de trazabilidad en el proceso de aprovisionamiento se enfocan en la capacidad de la organización para rastrear y monitorear eficientemente las etapas del proceso.

Permiten evaluar la efectividad de los sistemas y registros utilizados para lograr una trazabilidad adecuada. A continuación, se presentan algunos ejemplos de indicadores relevantes:

- **Precisión de la trazabilidad:** exactitud de los registros y sistemas empleados para rastrear los elementos involucrados en el proceso de aprovisionamiento.
- **Cumplimiento normativo:** medida en que la organización cumple con las regulaciones y estándares aplicables a la trazabilidad del proceso de aprovisionamiento. El cumplimiento normativo es fundamental para garantizar la integridad y confiabilidad de la trazabilidad en el proceso de aprovisionamiento.
- **Auditorías y verificaciones:** realización regular de auditorías internas y verificaciones externas para evaluar la efectividad de los sistemas de trazabilidad implementados en el proceso de aprovisionamiento. Estas auditorías y verificaciones pueden ser realizadas por equipos internos de control de calidad o entidades externas, y permiten identificar oportunidades de mejora y asegurar la confiabilidad de la información de trazabilidad.
- **Tiempo de respuesta ante incidentes:** rapidez de respuesta organizacional ante incidentes o eventos inesperados relacionados con la trazabilidad en el proceso de aprovisionamiento. Evalúa la capacidad de la organización para identificar y abordar rápidamente cualquier desviación o anomalía en la trazabilidad, minimizando así posibles riesgos y asegurando la continuidad del suministro.

Estos indicadores proporcionan una visión integral de la eficacia de la trazabilidad en el proceso de aprovisionamiento, permitiendo a la organización identificar áreas de mejora y tomar medidas correctivas para fortalecerla mientras se garantiza un proceso de aprovisionamiento eficiente y confiable.

Análisis de resultados y retroalimentación para la mejora continua

Una vez que se han establecido los indicadores de rendimiento para evaluar los tres pilares de valor en el aprovisionamiento, es fundamental llevar a cabo un análisis periódico de los resultados y utilizar esta información para impulsar la mejora continua. Este análisis comprende la revisión y evaluación de los datos recopilados; la identificación de tendencias, desviaciones y áreas de oportunidad, y la toma de acciones correctivas y preventivas.

El análisis de resultados debe ser sistemático y basado en datos concretos. Algunas prácticas clave son:

- **Recopilación y procesamiento de datos:** es necesario contar con un sistema robusto para recopilar y procesar los datos relacionados con los indicadores de rendimiento establecidos. Esto puede incluir el uso de herramientas tecnológicas, sistemas de gestión de datos o software especializado que facilite la recopilación, organización y análisis de la información.
- **Análisis comparativo:** es útil comparar los resultados actuales con los anteriores, así como con los objetivos y benchmarks establecidos. Esto ayuda a identificar mejoras o áreas que requieren atención y permite evaluar el progreso a lo largo del tiempo.
- **Identificación de patrones y tendencias:** el análisis de los datos ayuda a detectar patrones y tendencias a lo largo del tiempo. Por ejemplo, se pueden identificar

períodos de mayor eficiencia o ahorro, así como situaciones en las que se observen desviaciones o disminuciones en el rendimiento. Esto ayuda a comprender las causas subyacentes y a tomar medidas preventivas o correctivas.
- **Retroalimentación y comunicación efectiva:** una vez que se ha realizado el análisis de resultados, es importante compartir los hallazgos con los equipos implicados —incluidos los proveedores— y promover la comunicación efectiva. Esto permite discutir los resultados, identificar áreas de colaboración y tomar acciones conjuntas para mejorar el desempeño.
- **Acciones de mejora continua:** los resultados del análisis deben traducirse en acciones concretas para impulsar la mejora continua en el aprovisionamiento. Estas pueden incluir la implementación de cambios en los procesos, la revisión de contratos o acuerdos con proveedores, la capacitación del personal o la adopción de nuevas tecnologías. Es importante establecer un plan de acción claro y asignar responsabilidades para garantizar la implementación efectiva de estas mejoras.

Implementación de estrategias de innovación y adaptación para mantener el equilibrio de valor a lo largo del tiempo

En un entorno empresarial en constante cambio, es esencial que las organizaciones implementen estrategias de innovación y adaptación para mantener el equilibrio de valor en el aprovisionamiento a lo largo del tiempo. Estas estrategias orientan las respuestas a las tendencias del mercado, los avances tecnológicos y las necesidades cambiantes de los clientes y proveedores.

A continuación, algunas prácticas clave para lograrlo:

- **Monitoreo del entorno:** atender a los cambios en el entorno empresarial, como nuevas regulaciones, avances tecnológicos, cambios en la demanda del mercado y movimientos de la competencia permite anticipar y adaptarse a los cambios antes de que se conviertan en desafíos significativos.
- **Fomento de la cultura de la innovación:** una cultura organizacional que valore la innovación y el pensamiento creativo es fundamental. Esto implica fomentar la generación de ideas, el trabajo en equipo y la experimentación. La innovación puede provenir de diversas fuentes, como empleados, clientes, proveedores o colaboraciones externas.
- **Evaluación de nuevas tecnologías y herramientas:** tecnologías y herramientas emergentes pueden tener un impacto significativo en el aprovisionamiento. Es importante evaluar de manera regular las soluciones tecnológicas disponibles en el mercado, como sistemas de gestión de la cadena de suministro, software de análisis de datos o plataformas de colaboración. La implementación de estas tecnologías puede mejorar la eficiencia, la trazabilidad y la comunicación con los proveedores.
- **Colaboración con proveedores y socios estratégicos:** mantener relaciones sólidas con proveedores y socios estratégicos permite el intercambio de conocimientos, la identificación de oportunidades de mejora conjunta y la cocreación de soluciones innovadoras. La colaboración puede incluir el desarrollo conjunto de productos, la implementación de prácticas de

sostenibilidad o la mejora continua de los procesos de aprovisionamiento.
- **Evaluación y ajuste de estrategias:** las estrategias de innovación y adaptación deben ser evaluadas periódicamente para verificar su pertinencia y realizar ajustes según sea necesario. Esto requiere la revisión de los resultados obtenidos, el análisis del impacto de las acciones implementadas y los ajustes para mejorar los resultados.

Al implementar estrategias de innovación y adaptación, las organizaciones pueden mantener el equilibrio de valor en el aprovisionamiento a lo largo del tiempo. Estas estrategias permiten mantenerse al tanto de los cambios del entorno empresarial, aprovechar nuevas oportunidades y mantener una ventaja competitiva en un mercado en constante evolución.

Conclusiones del capítulo 3

Hemos explorado los tres pilares fundamentales de valor en el aprovisionamiento empresarial —ahorro, eficiencia y trazabilidad— describiendo su desempeño en la gestión efectiva de la cadena de suministro y cómo el equilibrio entre ellos contribuye a alcanzar resultados significativos.

El primer pilar, el ahorro, se refiere a la optimización de costos y recursos en el proceso de aprovisionamiento. Al buscar oportunidades para reducir los gastos, las empresas pueden obtener beneficios económicos tangibles. Esto implica la negociación efectiva con proveedores, la identificación de alternativas más rentables y la implementación de prácticas de compra inteligentes. El ahorro en el aprovisionamiento no solo se traduce en beneficios financieros, sino que también puede liberar recursos para otras inversiones estratégicas dentro de la organización.

El segundo pilar, la eficiencia, se centra en mejorar la productividad y la agilidad en el proceso de aprovisionamiento. Al eliminar o reducir los cuellos de botella, los tiempos de espera innecesarios y los procesos ineficientes, las empresas pueden agilizar las operaciones y mejorar la entrega oportuna de productos y servicios. La eficiencia en el aprovisionamiento también se logra mediante la adopción de tecnologías y herramientas que automatizan tareas repetitivas, optimizan la gestión del inventario y mejoran la comunicación con proveedores y otros actores clave de la cadena de suministro.

El tercer pilar, la trazabilidad del proceso, se refiere a la capacidad de rastrear y supervisar las actividades de aprovisionamiento en cada etapa. Esto implica el seguimiento detallado de los flujos de información, la documentación de las transacciones y la implementación de sistemas de control y auditoría. La trazabilidad no solo proporciona transparencia y visibilidad al aprovisionamiento, sino que contribuye a garantizar el cumplimiento normativo, la gestión de riesgos y la calidad del producto o servicio final. Además, la trazabilidad apuntala la confianza y las relaciones con los clientes y otros socios comerciales.

Es importante destacar que el equilibrio adecuado entre estos tres pilares de valor es esencial para lograr resultados óptimos en el aprovisionamiento. Un enfoque excesivo en el ahorro podría comprometer la calidad o la eficiencia, mientras que una obsesión por la eficiencia podría descuidar aspectos importantes como la trazabilidad o el cumplimiento normativo.

Al encontrar el equilibrio adecuado, las empresas pueden reducir riesgos, fortalecer relaciones y asegurar un suministro confiable y eficiente.

En conclusión, los pilares de ahorro, eficiencia y trazabilidad son elementos fundamentales en el aprovisionamiento empresarial. Al considerar estos tres pilares en conjunto y buscar un equilibrio adecuado entre ellos, las empresas pueden optimizar su gestión de la cadena de suministro y obtener ventajas competitivas.

Capítulo 4.
El iceberg empresarial.
Descubriendo los problemas ocultos para un éxito sostenible

Una empresa se puede comparar con un iceberg, pues solo vemos la pequeña parte de la superficie que está visible sobre el agua. Esta superficie representa los problemas evidentes que todos pueden percibir y que tienden a recibir una atención inmediata para su resolución.

Así, cuando una organización busca mejorar sus estándares de aprovisionamiento, tiende a enfocarse en los elementos visibles, tales como los requerimientos de las áreas de negocio o las legalidades del negocio, país o industria.

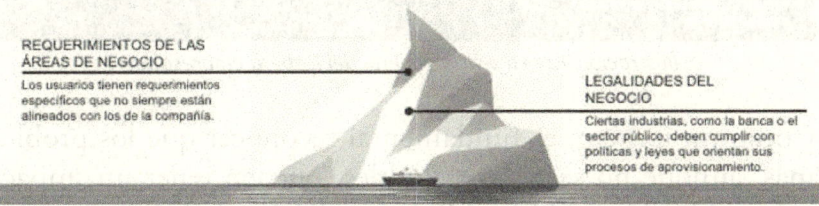

Ilustración 11 - La punta del iceberg empresarial

Sin embargo, la mayor parte de un iceberg está sumergida en el agua. Esta parte representa los problemas ocultos o menos evidentes que pueden afectar el desempeño de la empresa de manera silenciosa pero profunda.

Estos pueden incluir necesidades reales de la empresa, priorización de los pilares de valor, nivel de madurez de los procesos de aprovisionamiento, necesidades específicas de la industria o nivel de madurez de la organización de compras.

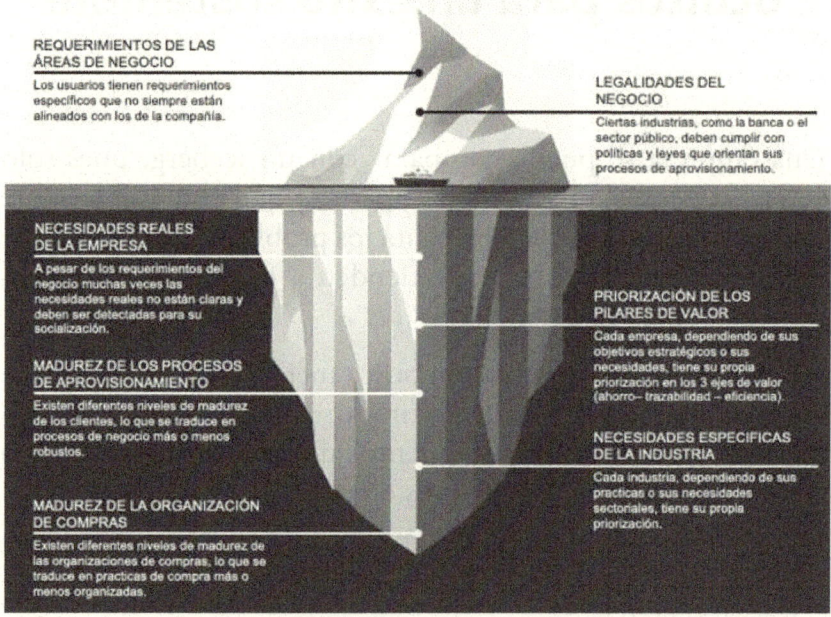

Ilustración 12 - La visión general del iceberg empresarial

Como un iceberg, es fundamental reconocer que los problemas, aunque no sean muy visibles, pueden tener un impacto considerable en la estabilidad y el éxito de la empresa. Ignorarlos puede tener consecuencias graves a largo plazo. Por lo tanto, para gestionar eficazmente el aprovisionamiento, es esencial explorar y abordar tanto los problemas evidentes como los ocultos. Esto implica una evaluación exhaustiva de los aspectos de la organización, identificando y enfrentando los desafíos internos y externos de manera proactiva.

Al sumergirnos en las profundidades del iceberg empresarial, podemos descubrir y resolver los problemas ocultos, fortaleciendo así la base de la empresa y asegurando su crecimiento sostenible a largo plazo.

Requerimientos de las áreas de negocio

Las áreas de negocio dentro de una empresa a menudo tienen requerimientos específicos en cuanto a los procesos de aprovisionamiento, los que en algunas ocasiones difieren de los objetivos y estándares generales de la compañía. Cada área puede tener necesidades particulares que deben ser atendidas para asegurar su funcionamiento eficiente. Estos requerimientos pueden estar relacionados con plazos de entrega, calidad de los productos o servicios, proveedores específicos, requisitos de personalización, entre otros.

Es importante reconocer que los requerimientos de las áreas de negocio pueden no estar completamente alineados con la estrategia y los procesos generales de aprovisionamiento de la compañía. Esto puede generar desafíos y tensiones, ya que se debe buscar un equilibrio entre satisfacer las necesidades particulares de cada área y mantener una gestión coherente y eficiente en toda la organización.

Para abordar esta situación, es crucial establecer una comunicación efectiva entre las áreas de negocio y la función de aprovisionamiento. Esto implica una comprensión clara de las necesidades de cada área y la capacidad de adaptar los procesos de aprovisionamiento para satisfacer dichas necesidades sin comprometer los objetivos globales de la empresa. La colaboración y la negociación son clave para encontrar soluciones que satisfagan tanto a las áreas de negocio como a la empresa en su conjunto.

Además, es importante realizar un análisis periódico de los requerimientos de las áreas de negocio y evaluar su impacto en los procesos de aprovisionamiento. Esto permitirá identificar posibles brechas o ineficiencias y tomar medidas para optimizar la operación. Asimismo, se deben establecer mecanismos de retroalimentación para que las áreas de negocio puedan expresar sus necesidades y sugerir mejoras, fomentando así un enfoque de mejora continua en el aprovisionamiento.

Claves para abordar los requerimientos de negocio que difieren de las necesidades reales de la empresa

Al abordar los requerimientos de negocio que difieren de las necesidades reales de la empresa, es crucial adoptar un enfoque estratégico y comprender a fondo las verdaderas necesidades y objetivos de cada área. En este sentido, existen claves que nos permitirán identificar y satisfacer adecuadamente estas necesidades, asegurando procesos de aprovisionamiento eficientes y alineados con la estrategia de la organización.

A continuación, se presentan algunas claves para abordar estos requerimientos de manera efectiva y lograr un equilibrio entre las necesidades específicas de cada área y los objetivos corporativos más amplios.

- **Comprender lo que realmente se desea resolver:** en lugar de centrarse únicamente en cómo las áreas de negocio creen que se debe resolver un problema, es importante comprender a fondo las necesidades y objetivos reales. Esto permite ofrecer respuestas más efectivas e innovadoras a los requerimientos.
- **Superar las limitaciones de la visión y experiencia de las áreas de negocio:** si bien es natural que las áreas de negocio tengan perspectivas específicas en cuanto al aprovisionamiento, es importante recordar que pueden estar limitadas por su propia visión y experiencia. Para abordar esto, es necesario adoptar un enfoque de comprensión profunda y explorar soluciones más allá de lo convencional.
- **Escuchar activamente y realizar un análisis detallado:** la clave está en escuchar activamente a las partes interesadas, realizar un análisis detallado de las necesidades subyacentes y los problemas reales que desean resolver. Esto nos ayudará a identificar las verdaderas necesidades y encontrar soluciones más efectivas y eficientes.
- **Utilizar nuestra experiencia y conocimientos:** al comprender lo que realmente se desea resolver, podemos aprovechar nuestra experiencia y conocimientos para ofrecer soluciones efectivas. Esto incluye la identificación de oportunidades de optimización, la implementación de tecnologías avanzadas, la adopción de mejores prácticas o la exploración de nuevas estrategias de gestión de la cadena de suministro.
- **Fortalecer la relación y promover la eficiencia general de la empresa:** al proporcionar respuestas más efectivas e innovadoras a los requerimientos de las áreas de

negocio, fortalecemos nuestras relaciones y contribuimos al éxito general de la empresa. Es importante establecer una comunicación efectiva, adaptar los procesos de aprovisionamiento a las necesidades particulares de cada área y promover una cultura de colaboración y mejora continua.

Al seguir estas claves, podremos abordar los requerimientos de negocio que difieren de las necesidades reales de la empresa, encontrando un equilibrio entre satisfacer las necesidades específicas de cada área y mantener la eficiencia global de la organización.

Para hacer un buen relevamiento de los requerimientos de las diferentes áreas de negocio es posible utilizar la herramienta metodológica llamada mapa de empatía (que exponemos en el capítulo 6. «Herramientas metodológicas para una transformación inteligente»).

Ejemplos de requerimientos de las áreas de negocio no alineados con las necesidades reales de la empresa

Los siguientes ejemplos muestran situaciones en que los requerimientos de los procesos de aprovisionamiento de las áreas de negocio pueden no ajustarse adecuadamente a las necesidades reales de la empresa, lo que genera ineficiencias y aumenta los costos innecesariamente. Es importante evaluar regularmente los requerimientos y procesos de aprovisionamiento para asegurarse de que estén alineados con los objetivos y las necesidades específicas de la empresa.

- **Requerimiento de compras a granel:** el departamento de compras puede implementar un proceso de aprovisionamiento que priorice la compra de grandes cantidades de productos para obtener descuentos por volumen. Sin embargo, si la empresa tiene una demanda fluctuante o un espacio limitado, esta estrategia de compras a granel puede generar un exceso de inventario y costos asociados al almacenamiento.

- **Uso exclusivo de proveedores preferenciales:** si la empresa tiene acuerdos establecidos con proveedores preferenciales, puede haber un requerimiento de utilizar exclusivamente a estos proveedores en todos los procesos de aprovisionamiento. Sin embargo, esta restricción puede limitar la capacidad de explorar nuevas oportunidades de proveedores más competitivos en términos de precio, calidad o innovación.
- **Proceso de aprobación excesivamente riguroso:** si los procesos de aprobación en el aprovisionamiento son excesivamente rigurosos y requieren múltiples niveles de autorización, se pueden aumentar los tiempos de adquisición y retardar la toma de decisiones. Si los requerimientos para la aprobación no se ajustan a la magnitud o el valor de los productos o servicios a adquirir, pueden generar una carga innecesaria en el proceso.
- **Estándares de calidad demasiado estrictos:** si la empresa establece estándares de calidad extremadamente altos para los productos o servicios a adquirir, esto puede limitar la disponibilidad de proveedores y elevar los costos. Si los estándares de calidad no se ajustan a las necesidades reales de la empresa y de sus clientes, puede haber una sobreinversión en la selección y evaluación de proveedores.

Legalidades del negocio

En ciertas industrias, como la banca o el sector público, el cumplimiento de políticas internas y las regulaciones gubernamentales o internacionales es fundamental en los procesos de aprovisionamiento. Estas regulaciones están diseñadas para garantizar la transparencia, la equidad y la legalidad en las adquisiciones y contrataciones realizadas por las organizaciones.

El cumplimiento de las legalidades del negocio implica estar al tanto de las normativas específicas que aplican a la industria donde opera la empresa. Esto puede incluir leyes relacionadas con la contratación pública, la protección de datos, la seguridad y salud laboral, la responsabilidad social corporativa, entre otras.

Es fundamental para las empresas entender y aplicar adecuadamente estas políticas y leyes, lo que requiere contar con personal capacitado en la materia, así como establecer procedimientos y controles internos que aseguren el cumplimiento de las normativas vigentes. También es necesario mantenerse actualizado sobre los cambios y actualizaciones en la legislación, ya que estas pueden tener un impacto directo en los procesos de aprovisionamiento.

Además, el cumplimiento de las legalidades del negocio no solo es un requisito legal, sino que también puede ser una ventaja competitiva. Demostrar un compromiso con la ética y la legalidad aporta confianza y credibilidad ante los proveedores y los clientes. Además, cumplir con las normativas establecidas previene sanciones, multas y posibles litigios que podrían perjudicar la reputación y la estabilidad financiera de la empresa.

Claves para abordar las legalidades del negocio y alinearlas con las necesidades y objetivos de la empresa

Garantizar el cumplimiento de las regulaciones y normativas legales es de vital importancia para las empresas en todos los sectores. Asimismo, es crucial asegurar que los procesos de aprovisionamiento estén alineados con las necesidades y objetivos corporativos. Para lograr esta alineación, es fundamental abordar de manera efectiva las legalidades del negocio y comprender las necesidades reales de la empresa.

A continuación, se presentan algunas claves para identificar y abordar adecuadamente estas necesidades, asegurando así procesos de aprovisionamiento legales, éticos y estratégicamente alineados con los objetivos corporativos.

- **Conocimiento exhaustivo de las regulaciones:** realizar un análisis detallado de las leyes y políticas específicas que se aplican a la industria de la empresa, comprender cómo se relacionan con los procesos de aprovisionamiento e identificar los requisitos legales que deben cumplirse.
- **Establecer un marco de cumplimiento:** definir un marco de cumplimiento que establezca los procedimientos y controles internos necesarios para garantizar el cumplimiento de las regulaciones, lo que requiere asignar responsabilidades claras, establecer políticas y procedimientos adecuados y capacitar al personal sobre las normativas relevantes.
- **Integración proactiva de las legalidades del negocio:** considerar los requisitos legales desde el inicio de los procesos de aprovisionamiento, asegurando que se

cumplan en todas las etapas, desde la selección de proveedores hasta la formalización de contratos y la ejecución de las adquisiciones. Alinear las legalidades con las necesidades propias de la empresa para garantizar procesos legales, éticos y alineados con los objetivos corporativos.
- **Mantenerse actualizado sobre cambios legales:** establecer un sistema de monitoreo y actualización constante de las regulaciones relevantes facilita realizar ajustes en los procedimientos y controles internos cuando sean necesarios para adaptarse a los cambios en el entorno legal. Mantenerse al día con los aspectos legales del negocio evita posibles sanciones o litigios.
- **Colaboración con expertos legales:** en casos complejos o en industrias altamente reguladas, buscar asesoría de expertos legales hace más factible que los procesos de aprovisionamiento cumplan con todas las regulaciones aplicables. Además, la colaboración de expertos legales ayuda a gestionar adecuadamente las legalidades del negocio y a alinearlas con las necesidades y objetivos corporativos.

Ejemplos de legalidades del negocio alineados a las necesidades y objetivos de la empresa

Las legalidades del negocio alineadas a las necesidades y objetivos de la empresa pueden variar según la industria y el contexto específico de cada organización. Aquí se presentan algunos ejemplos:

- **Protección de datos:** en el contexto actual de creciente preocupación por la privacidad y la seguridad de la información, las empresas deben cumplir con leyes y

regulaciones relacionadas con la protección de datos personales. Alinear estas legalidades con las necesidades y objetivos de la empresa implica implementar políticas y prácticas de seguridad de la información que protejan los datos de los proveedores y empleados. Esto no solo garantiza el cumplimiento legal, sino que también genera confianza en los proveedores y contribuye a la reputación y la fidelidad de la empresa.
- **Responsabilidad social corporativa (RSC):** la RSC se ha vuelto cada vez más importante en la gestión empresarial. Las organizaciones deben cumplir con regulaciones relacionadas con la responsabilidad ambiental, el cumplimiento de derechos laborales y la ética en sus operaciones. Al alinear estas legalidades con las necesidades y objetivos de la empresa, se pueden implementar prácticas sostenibles y éticas en los procesos de aprovisionamiento. Esto no solo contribuye al cumplimiento legal, sino que también demuestra el compromiso de la empresa con la responsabilidad social y puede atraer a socios comerciales que comparten los mismos valores.
- **Contratación pública:** en el sector público, existen regulaciones específicas relacionadas con la contratación pública, como la transparencia, la igualdad de oportunidades y la competitividad. Al alinear estas legalidades con las necesidades y objetivos de la empresa, se puede establecer un proceso de aprovisionamiento transparente y equitativo que garantice la competencia justa y la eficiencia en la adquisición de bienes y servicios. Esto contribuye a la reputación de la empresa como proveedor confiable y puede aumentar las oportunidades de negocio en el sector público.

- **Regulaciones sectoriales:** cada industria tiene sus propias regulaciones y estándares específicos. Por ejemplo, en la industria farmacéutica, las empresas deben cumplir con regulaciones estrictas relacionadas con la seguridad y la calidad de los productos. Al alinear estas legalidades con las necesidades y objetivos de la empresa, se pueden implementar procesos de aprovisionamiento que garanticen el cumplimiento de estas regulaciones, asegurando la calidad y la seguridad de los productos farmacéuticos. Esto no solo cumple con los requisitos legales, sino que también protege la salud y la seguridad de los consumidores.

Necesidades reales de la empresa

En el proceso de aprovisionamiento, es fundamental identificar y comprender las necesidades reales de la empresa, más allá de los requerimientos de los usuarios o áreas específicas. A menudo, las necesidades reales pueden estar ocultas o no ser totalmente claras al principio, por lo que es necesario realizar un análisis exhaustivo y una comunicación efectiva entre diferentes áreas y niveles de la organización.

La identificación de las necesidades reales de la empresa implica un proceso de socialización y colaboración entre los diferentes actores involucrados, como gerentes, departamentos de compras, usuarios finales y otras áreas relevantes. Esto puede llevarse a cabo mediante reuniones, entrevistas, encuestas u otros métodos de recolección de información.

Es importante tener en cuenta que las necesidades reales pueden incluir aspectos más amplios que van más allá de los requerimientos técnicos o funcionales específicos. Pueden abarcar aspectos estratégicos, financieros, de calidad, de sostenibilidad, entre otros. Por lo tanto, es necesario realizar un análisis holístico y considerar el contexto y los objetivos generales de la empresa.

Una vez que se han detectado y socializado las necesidades reales de la empresa, se pueden desarrollar estrategias y acciones para abordarlas de manera efectiva en los procesos de aprovisionamiento. Esto puede incluir la búsqueda de proveedores que se ajusten a dichas necesidades, la implementación de prácticas de compra inteligentes, la optimización del gasto y la evaluación continua del desempeño de los proveedores.

Claves para identificar las necesidades reales de la empresa

Para identificar las necesidades reales de la empresa respecto al proceso de aprovisionamiento y asegurar un enfoque adecuado, existen algunas claves importantes a considerar:

- **Comprensión de la estrategia empresarial:** tener un conocimiento profundo de la estrategia global de la empresa, incluyendo sus objetivos, metas y prioridades, permite alinear los procesos de aprovisionamiento con la dirección estratégica de la organización.
- **Analizar el entorno y las tendencias del mercado:** realizar un análisis exhaustivo del entorno empresarial, considerando factores económicos, políticos, tecnológicos y sociales que puedan influir en el aprovisionamiento, ayuda a identificar las tendencias del mercado y evaluar las oportunidades o desafíos que puedan surgir.

- **Evaluación de los requisitos internos:** trabajar en estrecha colaboración con las diferentes áreas de la empresa, como producción, operaciones y ventas, permite comprender sus necesidades y objetivos específicos en relación al aprovisionamiento. Para ello, se puede recopilar información relevante a través de entrevistas, encuestas y reuniones.
- **Análisis de costo-beneficio:** evaluar los costos y beneficios asociados con las adquisiciones permite considerar aspectos financieros, operativos y estratégicos para tomar decisiones informadas y maximizar el valor para la empresa.
- **Actualización continua de tendencias y avances tecnológicos:** estar al tanto de las últimas tendencias y avances tecnológicos en el campo del aprovisionamiento permite identificar herramientas, soluciones y mejores prácticas que pueden mejorar la eficiencia y efectividad del proceso de aprovisionamiento.
- **Fomento la mejora continua:** promover una cultura de mejora continua en el proceso de aprovisionamiento pasa por animar a los colaboradores a identificar oportunidades de optimización y participar en la implementación de mejoras. En este sentido, es vital establecer mecanismos de retroalimentación y seguimiento para realizar ajustes y correcciones cuando sea necesario.

Para entender mejor cuáles son las necesidades reales de la empresa, es útil la herramienta metodológica denominada análisis de causa raíz (*root cause analysis*, RCA), que describimos en el capítulo 6 («Herramientas metodológicas para una transformación inteligente»).

Ejemplos de necesidades reales de la empresa

A continuación, se presentan ejemplos de necesidades reales de las empresas que son clave para la adopción de procesos de aprovisionamiento adecuados, enfocándose en garantizar el funcionamiento y el cumplimiento de los objetivos y estrategias de la empresa:

- **Eficiencia operativa:** las empresas pueden necesitar procesos de aprovisionamiento que maximicen la eficiencia en la adquisición de productos y servicios. Esto implica reducir los tiempos de entrega, optimizar los costos de aprovisionamiento y minimizar los errores en los pedidos. Estas necesidades se orientan hacia la mejora continua de los procesos para garantizar un suministro rápido y eficiente.
- **Calidad y consistencia:** es esencial asegurar que los productos y servicios adquiridos cumplan con los estándares de calidad establecidos por la empresa. Esto requiere establecer criterios de selección de proveedores, realizar auditorías y evaluaciones periódicas, y establecer acuerdos de calidad con proveedores confiables. Estas necesidades se enfocan en mantener una cadena de suministro confiable y garantizar la satisfacción del cliente.
- **Innovación y competitividad:** las empresas pueden gestionar procesos de aprovisionamiento que les permitan acceder a proveedores innovadores y tecnologías avanzadas. Esto implica estar al tanto de las últimas tendencias en el mercado, buscar colaboraciones estratégicas y fomentar la creatividad en la selección de proveedores. Estas necesidades se centran en impulsar la competitividad y la diferenciación en el mercado.

- **Flexibilidad y adaptabilidad:** las empresas pueden requerir procesos de aprovisionamiento flexibles y que se ajusten a los cambios en la demanda, en la estrategia empresarial o en el entorno externo. Esto implica contar con proveedores que puedan responder rápidamente a los cambios, acordar contratos flexibles y tener una comunicación fluida con los proveedores. Estas necesidades se enfocan en la capacidad de adaptación y respuesta ágil a los cambios.
- **Sostenibilidad y responsabilidad social:** cada vez más empresas buscan procesos de aprovisionamiento alineados con prácticas sostenibles y responsables. Esto requiere evaluar el impacto ambiental y social de los proveedores, promover la transparencia en la cadena de suministro y fomentar la utilización de materiales y servicios sostenibles. Estas necesidades se centran en garantizar una operación responsable y ética.

Priorización de los pilares de valor

La priorización de los pilares de valor (ahorro, eficiencia y trazabilidad) en los procesos de aprovisionamiento puede variar según las características y objetivos específicos de cada empresa. Cada organización tiene sus propias necesidades y prioridades estratégicas, lo que influye en la forma en que se enfocan y equilibran estos pilares.

Algunas empresas pueden dar una alta prioridad al ahorro, enfocándose en reducir costos y optimizar los gastos en su cadena de suministro. Para ellos, el objetivo principal puede ser obtener precios competitivos, negociar condiciones contractuales favorables y buscar oportunidades de ahorro en cada etapa del proceso de aprovisionamiento.

Por otro lado, algunas empresas pueden priorizar la trazabilidad en el proceso de aprovisionamiento, especialmente en industrias reguladas o con altos estándares de calidad. En estos casos, se enfocan en establecer sistemas y procesos que les permitan rastrear y monitorear de manera efectiva todas las etapas del proceso de aprovisionamiento, desde la selección de proveedores hasta la recepción de los bienes o servicios. El objetivo es mantener un registro detallado de las transacciones y actividades realizadas. La priorización de la trazabilidad en el proceso de aprovisionamiento busca garantizar la transparencia y la conformidad con las normativas y estándares aplicables, brindando mayor confianza tanto internamente como hacia los proveedores.

La eficiencia también es un pilar clave para muchas empresas, especialmente aquellas que buscan optimizar los procesos y maximizar la productividad en su aprovisionamiento. Esto implica analizar y mejorar los flujos de trabajo, implementar tecnologías y herramientas que agilicen las tareas, y establecer indicadores de desempeño para medir y mejorar la eficiencia operativa.

Es importante destacar que la priorización de un pilar de valor no implica descartar o ignorar los otros. Más bien, se trata de encontrar un equilibrio adecuado y adaptado a las necesidades y objetivos de la empresa. Algunas organizaciones pueden enfocarse más en un pilar en particular, pero aún consideran los otros como componentes importantes para lograr un aprovisionamiento exitoso.

Claves para determinar el mejor equilibrio entre el ahorro, la eficiencia y la trazabilidad

Para determinar la ponderación adecuada del ahorro, la eficiencia y la trazabilidad en el proceso de aprovisionamiento, es necesario realizar un análisis detallado de las características y necesidades específicas de la empresa o sector industrial.

A continuación, se presentan algunos aspectos a considerar para cada pilar.

Ponderación del ahorro

- **Evaluación de costos:** analizar si la empresa opera en un entorno altamente competitivo donde el ahorro de costos es fundamental para mantener la rentabilidad.
- **Presupuesto limitado:** determinar si la empresa cuenta con recursos financieros muy limitados que requieren un enfoque prioritario en la reducción de costos.
- **Flexibilidad de precios:** evaluar si existe margen para negociar precios con proveedores y obtener descuentos o beneficios adicionales.

Ponderación de la eficiencia:

- **Volumen de operaciones:** considerar si la empresa tiene un alto volumen de transacciones de aprovisionamiento, lo cual requiere un enfoque en la agilidad y la optimización de los procesos para garantizar una ejecución eficiente.
- **Cadena de suministro compleja:** evaluar si la empresa opera en una industria con una cadena de suministro compleja, donde la eficiencia en la coordinación y el

flujo de información es crucial para evitar retrasos y costos innecesarios.
- **Innovación y adaptación:** determinar si la empresa necesita enfocarse en la eficiencia para adaptarse rápidamente a cambios en la demanda del mercado, nuevas tecnologías o condiciones económicas.

Ponderación de la trazabilidad:

- **Cumplimiento normativo:** evaluar si la empresa opera en un sector altamente regulado, donde sea esencial cumplir con normativas legales y estándares de calidad.
- **Reputación y responsabilidad social:** determinar si la empresa se enfoca en la trazabilidad como parte de su compromiso con la transparencia, la sostenibilidad y la responsabilidad social corporativa.
- **Gestión de riesgos:** considerar si la empresa se encuentra expuesta a riesgos relacionados con la cadena de suministro, como productos falsificados, adulterados o no conformes, lo cual requiere un enfoque en la trazabilidad para mitigar estos riesgos.

Es importante destacar que la ponderación de cada pilar puede variar según las características específicas de la empresa y la industria en la que opera. Es necesario realizar un análisis exhaustivo para determinar la relevancia de cada pilar y asignar la ponderación adecuada en función de los objetivos estratégicos y las necesidades del negocio.

Para entender cuál es el mejor equilibro entre estos pilares de valor, es útil apoyarse en la herramienta metodológica de definición del equilibrio óptimo en los tres ejes de valor (ahorro, eficiencia y trazabilidad), que explicamos en el capítulo 6

(«Herramientas metodológicas para una transformación inteligente»).

Ejemplos de distribución de equilibrio para diferentes sectores industriales

A continuación, presentamos ejemplos de distribución de equilibrios entre ahorro, eficiencia y trazabilidad en relación con el proceso de aprovisionamiento para diferentes sectores industriales:

- **Industria manufacturera:** en la industria manufacturera, donde la optimización de costos y la eficiencia en los procesos de producción son prioritarios, se busca obtener ahorros significativos y mejorar la eficiencia en el aprovisionamiento de materias primas, componentes y equipos. La trazabilidad del proceso de aprovisionamiento es importante para garantizar que los materiales lleguen a tiempo y cumplan con los estándares de calidad, pero puede tener una ponderación moderada en comparación con el ahorro y la eficiencia.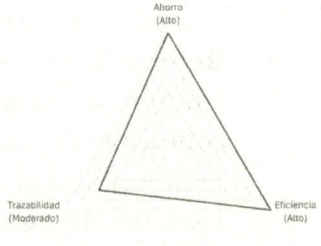
- **Sector público:** aquí se busca asegurar la transparencia y la trazabilidad en los procesos de aprovisionamiento. Si bien el ahorro y la eficiencia también son importantes, el énfasis se pone en mantener un registro detallado y transparente de las etapas del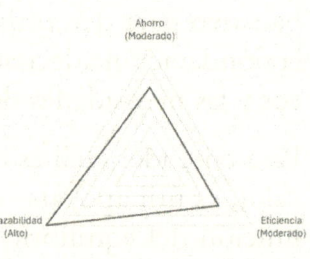

proceso de aprovisionamiento, desde la solicitud de cotizaciones hasta la adjudicación de contratos, con el fin de garantizar la legalidad y la rendición de cuentas en el uso de los recursos públicos.

- **Industria farmacéutica:** la eficiencia en el proceso de aprovisionamiento es fundamental para garantizar la disponibilidad oportuna de medicamentos y suministros médicos. Además, la trazabilidad del aprovisionamiento es esencial para cumplir con las regulaciones y estándares de calidad en la cadena de suministro farmacéutica. Aunque el ahorro también es importante, la eficiencia y la trazabilidad tienen un mayor peso en este sector.

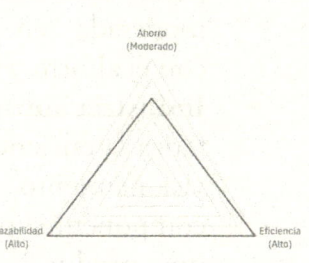

- **Industria alimentaria:** se prioriza la eficiencia en la cadena de suministro para garantizar la frescura y la calidad de los productos. La trazabilidad del proceso de aprovisionamiento es esencial para asegurar la calidad de los ingredientes y asegurar el cumplimiento de las normas sanitarias. Aunque se busca optimizar costos, el enfoque principal está en la eficiencia operativa y la trazabilidad.

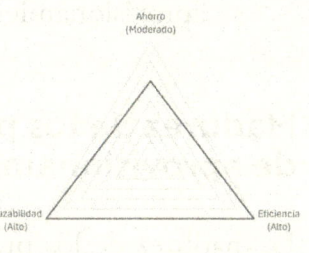

- **Sector tecnológico:** cuando la innovación y la rapidez son fundamentales, se busca obtener ahorros significativos en la adquisición de componentes electrónicos y equipos. La eficiencia en el proceso de aprovisionamiento es crucial para mantener un ritmo acelerado de producción. Si bien la trazabilidad del proceso de aprovisionamiento es importante, puede tener una ponderación moderada en comparación con el ahorro y la eficiencia.

- **Industria automotriz:** se enfatiza la eficiencia en el aprovisionamiento de piezas y componentes para garantizar una producción continua y puntual. La trazabilidad del proceso de aprovisionamiento es necesaria para asegurar la calidad de los componentes y cumplir con los estándares de seguridad. Así, aunque se busca optimizar costos y mantener un proceso de aprovisionamiento trazable, la eficiencia es la prioridad.

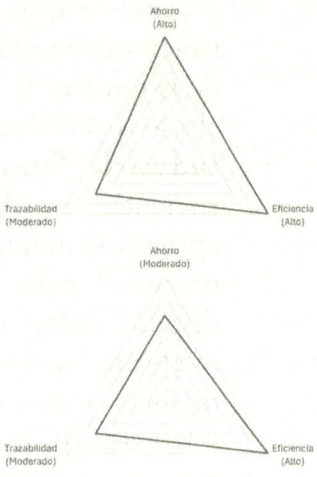

Madurez de los procesos de aprovisionamiento

La madurez de los procesos de aprovisionamiento puede variar significativamente entre las empresas, reflejando diferentes enfoques y niveles de sofisticación en la gestión de sus adquisiciones. En este sentido, se pueden identificar tres niveles principales de madurez en los procesos de aprovisionamiento.

Aprovisionamiento predominantemente táctico

En primer lugar, algunas empresas tienen procesos de aprovisionamiento predominantemente tácticos. Estas organizaciones tienden a abordar las compras de manera más operativa y transaccional, centrándose principalmente en satisfacer necesidades inmediatas de abastecimiento. En este enfoque, las solicitudes de compra se generan según necesidades puntuales y se llevan a cabo licitaciones o cotizaciones cada vez que se genera una orden de compra. Aunque este enfoque puede funcionar para necesidades simples y transacciones aisladas, puede limitar la capacidad de la empresa para optimizar costos y establecer relaciones sólidas con proveedores a largo plazo.

Ilustración 13 - Procesos de aprovisionamiento significativamente tácticos

Aprovisionamiento estra-táctico

En segundo lugar, existen empresas que combinan sus procesos de aprovisionamiento estratégico y táctico en uno solo (aprovisionamiento estra-táctico). Estas organizaciones buscan encontrar un equilibrio entre la gestión a largo plazo y la ejecución operativa. En este enfoque, se generan solicitudes de compra que pueden estar sujetas a licitaciones o cotizaciones, pero también se consideran aspectos estratégicos en el proceso.

Aunque este enfoque permite cierto nivel de planificación y optimización, puede presentar limitaciones para establecer relaciones estratégicas sólidas con proveedores y aprovechar al máximo las oportunidades de ahorro y eficiencia.

Ilustración 14 - Procesos de aprovisionamiento estra-tácticos

Aprovisionamiento bien diferenciado (estratégico y táctico)

En tercer lugar, las empresas con procesos de aprovisionamiento bien diferenciados cuentan con una mayor madurez en su gestión de adquisiciones. Estas organizaciones han establecido una distinción clara entre los procesos estratégicos y tácticos. Los procesos estratégicos se enfocan en el análisis de las necesidades a largo plazo, la identificación de proveedores estratégicos, la negociación de acuerdos a largo plazo y la gestión de relaciones con los proveedores. Por otro lado, los procesos tácticos se centran en la ejecución contractual resultante de los procesos estratégicos, incluyendo la generación de órdenes de compra y el seguimiento de la entrega de los productos o servicios. Este enfoque permite una gestión más eficiente y efectiva de la cadena de suministro, optimizando costos, asegurando el suministro y fortaleciendo las relaciones con proveedores clave.

Ilustración 15 - Procesos de aprovisionamiento estratégicos y tácticos diferenciados

Es importante destacar que la madurez de los procesos de aprovisionamiento no es estática y puede evolucionar con el tiempo. A medida que las empresas adquieren experiencia y desarrollan capacidades, suelen transitar hacia niveles más altos de madurez, adoptando prácticas más estratégicas y mejorando la integración de sus procesos de aprovisionamiento.

Claves para entender el nivel de madurez de una empresa y diseñar un camino de evolución

Es fundamental que las empresas comprendan el nivel de madurez de sus procesos de aprovisionamiento, ya que esto les permite identificar áreas de mejora y diseñar un camino estratégico de evolución.

Es posible distinguir diferentes enfoques en los procesos de aprovisionamiento, desde tácticos hasta diferenciados. A través de la evaluación de su nivel de madurez, las empresas pueden establecer las bases para optimizar costos, fortalecer relaciones con proveedores y garantizar una gestión eficiente de la cadena de suministro.

A continuación se detallan algunas claves para detectar el nivel de madurez en los procesos de aprovisionamiento en una empresa y diseñar un camino de evolución.

- **Análisis de compras operativas:** si la empresa se centra principalmente en satisfacer necesidades inmediatas de abastecimiento y las solicitudes de compra se generan de manera puntual, sin considerar aspectos estratégicos, estamos ante un caso de aprovisionamiento predominantemente táctico que puede limitar la capacidad de optimizar costos y establecer relaciones a largo plazo con proveedores.
- **Evaluación de aspectos estratégicos:** si se consideran aspectos estratégicos en el proceso de compras y se observa que las solicitudes de compra se generan de forma planificada y mediante licitaciones o cotizaciones para asegurar mejores condiciones, quiere decir que hay un equilibrio entre la gestión a largo plazo y la ejecución operativa, permitiendo cierto nivel de optimización.

- **Diferenciación de procesos:** cuando existen procesos claramente diferenciados entre el enfoque estratégico y táctico, si se realizan análisis de necesidades a largo plazo, identificación de proveedores estratégicos, negociación de acuerdos y gestión de relaciones, y adicionalmente existen procesos tácticos enfocados en la ejecución contractual y seguimiento de entregas, todo apunta a la madurez en la gestión de aprovisionamiento.

Al detectar el nivel de madurez en los procesos de aprovisionamiento en una empresa, se puede diseñar un camino de evolución que permita fortalecer los aspectos estratégicos, establecer relaciones sólidas con proveedores y optimizar la eficiencia y el ahorro en el proceso de aprovisionamiento. Es importante adaptar el enfoque según las necesidades y características específicas de la empresa, considerando los beneficios de cada tipo de aprovisionamiento y su impacto en la rentabilidad y competitividad organizacional.

Para entender mejor en qué nivel de madurez se encuentran los procesos de aprovisionamiento de una empresa, es posible utilizar la herramienta metodológica de evaluación del nivel de madurez de los procesos de aprovisionamiento que exponemos en el capítulo 6 («Herramientas metodológicas para una transformación inteligente»).

Madurando los procesos de aprovisionamiento

Una vez que se ha evaluado y determinado el nivel de madurez actual de los procesos de aprovisionamiento, nos adentramos en las estrategias y acciones que las empresas pueden implementar para avanzar hacia un modelo de aprovisionamiento más evolucionado y eficiente.

A continuación, exploramos prácticas, enfoques y herramientas que facilitan la transición hacia procesos de aprovisionamiento más sofisticados y alineados con los objetivos y necesidades de la empresa.

Transitar de un enfoque netamente táctico a enfoques estratégicos y tácticos diferenciados y complementarios

- **Concientización y cambio de mentalidad:** es preciso generar conciencia sobre la importancia de adoptar un enfoque más estratégico en el proceso de aprovisionamiento, comunicando los beneficios de establecer relaciones a largo plazo con proveedores y optimizar costos a través de la planificación y la negociación estratégica.
- **Mejora en la planificación de compras:** desarrollar un proceso de planificación de compras que considere las necesidades a largo plazo de la empresa implica realizar análisis de demanda y pronósticos de manera regular para anticipar las necesidades y evitar compras reactivas.
- **Desarrollo de relaciones sólidas con proveedores:** identificar proveedores estratégicos que puedan ofrecer productos o servicios de calidad, confiables y a precios competitivos permite establecer acuerdos a largo plazo que beneficien a ambas partes y fomenten la colaboración y la mejora continua.

Transitar de un enfoque estra-táctico a enfoques estratégico y táctico diferenciados y complementarios:

- **Clarificación de roles y responsabilidades:** definir claramente los roles y responsabilidades en el proceso de aprovisionamiento, tanto a nivel estratégico como táctico, permite establecer líneas claras de comunicación

y colaboración entre los equipos involucrados en cada etapa.
- **Implementación de procesos y herramientas específicas:** se requiere diseñar e implementar procesos y herramientas específicas para cada enfoque, separando claramente las actividades estratégicas de las tácticas. Esto incluye la elaboración de planes de abastecimiento estratégicos, el seguimiento de proveedores estratégicos y la gestión de contratos a largo plazo.
- **Capacitación y desarrollo del personal:** puede necesitarse la capacitación del personal involucrado en el proceso de aprovisionamiento para que adquieran las habilidades y conocimientos necesarios para operar de manera efectiva en el enfoque diferenciado. Esto puede incluir capacitación en negociación estratégica, gestión de riesgos y gestión de relaciones con proveedores.

Al seguir estos puntos clave, una empresa puede transitar de un enfoque netamente táctico o de uno estra-táctico a un enfoque diferenciado en su proceso de aprovisionamiento. Esto facilita optimizar los costos, establecer relaciones sólidas con proveedores estratégicos y mejorar la eficiencia en la gestión de la cadena de suministro.

Ejemplo de empresas que han transitado a un proceso de aprovisionamiento maduro

Algunas organizaciones han logrado destacarse en esta área al realizar una transición exitosa hacia un proceso de aprovisionamiento maduro, que combina una gestión táctica y estratégica de sus adquisiciones. Estas empresas han implementado medidas específicas y han aprovechado soluciones tecnológicas avanzadas para optimizar costos, fortalecer relaciones con proveedores y mejorar la eficiencia en su cadena de suministro.

Presentamos ejemplos concretos de organizaciones que han logrado este nivel de madurez en su proceso de aprovisionamiento y cómo han transformado sus operaciones para obtener resultados sólidos y sostenibles.

Caso empresa A

Inicialmente, la empresa A operaba con un enfoque táctico en su proceso de aprovisionamiento, centrándose en satisfacer necesidades inmediatas de abastecimiento. Para realizar la transición hacia un proceso más diferenciado, la empresa tomó las siguientes medidas:

- Realizó un análisis exhaustivo de su cadena de suministro, identificando proveedores clave y áreas de oportunidad para la optimización de costos.
- Implementó un sistema de gestión de proveedores para centralizar y agilizar la comunicación, establecer acuerdos a largo plazo y monitorear su desempeño, lo que ha contribuido significativamente a mejorar la transparencia, la eficiencia y la calidad en su cadena de suministro.
- Revisó y ajustó los procesos de compras, estableciendo criterios de evaluación de proveedores y desarrollando políticas de selección de proveedores estratégicos.
- Fortaleció las relaciones con proveedores clave a través de la negociación de acuerdos a largo plazo y la colaboración en la mejora continua de procesos y productos.
- Capacitó al personal en las nuevas prácticas de aprovisionamiento estratégico, fomentando una cultura

orientada a la optimización de costos y la gestión eficiente de la cadena de suministro.

Caso empresa B

Inicialmente, la empresa B operaba con un enfoque mixto, entre táctico y estratégico, en su proceso de aprovisionamiento. Para lograr un proceso de aprovisionamiento más diferenciado, la empresa implementó las siguientes medidas:

- Rediseñó su estructura organizativa, estableciendo departamentos específicos para la gestión estratégica de proveedores y la ejecución táctica de órdenes de compra.
- Implementó un sistema de gestión integral de la cadena de suministro para automatizar y agilizar los procesos de compras, mejorar la visibilidad de la cadena de suministro y facilitar la colaboración con proveedores.
- Realizó análisis de costos y evaluaciones de proveedores de manera regular, utilizando datos y métricas para tomar decisiones basadas en información precisa y confiable.
- Estableció indicadores clave de desempeño (KPI) para medir la eficiencia y efectividad de los procesos de aprovisionamiento, monitoreando constantemente los resultados y realizando ajustes cuando fuera necesario.
- Promovió la colaboración y la comunicación estrecha con los proveedores estratégicos a fin de buscar oportunidades de mejora conjunta y construir relaciones sólidas a largo plazo.

Estos ejemplos demuestran cómo las empresas han utilizado medidas específicas, como la implementación de sistemas de apoyo, para lograr una transición exitosa hacia un proceso de aprovisionamiento maduro y diferenciado. Estas acciones les han permitido optimizar costos, fortalecer relaciones con proveedores, mejorar la eficiencia de la cadena de suministro y tomar decisiones estratégicas basadas en datos y análisis.

Necesidades específicas de la industria

Las necesidades específicas de la industria tienen importancia en la determinación de los procesos de aprovisionamiento de una organización. Cada sector industrial tiene características y requisitos particulares que deben ser cuidadosamente considerados al establecer las prácticas de adquisición.

Por ejemplo, mientras algunas industrias pueden requerir un enfoque especial en la gestión de proveedores y la garantía de la calidad de los productos y servicios adquiridos, debido a la importancia de cumplir con los estándares de excelencia y satisfacer las demandas de los clientes, otras industrias pueden enfrentar desafíos relacionados con la gestión eficiente del inventario y la planificación de la cadena de suministro debido a la naturaleza estacional de la demanda o a la necesidad de manejar productos perecederos.

Además, la normativa y los requisitos regulatorios pueden variar entre industrias, lo que afecta los procesos de aprovisionamiento y la necesidad de cumplir con estándares específicos.

Así, comprender las necesidades específicas de la industria es esencial para adaptar los procesos de aprovisionamiento, optimizar la gestión de la cadena de suministro y garantizar la satisfacción de los clientes en cada contexto.

Claves para identificar las necesidades específicas de la industria que afectan a la empresa

Para identificar las necesidades específicas de la industria que impactan en los procesos de aprovisionamiento de una empresa, es importante considerar las siguientes claves:

- **Investigación sectorial:** realizar un análisis exhaustivo del sector industrial al que pertenece la empresa. Esto implica estudiar las características, tendencias, regulaciones y desafíos particulares de la industria en cuanto al abastecimiento de productos y servicios.
- **Consulta a expertos y profesionales del sector:** buscar el conocimiento y la experiencia de personas especializadas en la industria, como consultores, asociaciones sectoriales, proveedores y otros actores relevantes. Ellos pueden brindar información valiosa sobre las necesidades y requisitos específicos del aprovisionamiento en ese sector.
- **Evaluación interna:** realizar un análisis interno de la empresa para identificar las áreas y procesos de aprovisionamiento que están directamente relacionados con la industria en la que se opera. Esto implica revisar las políticas y procedimientos actuales, identificar brechas o deficiencias y determinar cómo se alinean con las necesidades específicas del sector.
- **Análisis de proveedores:** evaluar los proveedores existentes y potenciales en función de su experiencia y capacidad para satisfacer las necesidades específicas de la industria. Es importante considerar su historial,

referencias, certificaciones y capacidades técnicas, así como su enfoque en la calidad, la confiabilidad y la innovación.
- **Interacción con clientes y partes interesadas:** mantener una comunicación constante con los clientes y las partes interesadas que sean clave en la industria permite comprender mejor sus necesidades y expectativas, así como identificar oportunidades para mejorar los procesos de aprovisionamiento y adaptarse a los cambios del mercado.
- **Monitoreo de tendencias y cambios en la industria:** estar atento a las tendencias emergentes, tecnologías disruptivas y cambios regulatorios en la industria, ya que estos factores pueden influir en las necesidades y demandas del aprovisionamiento y es importante anticiparse y adaptarse a ellos de manera proactiva.

Al tomar en cuenta estos aspectos, las empresas podrán identificar de manera más precisa las necesidades específicas de su industria en cuanto al aprovisionamiento. Esto les permitirá diseñar estrategias y acciones adecuadas para optimizar los procesos de adquisición, fortalecer las relaciones con proveedores y obtener ventajas competitivas en el mercado.

Ejemplos de necesidades específicas de distintas industrias

En el entorno empresarial, cada industria presenta necesidades específicas que afectan tanto al proceso de aprovisionamiento estratégico como táctico. Estas necesidades varían según la naturaleza de la industria y requieren ajustes y refuerzos particulares en los procesos de adquisición y abastecimiento.

A continuación, se detallan ejemplos de necesidades específicas en distintas industrias y cómo se pueden abordar en el proceso de aprovisionamiento para garantizar una gestión eficiente y efectiva:

- **Industria minera y petrolera:** en estas industrias, es crucial establecer una cadena de suministro robusta y confiable para adquirir equipos, repuestos y materiales especializados. La necesidad de asegurar proveedores de calidad y cumplir con altos estándares de seguridad y medioambiente implica la implementación de procesos de selección rigurosos y la evaluación constante de los proveedores.
- **Industria de telecomunicaciones:** en este sector, las necesidades de aprovisionamiento se centran en la adquisición de equipos de telecomunicaciones, componentes electrónicos y servicios especializados. Es esencial mantenerse actualizado con las últimas tecnologías y garantizar el cumplimiento de regulaciones específicas, como la seguridad de la información y la protección de datos.
- **Industrias manufactureras y de alimentos y bebidas:** estas requieren un aprovisionamiento eficiente de materias primas, insumos y equipos de producción. La gestión de proveedores, la calidad de los productos y la optimización de costos son aspectos clave para garantizar la continuidad de la producción y la satisfacción del cliente.
- **Industria bancaria y sector público:** aquí, la seguridad, la confidencialidad y el cumplimiento normativo son prioridades en el proceso de aprovisionamiento. La selección de proveedores confiables, la gestión de

contratos y la transparencia en los procesos de adquisición son aspectos fundamentales para mantener la integridad y la confianza en estas organizaciones.

- **Industria del retail:** la necesidad de una cadena de suministro ágil y eficiente es clave en el sector minorista. La gestión de inventario, la negociación con proveedores, el seguimiento de la demanda y la logística son aspectos que deben considerarse para garantizar el abastecimiento oportuno y la satisfacción del cliente.
- **Industria del transporte:** la adquisición de vehículos, repuestos y servicios relacionados con la logística y el transporte es esencial. La gestión de flotas, la optimización de rutas y la evaluación de proveedores de servicios logísticos son aspectos críticos para garantizar la eficiencia y la puntualidad en la entrega.
- **Industria de generación eléctrica:** el aprovisionamiento de equipos y servicios especializados para la generación de energía requiere un enfoque estratégico. La gestión de contratos a largo plazo, la evaluación de proveedores en términos de calidad y confiabilidad, y la capacidad de adaptarse a los cambios en el mercado energético son aspectos clave en esta industria.
- **Industria aeronáutica:** las necesidades específicas de aprovisionamiento en este ámbito se centran en garantizar la seguridad y calidad de los componentes a utilizar en las aeronaves. Esto requiere la selección de proveedores certificados que cumplan con estándares de calidad y normativas regulatorias del sector, así como las certificaciones de seguridad aeroespacial. La gestión de proveedores y la colaboración con autoridades reguladoras son clave para asegurar la operación segura y eficiente en esta industria.

Estos ejemplos muestran la importancia de comprender las necesidades específicas de cada industria y adaptar el proceso de aprovisionamiento para abordar de manera eficiente y efectiva los desafíos y oportunidades particulares de cada sector.

Madurez de la organización de compras

El nivel de madurez de una organización de compras se refiere al grado de desarrollo y evolución que ha alcanzado en sus prácticas, enfoques y resultados relacionados con el aprovisionamiento. Se puede conceptualizar en niveles que representan las etapas de crecimiento y mejora en la gestión de compras.

Nivel 1 - Organización de compras operativa y transaccional

En el nivel inicial, la organización de compras se centra principalmente en realizar transacciones de compras, convirtiendo solicitudes de compra en pedidos de compra. El enfoque principal es satisfacer las necesidades de abastecimiento de manera oportuna, sin realizar un análisis estratégico ni establecer relaciones sólidas con proveedores. El conocimiento del mercado y las negociaciones son llevados a cabo por cada área de la empresa y la organización de compras tiene un papel más administrativo y de gestión de documentos.

Nivel 2 - Organización de compras especializada por áreas de negocio

En este nivel, la organización de compras evoluciona hacia una estructura más especializada. Los compradores se asignan a áreas de negocio específicas y adquieren un conocimiento más profundo de las categorías y necesidades de abastecimiento de dichas áreas. Se establecen relaciones más estrechas con los proveedores y se pueden lograr acuerdos más favorables. Sin embargo, puede faltar sinergia en la negociación de categorías completas debido a la fragmentación y enfoque por áreas de negocio separadas.

Nivel 3 - Organización de compras orientada a la gestión por categorías

En este nivel más avanzado, la organización de compras adopta un enfoque estratégico basado en la gestión por categorías. Se designa a un negociador como propietario de una categoría completa, tanto de bienes como de servicios, independientemente del área de negocio que la requiera. Esto permite aprovechar sinergias al momento de negociar, obtener economías de escala mediante contratos a largo plazo y fortalecer la colaboración con proveedores estratégicos. La organización de compras adquiere un rol más proactivo y estratégico en la toma de decisiones de abastecimiento.

Nivel 4 - Organización de compras estratégica y colaborativa

En este nivel, la organización de compras va más allá de la gestión por categorías y adopta un enfoque estratégico y colaborativo en todas las dimensiones del aprovisionamiento. Se establece una estrecha alineación entre las funciones de compras y otras áreas empresariales, como la gestión de la cadena de suministro, la planificación de la producción y las ventas. La organización de compras participa activamente en la formulación de la estrategia empresarial, contribuyendo con conocimientos especializados en la gestión de proveedores, la mitigación de riesgos y la promoción de la innovación conjunta. Se aplican técnicas avanzadas de análisis de mercado, inteligencia de negocios y gestión de riesgos para respaldar la toma de decisiones estratégicas. Además, se fomenta la colaboración a largo plazo con proveedores estratégicos, generando beneficios mutuos en un entorno de confianza.

Estos niveles de madurez representan las etapas en el desarrollo de una organización de compras, desde un enfoque más operativo y transaccional hasta una perspectiva estratégica y orientada a categorías. Cada nivel implica un mayor grado de estructura, colaboración y capacidad para generar valor en el aprovisionamiento.

Al comprender y evaluar el nivel de madurez actual de la organización de compras, es posible identificar las áreas de mejora y diseñar un camino de evolución para alcanzar estadios superiores de madurez y excelencia en el aprovisionamiento.

Claves para entender el nivel de madurez de una organización de compras y diseñar un camino de evolución

Para comprender el nivel de madurez de una organización de compras y diseñar un camino de evolución, es fundamental analizar aspectos clave. Estos nos permiten evaluar los procesos, habilidades, relaciones con proveedores, tecnología y orientación estratégica de la función de compras. Al identificar estas claves, podemos obtener una visión clara de la situación actual de la organización y tomar decisiones informadas para impulsar su crecimiento y desarrollo en el ámbito del aprovisionamiento.

- **Análisis de procesos:** evaluar la estructura y eficiencia de los procesos de aprovisionamiento, observando si existen procedimientos claros, políticas establecidas y documentación adecuada. Con ello se puede identificar áreas de mejora y posibles brechas en la gestión de compras.

- **Evaluación de habilidades y conocimientos:** analizar las capacidades del equipo de compras en términos de conocimientos técnicos, habilidades de negociación y gestión de proveedores, y evaluar si el personal tiene las competencias para llevar a cabo un enfoque estratégico de compras.
- **Alcance de la gestión de proveedores:** determinar el nivel de relación y colaboración con proveedores observando si existen acuerdos de largo plazo, evaluaciones de desempeño y estrategias de desarrollo de proveedores, y evaluar si la empresa aprovecha al máximo las sinergias y beneficios de trabajar con proveedores estratégicos.
- **Uso de tecnología:** analizar la adopción de herramientas tecnológicas para la gestión de compras, observar si se utilizan sistemas de adquisiciones, software de gestión de proveedores o plataformas electrónicas de negociación y evaluar si la organización aprovecha las ventajas de la automatización y la digitalización en sus procesos de aprovisionamiento.
- **Orientación estratégica:** evaluar el grado de alineación de la función de compras con los objetivos estratégicos de la empresa, observando si se participa en la toma de decisiones estratégicas, si se tiene visión a largo plazo y si se contribuye al logro de ventajas competitivas.

Estas claves proporcionan una visión integral del nivel de madurez de la organización de compras y permiten identificar áreas de mejora y oportunidades de crecimiento. Una vez que se comprende el nivel actual, es posible diseñar un camino de evolución adaptado a las necesidades y metas de la empresa.

Para entender mejor en qué nivel de madurez se encuentra una organización de compras, es posible utilizar la herramienta metodológica de evaluación del nivel de madurez de la organización de compras que exponemos en el capítulo 6 («Herramientas metodológicas para una transformación inteligente»).

Madurando la organización de compras

Una vez que se ha evaluado y determinado el nivel de madurez de la organización de compras, nos adentraremos en las estrategias y acciones que las empresas pueden implementar para avanzar hacia un nivel de madurez más avanzado en esta área. Exploramos prácticas, enfoques y herramientas que facilitan la transición hacia una organización de compras más evolucionada y eficiente.

Transición desde el nivel 1 al nivel 4

- **Establecer una estructura de compras centralizada:** en este paso, es fundamental crear un equipo de compras dedicado con roles y responsabilidades claras. Esto garantiza una gestión más eficiente de las compras, evitando la fragmentación y promoviendo la estandarización de los procesos de aprovisionamiento.
- **Mejorar la gestión de proveedores:** el análisis de proveedores ayuda a identificar los que son estratégicos (con los que conviene establecer relaciones sólidas). Negociar acuerdos marco con estos proveedores clave permite obtener mejores condiciones comerciales y desarrollar relaciones a largo plazo que generen beneficios para ambas partes.

- **Implementar sistemas y herramientas tecnológicas:** la adopción de soluciones tecnológicas brinda automatización y visibilidad en los procesos de compras. Esto permite agilizar las actividades, mejorar la trazabilidad y optimizar la toma de decisiones basada en datos precisos y actualizados.
- **Fomentar la colaboración interna:** la estrecha colaboración con diversas áreas de la organización, como cadena de suministro, producción y ventas, es esencial para alinear objetivos y estrategias. Esto asegura una gestión más integral y eficiente del aprovisionamiento, maximizando el valor para la empresa.
- **Desarrollar una gestión de categorías:** la gestión de categorías implica identificar las principales categorías de gasto y asignar un responsable para cada una. Esto permite un enfoque más estratégico en la adquisición de bienes y servicios, aprovechando economías de escala para obtener mejores condiciones comerciales y optimizar los procesos de abastecimiento.

Transición desde el nivel 2 al nivel 4:

- **Integración de equipos multifuncionales:** la formación de equipos de compras multidisciplinarios que trabajen en colaboración con otras áreas de negocio permite un enfoque holístico en la gestión de las compras, pues los equipos comparten información relevante y colaboran en la toma de decisiones, aprovechando el conocimiento especializado de cada área.
- **Implementar un enfoque estratégico de abastecimiento:** en este paso, se desarrollan planes de abastecimiento estratégico para cada área de negocio. Esto implica

analizar las necesidades específicas de cada área y establecer estrategias de adquisición alineadas con los objetivos empresariales. La coordinación y la visión a largo plazo son clave para maximizar el valor en las compras.
- **Adoptar prácticas avanzadas de gestión de proveedores:** en este punto, se establecen métricas de desempeño y se evalúa regularmente a los proveedores según los criterios establecidos. La colaboración con los proveedores estratégicos se convierte en una prioridad, impulsando la innovación, mejorando la calidad y generando sinergias a largo plazo.
- **Mejorar la gestión de contratos:** la gestión eficiente de los contratos es esencial para minimizar riesgos y maximizar el valor. Se deben establecer procesos claros para la negociación, redacción y seguimiento de contratos, asegurando el cumplimiento de los términos acordados y la mitigación de posibles inconvenientes.

Transición desde el nivel 3 al nivel 4:

- **Fortalecer la gestión estratégica de categorías:** en este paso, se establecen equipos especializados en la gestión de categorías, asignando un propietario para cada una. Estos propietarios son responsables de desarrollar estrategias de categoría integral, negociar contratos y buscar sinergias entre diferentes áreas de la organización.
- **Fomentar la innovación conjunta con proveedores:** la colaboración estrecha con proveedores estratégicos se vuelve fundamental en este nivel de madurez. Se busca promover la innovación conjunta, compartir conocimientos y explorar nuevas oportunidades para mejorar la calidad, reducir costos y aumentar la competitividad.

- **Aplicar técnicas avanzadas de gestión de compras:** en este punto, se utilizan técnicas como la gestión de riesgos, la gestión de la cadena de suministro y el análisis exhaustivo del mercado. Estas técnicas permiten anticipar cambios en el entorno, identificar oportunidades y mitigar riesgos, mejorando la toma de decisiones estratégicas en el aprovisionamiento.
- **Fomentar una cultura de mejora continua:** la búsqueda constante de la excelencia en el aprovisionamiento es un objetivo en este nivel de madurez. Se promueve una cultura de mejora continua, donde se realizan evaluaciones periódicas, se identifican oportunidades de optimización y se implementan acciones para aumentar la eficiencia y la efectividad de los procesos de compras.

Estos pasos proporcionan una guía para las organizaciones que desean transitar desde niveles de madurez inferiores hacia un enfoque más estratégico y colaborativo en el aprovisionamiento. Sin embargo, es importante tener en cuenta que cada organización puede tener sus propias particularidades y requerir ajustes y adaptaciones específicas en función de su contexto y objetivos empresariales.

Ejemplo del tránsito de las empresas una organización de compras moderna

Caso empresa A

La empresa A es una empresa de productos de consumo realizó una transición significativa en su organización de compras. Para lograrlo, adoptó las siguientes medidas:

- **Establecimiento de enfoque centralizado y globalizado:** consolidaron las compras de todas las unidades

de negocio a nivel mundial, permitiendo una gestión más integrada y eficiente.
- **Implementación de sistemas avanzados de gestión de compras:** introdujeron herramientas tecnológicas para mejorar la eficiencia y transparencia en los procesos de aprovisionamiento.
- **Enfoque estratégico en la gestión de proveedores:** establecieron alianzas estratégicas con proveedores clave y promovieron programas de colaboración conjunta para fomentar la innovación y la mejora continua.
- **Adopción de prácticas de gestión de riesgos:** realizaron evaluaciones exhaustivas de la cadena de suministro y desarrollaron planes de contingencia para mitigar posibles interrupciones y garantizar la continuidad del aprovisionamiento.

Estos pasos permitieron a la empresa A avanzar hacia una organización de compras moderna, enfocada en la eficiencia, la estrategia y la colaboración tanto internamente como con sus proveedores.

Caso empresa B

La empresa B, el fabricante automotriz líder, realizó una transformación en su organización de compras hacia un enfoque estratégico basado en categorías, adoptando las siguientes medidas:

- **Implementación de un modelo de gestión de compras por categorías:** designaron compradores responsables de categorías completas de productos o servicios, lo que les permitió aprovechar las economías de escala y mejorar la eficiencia en las negociaciones.

- **Fortalecimiento de la colaboración con proveedores a través de asociaciones a largo plazo:** establecieron relaciones de confianza y trabajaron en estrecha colaboración con proveedores estratégicos para promover la innovación conjunta y la mejora continua.
- **Adopción de tecnologías avanzadas:** implementaron sistemas de gestión de la cadena de suministro en tiempo real para optimizar la visibilidad y la eficiencia en los procesos de aprovisionamiento.

Estas medidas permitieron a la empresa B desarrollar una organización de compras más estratégica y eficiente, basada en la gestión por categorías y enfocada en la colaboración con proveedores clave. Asimismo, la adopción de tecnologías avanzadas ha mejorado la visibilidad y la agilidad en sus procesos de aprovisionamiento, fortaleciendo su posición como líder en la industria automotriz.

Caso empresa C

La empresa C es una multinacional diversificada que ha experimentado una evolución significativa en su organización de compras. Para ello, tomó las siguientes medidas:

- **Adopción de un enfoque estratégico y basado en categorías:** establecieron equipos de compras especializados por categorías, lo que permitió obtener mayor conocimiento y experiencia en cada área y llevar a cabo negociaciones más efectivas y ahorros significativos en costos.
- **Implementación de sistemas avanzados de gestión de compras:** utilizaron plataformas electrónicas para la selección y evaluación de proveedores y adoptaron

el análisis de datos para identificar oportunidades de mejora y optimización en los procesos de aprovisionamiento.
- **Énfasis en la colaboración con proveedores estratégicos:** establecieron alianzas a largo plazo con proveedores clave para impulsar la innovación y la mejora continua en sus operaciones de suministro.

Estas medidas permitieron a la empresa C fortalecer su organización de compras, adoptando un enfoque más estratégico y especializado por categorías. Además, la implementación de sistemas avanzados y la colaboración con proveedores estratégicos contribuyó a mejorar la eficiencia, la calidad y la innovación en sus procesos de aprovisionamiento. Como resultado, la empresa C obtuvo ahorros significativos en costos y fortaleció su posición como una empresa multinacional diversificada.

Caso empresa D

En el caso de la empresa D, líder mundial en la industria de bebidas, se destacan las siguientes medidas adoptadas en su transformación hacia una organización de compras más eficiente y centrada en la calidad:

- **Estructura organizativa centralizada y globalizada:** consolidaron las compras a nivel mundial, lo que permitió obtener sinergias y eficiencias en sus procesos de aprovisionamiento.
- **Enfoque estratégico en la gestión de proveedores:** establecieron relaciones a largo plazo con proveedores clave, colaborando estrechamente con ellos para impulsar la innovación, mejorar la calidad de los productos y garantizar la sostenibilidad en la cadena de suministro.

- **Implementación de sistemas de gestión de riesgos:** adoptaron sistemas para identificar y mitigar posibles amenazas en la cadena de suministro, lo que permite mantener altos estándares de calidad y asegurar la continuidad del suministro.

Estas medidas contribuyeron a mejorar la eficiencia y la calidad en los procesos de aprovisionamiento de la empresa D. Además, la centralización y globalización de las compras permite obtener beneficios en términos de economías de escala y optimización de recursos. Además, su enfoque estratégico en la gestión de proveedores fomenta la colaboración y la innovación, lo que se traduce en productos de mayor calidad y sostenibilidad en la cadena de suministro. La implementación de sistemas de gestión de riesgos también brinda mayor seguridad y confianza en la continuidad del suministro.

Conclusiones del capítulo 4

En este capítulo, hemos explorado la analogía de una empresa como un iceberg, donde solo la superficie visible representa los problemas evidentes que reciben atención inmediata. Sin embargo, hemos destacado que existen problemas ocultos bajo la superficie cuya atención es fundamental para el éxito sostenible de la organización.

Hemos identificado que las empresas tienden a enfocarse en los requerimientos de las áreas de negocio y las legalidades del negocio, país o industria, pero que es crucial abordar estos aspectos alineándolos con las necesidades reales y los objetivos estratégicos de la empresa.

Para ello, hemos proporcionado claves para abordar los requerimientos de negocio, las legalidades del negocio y la identificación de las necesidades reales de la empresa. Estos puntos son fundamentales para garantizar una toma de decisiones más acertada y alinear las actividades de aprovisionamiento con la visión global de la organización.

Además, hemos destacado la importancia de determinar el equilibrio adecuado entre el ahorro, la eficiencia y la trazabilidad como pilares de valor para la empresa, que cada organización deberá priorizar según sus necesidades y objetivos específicos.

Asimismo, hemos explorado el concepto de madurez de los procesos de aprovisionamiento y la organización de compras. Es crucial comprender en qué nivel de madurez se encuentra la empresa y diseñar un camino de evolución para avanzar hacia un enfoque más estratégico y eficiente en la gestión de compras.

Finalmente, hemos presentado ejemplos de empresas que han transitado con éxito hacia un proceso de aprovisionamiento maduro y una organización de compras moderna que demuestran que es posible alcanzar una transformación positiva y obtener beneficios significativos al adoptar prácticas más maduras en la gestión de compras.

Capítulo 5.
Mejorando el aprovisionamiento con enfoque en procesos, tecnología y organización

El aprovisionamiento efectivo es crucial para el éxito y la competitividad de cualquier organización. En este capítulo, nos adentramos en el tema de mejorar el aprovisionamiento desde tres perspectivas fundamentales: procesos, tecnología y organización.

Reconociendo que el aprovisionamiento no se limita a la adquisición de bienes y servicios, sino que abarca un conjunto de actividades interrelacionadas, exploramos cómo implementar mejoras en cada una de estas áreas para lograr resultados más eficientes y efectivos.

Ilustración 16 - Enfoque para las mejoras en el aprovisionamiento

Comenzamos evaluando la situación actual de la organización de compras en términos de procesos, identificando áreas de oportunidad y desafíos que puedan estar obstaculizando la eficiencia y la efectividad. A través de un análisis exhaustivo, podremos identificar los procesos clave que requieren mejoras y desarrollar estrategias para optimizarlos.

Continuamos examinando la importancia de la tecnología en el aprovisionamiento moderno y analizamos las herramientas y sistemas tecnológicos disponibles que pueden impulsar la automatización, la eficiencia y la transparencia en los procesos de aprovisionamiento. También discutimos cómo seleccionar y adoptar las tecnologías adecuadas para satisfacer las necesidades específicas de la organización y cómo atenderlas de manera efectiva.

Capítulo 5. Mejorando el aprovisionamiento con enfoque en procesos...

Además, abordamos la importancia de la organización en el aprovisionamiento no solo desde la perspectiva de roles, responsabilidades y estructura, sino también desde el ámbito de la gestión del cambio. Reconocemos que las mejoras en el aprovisionamiento requieren una transformación cultural y el desarrollo de habilidades y competencias en el equipo de compras. Examinamos estrategias para gestionar el cambio de manera efectiva, fomentar la adopción de nuevas prácticas y promover la formación de habilidades necesarias para un aprovisionamiento moderno y eficiente.

Para lograr un cambio relevante en el aprovisionamiento de una empresa, se requiere un plan de transformación sólido que aborde los procesos, las tecnologías y la organización. Este plan incluye los hitos descritos anteriormente y debe considerar la gestión continua del cambio para promover la adopción exitosa de mejoras y el desarrollo de habilidades del personal. Este plan impulsará la eficiencia y el ahorro.

A continuación, se detalla un mapa de ruta sugerido para guiar esta transformación, adaptable a cada organización.

ACTIVIDAD	PREPARACIÓN	ETAPA I	ETAPA II	ETAPA III
Preparación del proyecto	▬			
Definición de objetivos de proyecto	▬			
Selección de equipo de proyecto	▬			
Planificación del proyecto	▬			
Evaluación de la organización de compras		▬▬		
Evaluación de situación actual		▬		
Diseño de mejoras		▬		
Implementación de mejoras			▬▬▬	▬▬▬
Implementación de mejoras en los procesos de aprovisionamiento			▬▬	
Implementación de mejoras en la organización de compras			▬▬	▬
Implementación de tecnologías para el aprovisionamiento				▬▬
Gestión del Cambio	▬▬▬▬▬▬▬▬▬▬▬▬▬▬▬▬			

Ilustración 17 - Mapa de ruta para la transformación a un aprovisionamiento inteligente

Preparación del proyecto de transformación del aprovisionamiento

La preparación de un proyecto de transformación del aprovisionamiento es crucial para asegurar el éxito y la efectividad de las mejoras propuestas. Este punto marca el inicio de la iniciativa y establece las bases para el diseño e implementación de las acciones necesarias. Durante esta etapa, se realiza una planificación exhaustiva.

En primer lugar, se procede a la definición de los objetivos del proyecto. Estos deben estar alineados con las necesidades y metas estratégicas de la organización. También se establecen indicadores de desempeño y se definen los resultados esperados. Además, se determinan criterios de éxito y se determina la manera en que se medirá el impacto de las mejoras implementadas.

Posteriormente, se procede a la selección de los equipos de trabajo. Es esencial contar con un equipo multidisciplinario con el conocimiento y las habilidades necesarias para abordar los diferentes aspectos del proyecto y, si carece de alguna experiencia o habilidad, considerar la inclusión de capacidades externas. Se asignan responsabilidades y roles específicos a cada miembro del equipo, y se fomenta la colaboración y la comunicación efectiva para asegurar la sinergia entre los diferentes actores involucrados.

Finalmente, se realiza la planificación del proyecto de transformación del aprovisionamiento, etapa crucial para establecer los fundamentos sólidos del proceso. Durante esta etapa, se generan los planes de trabajo detallados basados en el enfoque estratégico, objetivos y plazos del proyecto. Estas actividades sentarán las bases para el análisis de procesos y la implementación exitosa de mejoras, en línea con los objetivos estratégicos del proyecto.

A continuación, se presenta un desglose más detallado de las actividades y los responsables propuestos para la preparación del proyecto de transformación del aprovisionamiento.

Definición de los objetivos del proyecto y metas a alcanzar

Actividad: establecer los objetivos específicos del proyecto de mejora del aprovisionamiento. Se identificarán las metas que se esperan alcanzar, tomando en cuenta los objetivos estratégicos de la compañía y sus necesidades reales en términos del aprovisionamiento. Se definirán indicadores de desempeño para medir el éxito del proyecto.

Responsables: gerente de proyecto y patrocinadores del proyecto (C-levels que estén patrocinando el proyecto).

Resultados esperados: objetivos claros y específicos del proyecto de mejora del aprovisionamiento, metas a alcanzar definidas y acordes a las necesidades del negocio, indicadores de desempeño establecidos para medir el éxito del proyecto.

Selección del equipo de proyecto

Actividad: formación del equipo de proyecto que será responsable de llevar a cabo las mejoras en el aprovisionamiento. Se seleccionarán los miembros del equipo en función de sus habilidades y experiencia relevantes y se incluirán capacidades externas cuando sea necesario. Se asignarán roles y responsabilidades claras a cada miembro del equipo.

Responsables: gerente de proyecto y patrocinadores del proyecto (C-levels que estén patrocinando el proyecto), recursos humanos.

Resultados esperados: equipo de proyecto formado con los miembros adecuados, incluyendo expertos en aprovisionamiento, tecnología y procesos. Roles y responsabilidades claramente definidos para cada miembro del equipo.

Planificación del proyecto de mejora del aprovisionamiento

Actividad: planificación detallada del proyecto de mejora del aprovisionamiento. Se definirán los alcances, plazos y recursos necesarios para la implementación de las mejoras. Se establecerá un plan de trabajo con las etapas y actividades específicas que se llevarán a cabo durante el proyecto.

Responsables: equipo de proyecto y gerente de proyecto.

Resultados esperados: plan de proyecto detallado que incluya los objetivos, alcance, plazos y recursos necesarios. Asignación clara de responsabilidades y roles dentro del equipo de proyecto.

Evaluación de la organización de compras y sus procesos de aprovisionamiento

La evaluación de la organización de compras y sus procesos de aprovisionamiento implica analizar y evaluar los procesos existentes, la estructura organizativa y las tecnologías utilizadas en el contexto de la evolución de la madurez en la organización de compras y el nivel de madurez de los procesos de aprovisionamiento. Se busca identificar áreas de mejora y desafíos específicos relacionados con los procesos, la organización y las tecnologías en cada nivel de madurez.

En el análisis de los procesos, se evalúa la eficiencia, la alineación estratégica y la integración de los procesos de aprovisionamiento. En cuanto a la estructura organizativa, se examinan los roles, responsabilidades y la capacidad de colaboración entre los actores involucrados en el aprovisionamiento. Por último, se analizan las tecnologías utilizadas y se evalúa su capacidad para impulsar la automatización, la visibilidad y la gestión de datos.

Esta evaluación proporciona una visión integral de la organización de compras, identificando áreas de mejora y orientando la implementación de mejoras para avanzar en la madurez y lograr un aprovisionamiento más eficiente y estratégico.

Análisis de los procesos existentes, la estructura organizativa y las tecnologías utilizadas en la organización de compras

El análisis de los procesos existentes, la estructura organizativa y las tecnologías utilizadas en la organización de compras es un paso fundamental para identificar fortalezas y áreas de mejora en el aprovisionamiento.

Durante el análisis de los procesos de aprovisionamiento, se lleva a cabo una evaluación exhaustiva de las etapas y actividades involucradas en el ciclo de aprovisionamiento. Este análisis se centra en medir la eficiencia, efectividad y alineación con los objetivos estratégicos de la empresa. El objetivo es identificar posibles cuellos de botella, duplicidades o ineficiencias que puedan obstaculizar la agilidad y la calidad del aprovisionamiento.

Para lograr un equilibrio adecuado entre los pilares de ahorro, eficiencia y trazabilidad, es esencial evaluar cada paso del proceso. Se busca identificar oportunidades de mejora que permitan maximizar el ahorro en costos, optimizar los recursos disponibles, reducir los tiempos de entrega y garantizar la trazabilidad del proceso. Además, se consideran las mejores prácticas y estándares de la industria para asegurar la excelencia operativa.

En el análisis de la estructura organizativa de compras, se examinan los roles, responsabilidades y la interacción entre los departamentos y equipos relacionados con el aprovisionamiento. Asimismo, se busca evaluar la claridad y la adecuación de las responsabilidades asignadas, así como fomentar la colaboración y la comunicación entre las áreas involucradas.

Es fundamental asegurar que exista una estructura organizativa madura en términos de compras, que permita la ágil toma de decisiones y una gestión eficiente de los procesos. Se busca alcanzar un equilibrio entre los tres pilares fundamentales: ahorro, eficiencia y trazabilidad.

La evaluación de la estructura organizativa también tiene en cuenta la colaboración entre áreas, promoviendo una mayor sinergia y alineación de objetivos en el aprovisionamiento. Se busca identificar posibles áreas de mejora y establecer una organización que facilite la toma de decisiones estratégicas y tácticas de manera efectiva. Esto contribuye a mejorar la calidad de las decisiones, optimizar los flujos de trabajo y potenciar la eficiencia global de la organización de compras.

En la evaluación de las tecnologías utilizadas en la organización de compras, se realiza un análisis exhaustivo de los sistemas y herramientas empleados para gestionar el flujo de información, el seguimiento de los pedidos y la comunicación con proveedores, entre otros aspectos clave. El objetivo principal es asegurar que las tecnologías existentes sean adecuadas, eficientes y estén alineadas con las necesidades de la organización. Se busca lograr un equilibrio entre los tres pilares fundamentales: ahorro, eficiencia y trazabilidad, lo que implica evaluar si las tecnologías actuales permiten optimizar los costos, mejorar la eficiencia en los procesos de compras y garantizar una trazabilidad adecuada de todas las transacciones.

Además, se busca identificar posibles brechas o áreas de mejora en términos de automatización, análisis de datos y visibilidad de la cadena de suministro. Es importante que las tecnologías utilizadas en el aprovisionamiento sean capaces de gestionar de manera eficiente y precisa la información relacionada con los proveedores, los inventarios y los pedidos. Asimismo, se busca que estas tecnologías promuevan la colaboración y la comunicación efectiva tanto dentro de la organización como con los proveedores.

A continuación se presenta un desglose más detallado de las actividades y los responsables propuestos para el análisis de los procesos existentes, la estructura organizativa y las tecnologías utilizadas en la organización de compras.

Análisis de los procesos existentes

Actividad: mapeo de los procesos de aprovisionamiento, tanto desde el punto de vista estratégico como táctico, desde la identificación de necesidades hasta la recepción de los bienes o servicios.

Responsable: equipo de proyecto, con la colaboración del equipo de compras.

Resultado esperado: documentación detallada de los procesos existentes, identificación de áreas de mejora y oportunidades de optimización.

Evaluación de la estructura organizativa

Actividad: revisión de la estructura organizativa actual, incluyendo roles, responsabilidades y niveles de autoridad, estableciendo su nivel de madurez.

Responsable: equipo de proyecto, con la colaboración de los equipos de compras y de recursos humanos.

Resultado esperado: identificación de posibles brechas en la estructura organizativa, propuesta de ajustes para mejorar la colaboración y la toma de decisiones en el aprovisionamiento.

Evaluación de las tecnologías utilizadas

Actividad: análisis de las herramientas y sistemas tecnológicos utilizados en la gestión de compras.

Responsable: equipo de proyecto, con la colaboración de los equipos de compras y de tecnología de la información (TI).

Resultado esperado: identificación de oportunidades de mejora en términos de automatización, integración de sistemas, análisis de datos y visibilidad de la cadena de suministro.

Diseño de mejoras relacionadas con los procesos, la organización y las tecnologías

Una vez que se han realizado el análisis, la evaluación y la identificación de brechas en los procesos de aprovisionamiento, es fundamental desarrollar un enfoque estratégico que aborde estas deficiencias de manera integral y alineada con los principios de equilibrio de los tres pilares de valor: ahorro, eficiencia y trazabilidad.

En primer lugar, el diseño de mejoras debe considerar la madurez de la organización de compras. Esto implica tener en cuenta la estructura, los roles y las responsabilidades del equipo de compras, así como la interacción con otros departamentos y áreas relacionadas. Un enfoque colaborativo y una comunicación fluida entre los actores involucrados apoyarán una gestión eficiente de los procesos de aprovisionamiento.

Además, es esencial que el diseño de mejoras esté respaldado por procesos maduros. Esto implica contar con procedimientos y flujos de trabajo claros y estandarizados que permitan una ejecución eficiente y consistente de las actividades de aprovisionamiento. La mejora de los procesos debe basarse en las necesidades reales de la empresa, considerando los requerimientos legales y regulatorios, así como los estándares de calidad y seguridad.

En este sentido, es fundamental tener en cuenta los conceptos y prácticas discutidos en capítulos anteriores, como la gestión del cambio, la adopción de tecnologías adecuadas y la capacitación del personal.

El diseño de mejoras debe estar alineado con una visión a largo plazo, buscando un equilibrio entre el logro de resultados a corto plazo y la sostenibilidad a largo plazo.

A continuación, se presenta un desglose más detallado de las actividades y los responsables propuestos para la identificación de áreas de mejora y desafíos relacionados con los procesos, la organización y las tecnologías.

Diseño de mejoras en los procesos de aprovisionamiento

Actividad: diseñar mejoras detalladas para los procesos de aprovisionamiento identificados en el análisis previo, abordando las ineficiencias, cuellos de botella y duplicidades encontradas.

Responsable: equipo de proyecto, con la colaboración del equipo de compras y, si la empresa cuenta con él, un equipo de procesos

Resultados esperados: desarrollo de propuestas concretas y detalladas para optimizar la eficiencia, calidad y productividad de los procesos de aprovisionamiento, en línea con los objetivos estratégicos de la empresa.

Diseño de una estructura organizativa efectiva

Actividad: definir una estructura organizativa clara y eficiente para el aprovisionamiento, estableciendo roles y responsabilidades adecuados y promoviendo la colaboración entre departamentos.

Responsable: equipo de proyecto, con la colaboración de los equipos de compras y de recursos humanos.

Resultados esperados: una estructura organizativa que facilite la toma de decisiones, la coordinación y la eficiencia en los procesos de aprovisionamiento previamente diseñados.

Evaluación y preselección de tecnologías adecuadas

Actividad: evaluar las tecnologías utilizadas en el aprovisionamiento y preseleccionar aquellas que sean eficientes y compatibles con las necesidades de la empresa, tecnologías y estrategias de implementación para cubrir las brechas detectadas.

Responsable: equipo de proyecto, con la colaboración del equipo de tecnología de la información (TI).

Resultados esperados: identificación de soluciones tecnológicas existentes y tecnologías potencialmente relevantes que permitan la gestión automatizada, un análisis de datos más efectivo y mayor visibilidad de la cadena de suministro.

Gestión del cambio y comunicación

Actividad: diseñar e implementar estrategias de gestión del cambio, considerando los aspectos de comunicación y de capacitación, para la implementación efectiva de las mejoras y sociabilización de los beneficios esperados, involucrando a los actores relevantes.

Responsable: equipo de proyecto, con la colaboración del equipo de recursos humanos y, si la empresa cuenta con él, un equipo de gestión del cambio.

Resultados esperados: un plan del cambio para una transición hacia las mejoras implementadas, considerando una comunicación clara y una adopción exitosa de los cambios por parte de los involucrados.

Diseño un sistema para el seguimiento y control de las mejoras implementadas

Actividad: establecer indicadores clave de desempeño (KPI) para medir el impacto de las mejoras implementadas y realizar un seguimiento y control periódico de los resultados.

Responsable: equipo de proyecto, con la colaboración del equipo de procesos, si es que la empresa cuenta con él.

Resultados esperados: sistema de mejora continua en el aprovisionamiento que mida la obtención de beneficios e identifique los ajustes necesarios para optimizar los resultados y garantizar la eficacia de las mejoras implementadas.

Implementación de mejoras para transitar a un aprovisionamiento inteligente

La implementación de mejoras para transitar a un aprovisionamiento inteligente es un paso fundamental en el proceso de transformación. Esta etapa implica la aplicación de cambios y nuevas prácticas en los procesos de aprovisionamiento, la organización de compras y la adopción de tecnologías adecuadas. El objetivo principal es lograr un equilibrio entre los tres ejes de valor: ahorro, eficiencia y trazabilidad del proceso de aprovisionamiento.

En primer lugar, la implementación de mejoras en los procesos de aprovisionamiento buscan optimizar la eficiencia y calidad en todas las etapas, desde la identificación de necesidades hasta la entrega final. Se implementarán metodologías y herramientas que permitan una gestión más ágil, eliminando cuellos de botella y reduciendo tiempos innecesarios. Además, se fomentará la estandarización de procesos y la integración de sistemas para mejorar la visibilidad y control del flujo de información.

En paralelo, la implementación de mejoras en la organización de compras se enfocará en la gestión de roles y responsabilidades. Se establecerán claras líneas de autoridad y comunicación entre los diferentes departamentos involucrados en el proceso de aprovisionamiento. Asimismo, se promoverá el desarrollo de habilidades y competencias del personal para asegurar una toma de decisiones informada y eficaz. El objetivo es contar con un equipo capacitado y motivado, capaz de responder rápidamente a las necesidades de la empresa.

Por último, la implementación de tecnologías adecuadas desempeña un papel fundamental en la transformación hacia un aprovisionamiento inteligente, una vez evaluadas las soluciones tecnológicas disponibles en el mercado y seleccionadas aquellas que se ajusten a las necesidades y objetivos de la empresa, lo que puede incluir sistemas de gestión de compras, herramientas de análisis de datos y plataformas de colaboración con proveedores. La integración de tecnologías permitirá una mayor automatización, análisis de información en tiempo real y una mayor trazabilidad de los procesos.

Mejoras en los procesos de aprovisionamiento

La implementación de mejoras en los procesos de aprovisionamiento es una etapa crucial para abordar las brechas identificadas y lograr una transformación efectiva en esta área. Durante esta fase, se llevarán a cabo una serie de acciones con el objetivo de optimizar y fortalecer cada aspecto del proceso de aprovisionamiento.

Se trabajará en la simplificación de los procedimientos existentes, eliminando actividades innecesarias o redundantes que puedan generar demoras o ineficiencias. Se buscará automatizar tareas repetitivas o manuales aprovechando la tecnología disponible para agilizar y mejorar la precisión de las operaciones de aprovisionamiento. Asimismo, se pondrá énfasis en mejorar la comunicación y la coordinación entre los actores involucrados, tanto internos como externos, para garantizar una colaboración fluida y eficiente.

Además de optimizar los procesos, se promoverá la adopción de mejores prácticas y estándares en el aprovisionamiento. Se definirán políticas claras y se estandarizarán los procedimientos para asegurar una ejecución consistente y de calidad. El personal será capacitado en nuevas metodologías y en el uso de herramientas tecnológicas seleccionadas, de modo que puedan aplicar los conocimientos adquiridos en su trabajo diario y aprovechar al máximo los recursos disponibles.

Es importante destacar que las mejoras a implementar pueden variar según las necesidades y características de cada organización. A continuación, se detallan las actividades más relevantes para la implementación de mejoras en los procesos de aprovisionamiento.

Implementación de flujos de trabajo optimizados

Actividad: implementación los flujos de trabajo diseñados previamente. Se llevarán a cabo las modificaciones necesarias en los sistemas y herramientas utilizados en el aprovisionamiento para reflejar los cambios diseñados. Se realizarán pruebas y ajustes para asegurar la correcta implementación de los nuevos flujos de trabajo.

Responsable: equipo de proyecto.

Resultados esperados: flujos de trabajo implementados de manera efectiva en los sistemas y herramientas utilizados en el aprovisionamiento, mejora en la eficiencia y calidad del proceso de aprovisionamiento.

Capacitación y entrenamiento del personal en los nuevos procesos

Actividad: capacitación del personal en los nuevos flujos de trabajo y las nuevas prácticas y procedimientos. Se proporcionará entrenamiento adecuado para asegurar la comprensión y la adopción efectiva de los cambios.

Responsable: equipo de proyecto, equipo de recursos humanos y, si la empresa cuenta con él, equipo de gestión del cambio.

Resultados esperados: personal capacitado y preparado para adoptar los nuevos procesos de aprovisionamiento de manera eficiente, mejora en la ejecución y calidad del aprovisionamiento.

Evaluación y mejora de la comunicación interna y externa

Actividad: evaluación de la comunicación tanto dentro de la organización como con los proveedores. Se implementarán mejoras para fortalecer la comunicación interna y externa, así como el establecimiento de canales de comunicación efectivos, la estandarización de formatos y la mejora de los sistemas de notificación.

Responsable: equipo de proyecto y equipo de comunicaciones corporativas.

Resultados esperados: comunicación fluida y eficiente, reducción de errores, mejora en la eficiencia de la gestión de la información.

Evaluación y optimización de los procesos de aprobación y autorización

Actividad: revisión de los procesos de aprobación y autorización existentes en el aprovisionamiento. Se implementarán mejoras para agilizar y simplificar los flujos de aprobación, garantizando al mismo tiempo el cumplimiento de los requisitos legales y normativos.

Responsable: equipos de proyecto y de auditoría interna.

Resultados esperados: procesos de aprobación y autorización más eficientes, reducción de demoras y agilidad en la toma de decisiones.

Estas actividades forman parte del proceso de implementación de mejoras en los procesos de aprovisionamiento, permitiendo abordar las brechas identificadas y lograr un aprovisionamiento más eficiente, efectivo y alineado con los objetivos de la organización.

Cómo estas mejoras optimizarán el equilibrio de los ejes de valor: ahorro, eficiencia y trazabilidad

Al implementar mejoras en los procesos de aprovisionamiento, se busca optimizar los tres ejes de valor: ahorro, eficiencia y trazabilidad. A continuación, se detalla cómo estas mejoras impactan en ellos.

Ahorro

- **Reducción de costos de aprovisionamiento:** las mejoras en los procesos permitirán identificar y eliminar duplicidades, evitar compras innecesarias y optimizar la gestión de proveedores. Esto se traducirá en ahorros significativos en términos de costos de adquisición de bienes y servicios.

Eficiencia

- **Agilización del proceso de aprovisionamiento:** mediante la implementación de flujos de trabajo optimizados, se eliminarán cuellos de botella y se reducirán los tiempos de respuesta en las solicitudes de compra. Además, la automatización de tareas repetitivas permitirá liberar recursos y enfocarlos en actividades de mayor valor.
- **Mejora en la gestión de inventarios:** una mayor eficiencia en los procesos de aprovisionamiento permitirá un control más preciso de los niveles de inventario. Esto evitará la sobrecompra o la falta de existencias, optimizando así los recursos financieros y evitando costos innecesarios.

Trazabilidad

- **Visibilidad y seguimiento de las actividades de aprovisionamiento:** mediante la implementación de sistemas de registro y control de datos, se garantizará la trazabilidad de las transacciones y acciones relacionadas con el aprovisionamiento. Esto permitirá un seguimiento claro de cada etapa del proceso y facilitará la toma de decisiones informadas.
- **Cumplimiento de requisitos legales:** la mejora en la trazabilidad asegurará que todas las actividades de aprovisionamiento cumplan con los requisitos legales y normativos establecidos. Esto evitará posibles sanciones o problemas legales y fortalecerá la reputación de la organización.

Mejoras en la organización de compras

La mejora en la organización de compras es un aspecto fundamental para optimizar el proceso de aprovisionamiento y alcanzar mejores resultados en términos de eficiencia y eficacia. En esta sección, se abordarán diversas áreas clave en la organización de compras, centrándose en la estructura organizativa, la gestión de roles y responsabilidades, así como en métodos para fomentar la colaboración, la comunicación y el trabajo en equipo.

En primer lugar, se analizará la estructura organizativa de la función de compras, considerando aspectos como la centralización o descentralización de las decisiones de compra, la segmentación por categorías de productos o servicios y la relación con otras áreas funcionales de la empresa. Se explorarán enfoques y se proporcionarán recomendaciones sobre cómo establecer una estructura organizativa óptima que permita una gestión eficiente y ágil de las compras.

Además, se abordará la gestión de roles y responsabilidades dentro de la organización de compras. Al respecto, se identificarán los roles clave en el proceso de aprovisionamiento, como el comprador, el analista de datos, el gestor de proveedores, entre otros, y se definirán sus responsabilidades y funciones. Se destacará la importancia de contar con un equipo multidisciplinario y se brindarán recomendaciones para una asignación de roles y responsabilidades.

Por último, se abordarán los métodos para fomentar la colaboración, la comunicación y el trabajo en equipo dentro de la organización de compras. Se explorarán prácticas como la creación de espacios de colaboración, la implementación de herramientas de comunicación efectiva y el fomento de una cultura de trabajo en equipo. Se destacará la importancia de promover la colaboración entre los diferentes actores involucrados en el proceso de aprovisionamiento, tanto internos como externos, para lograr resultados más sólidos y satisfactorios.

Optimización de la estructura organizativa y los roles en la organización de compras

En esta sección, exploramos la optimización de la estructura organizativa y la gestión de roles y responsabilidades en la organización de compras.

La estructura organizativa es el marco fundamental que define cómo se asignan las actividades y las personas dentro del departamento de compras. Una estructura organizativa bien diseñada y la distribución adecuada de roles y responsabilidades son esenciales para lograr una gestión eficiente y efectiva del proceso de aprovisionamiento.

El análisis y la evaluación de la estructura organizativa actual nos permitirán identificar las áreas de mejora y optimización. Es importante examinar la forma en que se distribuyen los roles y las responsabilidades, asegurando que exista claridad y coherencia en las funciones desempeñadas por cada miembro del equipo. Además, una estructura organizativa bien definida ayuda a establecer las jerarquías y los niveles de autoridad, facilitando la toma de decisiones y mejorando la comunicación dentro del departamento.

Una vez que se ha evaluado la estructura organizativa, se pueden realizar ajustes y reasignaciones de roles y responsabilidades. Esto implica revisar y actualizar las descripciones de los puestos, definiendo claramente las funciones y las áreas de responsabilidad de cada miembro del equipo de compras. Al establecer una asignación adecuada de tareas y autoridad, se evitan duplicidades y se promueve la eficiencia en la ejecución de las actividades de aprovisionamiento.

Para fortalecer la colaboración, la comunicación y el trabajo en equipo en la organización de compras, se pueden implementar métodos y prácticas como la creación de equipos de trabajo multidisciplinarios, la organización de reuniones regulares para compartir información y generar ideas, y el establecimiento de mecanismos de supervisión y seguimiento para asegurar el cumplimiento de las responsabilidades asignadas.

A continuación se presenta un desglose más detallado de las actividades y los responsables propuestos para la optimización de la estructura organizativa y la gestión de roles y responsabilidades en la organización de compras.

Optimización de la estructura organizativa de compras

Actividad: definir los cambios necesarios en la estructura organizativa de compras para mejorar la eficiencia, coordinación y toma de decisiones.

Responsables: equipo de proyecto, gerente de compras (CPO) y equipo de recursos humanos.

Resultados esperados: creación de una estructura ágil y alineada con el diseño obtenido en etapas previas y con los objetivos estratégicos, mejora en la comunicación y colaboración, y mayor eficiencia en los procesos de aprovisionamiento.

Reasignación de roles y responsabilidades

Actividad: ajustar los roles y responsabilidades dentro de la organización de compras.

Responsable: equipo de proyecto y gerente de compras (CPO).

Resultados esperados: establecer una asignación clara de roles y responsabilidades, evitando duplicidades y asegurando una distribución adecuada de tareas y autoridad.

Definición de jerarquías y niveles de autoridad

Actividad: establecer una estructura jerárquica y definir los niveles de autoridad dentro de la organización de compras.

Responsable: equipo de proyecto y gerente de compras (CPO).

Resultados esperados: clarificar la cadena de mando, facilitar la toma de decisiones y mejorar la comunicación en la organización de compras.

Diseño de equipos de trabajo

Actividad: crear equipos de trabajo multidisciplinarios y asignar responsabilidades específicas a cada uno.

Responsable: equipo de proyecto, gerente de compras (CPO) y jefes de las áreas de negocio.

Resultados esperados: fomentar la colaboración y el trabajo en equipo, mejorar la eficiencia en la ejecución de tareas y promover la sinergia entre los miembros del equipo.

Establecimiento de mecanismos de supervisión y seguimiento

Actividad: implementar sistemas de supervisión y seguimiento para monitorear el desempeño y asegurar el cumplimiento de los roles y responsabilidades establecidos.

Responsable: equipo de proyecto y gerente de compras (CPO).

Resultados esperados: garantizar la rendición de cuentas, identificar oportunidades de mejora y mantener un alto nivel de desempeño en la organización de compras.

Al abordar la estructura organizativa y la gestión de roles y responsabilidades de manera efectiva, se espera lograr una organización de compras más ágil, eficiente y colaborativa, lo que conducirá a una mejor gestión del aprovisionamiento y a la optimización de los resultados obtenidos.

Métodos para fomentar la colaboración, la comunicación y el trabajo en equipo dentro de la organización de compras

La colaboración, la comunicación efectiva y el trabajo en equipo son elementos clave para el éxito de la organización de compras. Cuando los equipos trabajan juntos de manera eficiente y se comunican de manera clara y abierta, se crea un entorno propicio para la eficiencia y la innovación. Por lo tanto, es fundamental implementar métodos y prácticas que fomenten estos aspectos dentro de la organización de compras.

Una forma de fomentar la colaboración es establecer canales de comunicación efectivos y accesibles para todos los miembros del equipo. Esto puede incluir el uso de herramientas digitales como plataformas de mensajería instantánea, correo electrónico, intranet o sistemas de gestión de proyectos. Estas herramientas permiten a los miembros del equipo compartir información de manera rápida y eficiente, realizar seguimientos de tareas y mantener una comunicación constante.

Además, es importante promover reuniones regulares de equipo, tanto presenciales como virtuales, para discutir proyectos, compartir ideas, resolver problemas y alinear los objetivos comunes. Estas reuniones brindan un espacio para la colaboración activa, la toma de decisiones conjuntas y el intercambio de conocimientos y experiencias entre los miembros del equipo.

A continuación, detallamos las actividades específicas, los responsables y los resultados esperados relacionados con los métodos para fomentar la colaboración, la comunicación y el trabajo en equipo dentro de la organización de compras.

Establecer canales de comunicación efectivos

Actividad: identificar e implementar herramientas de comunicación adecuadas para el equipo de compras.

Responsable: gerente de proyecto, equipo de proyecto y equipo de tecnología de la información (TI).

Resultados esperados: canales de comunicación establecidos y utilizados de manera efectiva por el equipo.

Establecer un cronograma de reuniones regulares de equipo

Actividad: programar y facilitar reuniones periódicas para discutir proyectos, compartir información y alinear objetivos.

Responsable: gerente de proyecto, equipo de proyecto y gerente de compras (CPO).

Resultados esperados: reuniones que promuevan la colaboración y la comunicación entre los miembros del equipo.

Fomentar un entorno inclusivo y de confianza

Actividad: promover la participación activa y el respeto dentro del equipo de compras.

Responsable: gerente de compras (CPO) y equipo de recursos humanos.

Resultados esperados: un entorno de trabajo inclusivo donde se valore la contribución de todos los miembros del equipo.

Promover la colaboración en proyectos y decisiones

Actividad: fomentar la participación activa de los miembros del equipo en proyectos y la toma de decisiones conjuntas.

Responsable: gerente de compras (CPO).

Resultados esperados: mayor colaboración y participación en proyectos y decisiones que conduzca a mejores resultados y soluciones.

Al implementar estos métodos y llevar a cabo las actividades correspondientes, más allá de la implementación de las mejoras, se fortalecen la colaboración, la comunicación y el trabajo en equipo dentro de la organización de compras, lo que contribuirá a una mayor eficiencia y a la consecución de los objetivos comerciales.

Cómo estas mejoras optimizan el equilibrio de los ejes de valor: ahorro, eficiencia y trazabilidad

Las mejoras implementadas en la organización de compras juegan un papel fundamental en la optimización del equilibrio de los tres ejes de valor básicos: ahorro, eficiencia y trazabilidad.

A continuación, se explica cómo estas mejoras contribuyen con cada uno de estos ejes:

Ahorro

- **Mejora en la gestión de proveedores:** la implementación de mejores prácticas en la selección, calificación y evaluación de proveedores permitirá identificar aquellos que ofrezcan mejores condiciones y precios más competitivos. Esto se traducirá en ahorros significativos en los costos de adquisición de bienes y servicios.
- **Optimización de contratos y negociaciones:** una organización de compras mejorada estará en una posición más sólida para negociar contratos favorables con los proveedores. Esto incluye acuerdos de precios, plazos de entrega, condiciones de pago y cláusulas de penalización. Estas mejoras garantizarán un uso más eficiente de los recursos financieros de la empresa.

Eficiencia

- **Reducción de la burocracia y agilización de los procesos:** la optimización de la estructura organizativa de compras permite eliminar trámites innecesarios y simplificar los procesos de toma de decisiones. Al reducir la burocracia, se agilizan los flujos de trabajo y se aceleran las respuestas a las solicitudes de compra. Esto se traduce en una mejora significativa en la eficiencia de los procesos de aprovisionamiento, evitando retrasos y optimizando el uso de los recursos.

- **Centralización de la gestión y coordinación:** una estructura organizativa bien diseñada en el área de compras facilita la centralización de la gestión y coordinación de las actividades. Al contar con un equipo responsable de supervisar y coordinar las operaciones de aprovisionamiento, se evitan duplicidades y se logra una mejor sincronización de los esfuerzos. Esto contribuye a una mayor eficiencia al evitar la dispersión de recursos y permitir una gestión más efectiva de las actividades de compras.
- **Mejora en la asignación de roles y responsabilidades:** mediante la optimización de la estructura organizativa, se logra una asignación clara de responsabilidades y roles en el área de compras. Esto evita la ambigüedad y la superposición de tareas, lo que resulta en una mayor eficiencia. Cada miembro del equipo sabe exactamente cuáles son sus responsabilidades y cómo contribuir al proceso de aprovisionamiento de manera efectiva. Esta claridad en los roles ayuda a evitar confusiones y retrasos, mejorando la eficiencia en el desempeño de las tareas relacionadas con las compras.
- **Enfoque estratégico y relaciones de largo plazo:** la optimización de la estructura organizativa de compras permite establecer relaciones de largo plazo con proveedores estratégicos. Al desarrollar asociaciones sólidas y duraderas, se fomenta la confianza, el entendimiento mutuo y la colaboración, lo que se traduce en una mayor eficiencia en el aprovisionamiento táctico. Estas relaciones estratégicas facilitan la automatización de tareas repetitivas y rutinarias, así como el autoservicio de compras para los usuarios internos. Al simplificar y agilizar el proceso de adquisiciones, se reduce la carga

de trabajo del equipo de compras y se mejora la eficiencia en la ejecución de las transacciones, permitiendo a los usuarios obtener los bienes y servicios necesarios de manera más rápida y eficiente.

Trazabilidad

- **Implementación de sistemas de seguimiento:** la mejora en la organización de compras permitirá la implementación de sistemas y herramientas para el seguimiento y registro de todas las transacciones y actividades relacionadas. Esto brindará una mayor visibilidad y trazabilidad a lo largo de todo el proceso de compras, desde la solicitud inicial hasta la entrega final.
- **Cumplimiento normativo:** la optimización de la organización de compras asegurará el cumplimiento de las regulaciones y requisitos legales en todas las etapas del proceso. Esto incluye desde la selección de proveedores éticos y socialmente responsables hasta la gestión de documentación y registros en conformidad con las normativas vigentes.

Implementación de tecnologías para el aprovisionamiento

En el entorno empresarial actual, la tecnología desempeña un papel fundamental en la mejora de los procesos de aprovisionamiento y en la optimización de la gestión de compras. La implementación de soluciones tecnológicas adecuadas puede ayudar a agilizar los flujos de trabajo, mejorar la precisión de los datos, aumentar la visibilidad de la cadena de suministro y facilitar la toma de decisiones estratégicas.

Antes de embarcarse en la implementación de tecnologías, es crucial realizar una evaluación exhaustiva de las opciones disponibles y determinar cuáles son las más adecuadas para las necesidades y objetivos específicos de la organización de compras. Esto implica analizar las funcionalidades y características de las soluciones tecnológicas, así como considerar aspectos como la escalabilidad, la integración con otros sistemas existentes y el nivel de soporte ofrecido por los proveedores.

Una vez completada la evaluación, se procede a la selección e implementación de las soluciones tecnológicas elegidas. Esto implica planificar y ejecutar un proceso de implementación que abarque desde la configuración y personalización de la tecnología hasta la migración de datos y la formación del personal. Es fundamental designar un equipo responsable de la implementación que se encargue de coordinar las actividades, establecer plazos y asegurar que se cumplan los objetivos establecidos.

Sin embargo, la implementación de tecnologías en el aprovisionamiento también presenta desafíos, como la resistencia al cambio por parte de los empleados, la falta de conocimiento y habilidades tecnológicas, la integración de sistemas existentes y la gestión de la seguridad de la información. Para superarlos, es recomendable seguir las mejores prácticas en la implementación de tecnologías, como la realización de pruebas piloto, la capacitación adecuada del personal y la colaboración estrecha con los proveedores tecnológicos.

Evaluación de las tecnologías disponibles y su aplicación en el aprovisionamiento

En el entorno empresarial actual existe una amplia gama de tecnologías para mejorar y optimizar los procesos de aprovisionamiento. La evaluación de estas tecnologías es un paso crucial para identificar las que mejor se adapten a las necesidades y objetivos específicos de la organización. Esta evaluación implica analizar las funcionalidades, características, costos y beneficios de cada una, considerando aspectos como la automatización de tareas, la integración con otros sistemas, la escalabilidad y la seguridad de la información.

Para llevar a cabo la evaluación de tecnologías, se recomienda seguir un enfoque sistemático y metodológico. En primer lugar, es importante realizar un relevamiento exhaustivo de las necesidades y desafíos de la organización de compras, identificando los puntos críticos que podrían ser abordados mediante soluciones tecnológicas. A continuación, se deben investigar y evaluar las tecnologías disponibles en el mercado, comparando sus características y beneficios en relación con los requisitos específicos de la organización.

Una vez recopilada la información, se procede a realizar un análisis detallado de cada tecnología, evaluando su capacidad para mejorar los procesos de aprovisionamiento. Esto implica considerar aspectos como la automatización de flujos de trabajo, la optimización de la gestión de inventarios, la agilización de la comunicación con proveedores y la mejora de la trazabilidad de las transacciones. Además, es importante evaluar la viabilidad económica de la implementación y el retorno de inversión (ROI) esperado.

A continuación, se detallarán las actividades específicas, los responsables y los resultados esperados relacionados con la evaluación de las tecnologías disponibles y su aplicación en el aprovisionamiento.

Investigación y evaluación de las tecnologías disponibles

Actividad: realizar una investigación exhaustiva sobre las tecnologías preseleccionadas en etapas anteriores.

Responsable: equipos de proyecto y de tecnologías de la información (TI).

Resultados esperados: informe detallado de las tecnologías evaluadas, con sus características, beneficios y limitaciones.

Análisis detallado de las tecnologías seleccionadas

Actividad: realizar un análisis en profundidad de las tecnologías seleccionadas, considerando su aplicabilidad en el aprovisionamiento.

Responsable: equipos de proyecto y de tecnologías de la información (TI).

Resultados esperados: evaluación de cada tecnología en función de su capacidad para mejorar los procesos de aprovisionamiento.

Evaluación económica y de retorno de inversión

Actividad: evaluar la viabilidad económica de la implementación de las tecnologías seleccionadas.

Responsable: equipo de proyecto, equipo financiero y gerente de compras (CPO).

Resultados esperados: análisis financiero completo, incluyendo costos de implementación y retorno de inversión esperado.

Al completar estas actividades y seguir el enfoque detallado, se obtendrá una evaluación exhaustiva de las tecnologías disponibles y su aplicabilidad en el aprovisionamiento. Esto permitirá a la organización tomar decisiones informadas sobre la implementación de las soluciones tecnológicas más adecuadas para mejorar sus procesos y alcanzar mayor eficiencia en el aprovisionamiento.

Selección e implementación de las soluciones tecnológicas más adecuadas para mejorar los procesos y la organización de compras

La implementación de soluciones tecnológicas eficientes es fundamental para optimizar los procesos de aprovisionamiento y mejorar la gestión en la organización de compras. El proceso de selección e implementación de estas soluciones requiere un enfoque estratégico y cuidadoso, con el objetivo de identificar aquellas tecnologías que mejor se adapten a las necesidades específicas de la organización y generen un impacto positivo en la eficiencia, la calidad y la productividad.

La selección de soluciones tecnológicas adecuadas implica evaluar diferentes opciones en el mercado, considerando aspectos como la funcionalidad, la usabilidad, la compatibilidad con los sistemas existentes, la escalabilidad y el soporte técnico. Además, es importante tener en cuenta las necesidades y requisitos específicos de la organización de compras, como la gestión de proveedores, el seguimiento de pedidos, la automatización de procesos y la generación de informes.

Una vez seleccionadas las soluciones tecnológicas más adecuadas, se procede a su implementación. Este proceso requiere una planificación detallada que incluye la asignación de recursos, la capacitación del personal, la migración de datos y la configuración de los sistemas. Es esencial contar con un equipo responsable de la implementación, que coordine las actividades y garantice el éxito del proyecto.

A continuación, se detallan las actividades específicas, los responsables y los resultados esperados relacionados con la selección e implementación de las soluciones tecnológicas más adecuadas para mejorar los procesos y la organización de compras.

Análisis de requisitos y necesidades específicas

Actividad: identificar y documentar los requisitos y necesidades específicas de la organización de compras.

Responsable: equipos de proyecto y de tecnologías de la información (TI).

Resultados esperados: lista clara de los requisitos que deben cumplir las soluciones tecnológicas seleccionadas.

Selección de soluciones tecnológicas adecuadas

Actividad: evaluar y comprar las soluciones tecnológicas disponibles en base a los requisitos y necesidades identificados.

Responsable: equipos de proyecto y de tecnologías de la información (TI) y gerente de compras (CPO).

Resultados esperados: selección de las soluciones tecnológicas más adecuadas para la organización de compras.

Selección de consultoría externa para implementación de las soluciones seleccionadas

Actividad: se realizará la selección de una consultoría externa especializada en implementación de soluciones de aprovisionamiento. El objetivo es evaluar propuestas, definir criterios de selección y tomar la decisión final.

Responsable: equipo de proyecto, equipo de tecnologías de la información (TI) y gerente de compras (CPO).

Resultados esperados: selección de la consultoría externa idónea, acuerdo contractual establecido y plan de implementación de alto nivel, en colaboración con la consultoría seleccionada.

Planificación para la implementación de las soluciones seleccionadas

Actividad: elaborar un plan detallado para la implementación de las soluciones tecnológicas seleccionadas.

Responsable: equipo de proyecto, consultoría externa y equipo de tecnologías de la información (TI).

Resultados esperados: plan de implementación completo, incluyendo asignación de recursos, cronograma y actividades específicas.

Implementación de las soluciones seleccionadas

Actividad: implementar las soluciones tecnológicas seleccionadas, considerando desde el diseño de la solución hasta la puesta en vivo de la misma.

Responsable: equipo de proyecto, consultoría externa y equipo de tecnologías de la información (TI).

Resultados esperados: soluciones tecnológicas funcionando correctamente y alineadas con los requisitos de la organización de compras.

Capacitación del personal y migración de datos

Actividad: brindar capacitación al personal sobre el uso de las nuevas soluciones tecnológicas y llevar a cabo la migración de datos desde los sistemas anteriores.

Responsable: equipo de proyecto, consultoría externa y equipo de tecnologías de la información (TI).

Resultados esperados: personal capacitado y datos migrados correctamente a las nuevas soluciones tecnológicas.

Evaluación posimplementación y optimización continua

Actividad: evaluar el desempeño de las soluciones implementadas y realizar mejoras continuas para maximizar su eficacia.

Responsable: equipo de tecnologías de la información (TI) y gerente de compras (CPO).

Resultados esperados: informe de evaluación posimplementación con recomendaciones de optimización.

Cabe mencionar que el éxito en la selección e implementación de las soluciones tecnológicas depende en gran medida de la colaboración y comunicación efectiva entre los equipos de tecnología y compras, así como del compromiso y la capacitación adecuada del personal involucrado en el proceso de cambio.

Es importante considerar la posibilidad de contar con la ayuda de un agente externo o empresa consultora especializada. Estas entidades pueden aportar conocimientos y experiencia en la selección, implementación y optimización de tecnologías, brindando un enfoque objetivo y un acompañamiento profesional durante todo el proceso.

La adopción de mejoras previas en la organización de compras, procesos maduros, comprensión de las necesidades reales de la empresa y su industria, y el cumplimiento de las legalidades del negocio son requisitos fundamentales para garantizar que las soluciones tecnológicas de aprovisionamiento se adapten adecuadamente al negocio y generen los resultados esperados. Dedicar tiempo y recursos a esta adopción es esencial para sentar las bases sólidas de una implementación exitosa.

Consideración de los desafíos y las mejores prácticas en la implementación de tecnologías en el aprovisionamiento

La implementación de tecnologías en el aprovisionamiento lleva consigo una serie de desafíos y requerimientos para alcanzar el éxito. Es fundamental tener en cuenta estos desafíos y aplicar las mejores prácticas en cada etapa del proceso de implementación. Esto permitirá maximizar los beneficios de las tecnologías implementadas y minimizar posibles obstáculos.

Uno de los desafíos clave en la implementación de tecnologías en el aprovisionamiento es asegurar la compatibilidad y la integración adecuada con los sistemas existentes. Es esencial evaluar la infraestructura tecnológica actual y determinar cómo se pueden alinear las nuevas soluciones con los sistemas y procesos existentes. Además, se deben considerar los requisitos de interoperabilidad y comunicación entre plataformas y aplicaciones.

Otro desafío importante es la gestión del cambio. La implementación de tecnologías implica cambios en los procesos, las responsabilidades y las formas de trabajo. Es necesario contar con un plan de gestión del cambio que incluya la comunicación efectiva, la capacitación del personal y la participación activa de los equipos involucrados. Asimismo, se deben identificar y abordar las resistencias al cambio para asegurar una transición exitosa.

La seguridad y la protección de datos también son aspectos críticos a considerar en la implementación de tecnologías en el aprovisionamiento. Se deben aplicar medidas de seguridad robustas para garantizar la confidencialidad, integridad y disponibilidad de la información sensible. Además, es importante cumplir con las regulaciones y normativas relacionadas con la privacidad de los datos y la protección de la información.

Además, es imprescindible evaluar y mitigar los riesgos asociados con la implementación de tecnologías en el aprovisionamiento. Esto incluye identificar posibles vulnerabilidades, establecer medidas de control y realizar pruebas exhaustivas antes de la puesta en marcha. La gestión proactiva de riesgos contribuirá a evitar contratiempos y garantizar una implementación exitosa.

Otro aspecto a considerar es la selección adecuada de proveedores y socios tecnológicos. Es esencial evaluar la reputación, experiencia y capacidad de los proveedores para ofrecer soluciones tecnológicas de calidad y soporte técnico adecuado. Asimismo, se deben establecer acuerdos contractuales claros que definan los niveles de servicio, las responsabilidades y los plazos de entrega.

Adicionalmente, es importante fomentar la colaboración y el intercambio de conocimientos entre los diferentes departamentos y actores involucrados en el aprovisionamiento. Esto incluye establecer canales de comunicación efectivos, promover la participación activa de los usuarios finales y fomentar la retroalimentación continua para mejorar la implementación de tecnologías y optimizar los resultados.

Cómo estas mejoras optimizarán el equilibrio de los ejes de valor: ahorro, eficiencia y trazabilidad

La implementación de tecnologías adecuadas en el área de compras tiene un impacto significativo en el equilibrio de los tres ejes de valor, a saber, ahorro, eficiencia y trazabilidad.

A continuación, se detallan algunos puntos clave que ejemplifican cómo estas mejoras tecnológicas contribuyen a cada uno de estos ejes:

Ahorro

- **Uso de herramientas de análisis de datos y business intelligence:** estas herramientas permiten analizar grandes volúmenes de datos y obtener información relevante sobre los precios de los proveedores. Esto facilita la identificación de oportunidades de ahorro al encontrar alternativas más económicas y negociar mejores acuerdos comerciales.
- **Implementación de sistemas de gestión de contratos:** estos sistemas permiten gestionar y controlar de manera eficiente los contratos con los proveedores. Mediante la optimización de los términos y condiciones, se busca obtener mejores precios, descuentos y plazos de entrega, lo cual contribuye al ahorro en el proceso de aprovisionamiento.
- **Utilización de soluciones de automatización:** la implementación de herramientas automatizadas, como sistemas de pedidos y facturación electrónica, permite

reducir los costos asociados a la gestión manual de transacciones. Al agilizar y simplificar estos procesos, se logra un ahorro significativo en tiempo y recursos.

Eficiencia

- **Implementación de sistemas de gestión de pedidos y seguimiento:** estos sistemas facilitan la comunicación con los proveedores y el seguimiento de los pedidos en tiempo real. Al contar con información actualizada sobre el estado de los productos adquiridos, se mejora la eficiencia en la planificación y gestión de inventarios.
- **Automatización de tareas rutinarias:** mediante la automatización de tareas como la generación de órdenes de compra y la revisión de facturas, se eliminan errores y se liberan recursos que pueden ser asignados a actividades estratégicas. Esto agiliza los procesos internos y mejora la eficiencia operativa.

Trazabilidad

- **Digitalización de documentos y flujos de trabajo:** la digitalización de documentos y la implementación de flujos de trabajo electrónicos reducen la dependencia de procesos manuales. Esto optimiza la eficiencia al agilizar la búsqueda y recuperación de información, así como la colaboración entre los miembros del equipo.
- **Implementación de sistemas de gestión de contratos y auditoría digital:** estos sistemas proporcionan un registro detallado de las transacciones y facilitan la auditoría de los procesos de aprovisionamiento. Esto asegura la trazabilidad y transparencia en las operaciones, así como el cumplimiento de las regulaciones y políticas internas.

Gestión del cambio en la implementación de mejoras

La implementación de mejoras en el aprovisionamiento implica cambios significativos en los procesos, la organización y posiblemente en la tecnología utilizada. En este sentido, la gestión del cambio se convierte en un factor crucial para lograr una implementación exitosa y garantizar que las mejoras se adopten de manera efectiva en toda la organización.

La gestión del cambio se refiere al conjunto de estrategias y enfoques utilizados para facilitar la transición de las prácticas existentes a las nuevas prácticas. Su importancia radica en el reconocimiento de que las personas son el factor clave en cualquier proceso de cambio. Es fundamental comprender que la resistencia al cambio es común y normal en las organizaciones, y que abordarla de manera efectiva es esencial para el éxito de la implementación.

Existen diversos métodos y enfoques para abordar la resistencia al cambio y fomentar la adopción de las mejoras. Algunas prácticas comunes incluyen la comunicación clara y efectiva, la participación activa de los empleados en el proceso de cambio, la capacitación y el apoyo continuo, y la creación de una cultura organizacional que fomente la innovación y la adaptabilidad.

Además, es importante desarrollar las habilidades y competencias necesarias para adaptarse a los cambios y aprovechar las nuevas prácticas y tecnologías. Esto puede implicar la identificación de brechas de habilidades y la implementación de programas de capacitación y desarrollo para mejorar las competencias relevantes. También se pueden establecer mecanismos de retroalimentación y aprendizaje continuo para impulsar una cultura de mejora constante.

A continuación se presentan algunas actividades relacionadas con la gestión del cambio en la implementación de mejoras, así como los responsables y los resultados esperados.

Elaboración de un plan de comunicaciones

Actividad: elaborar un plan de comunicación integral que incluya mensajes claros sobre las mejoras, sus beneficios y el impacto en los empleados.

Responsable: equipo de gestión del cambio y comunicaciones.

Resultados esperados: plan de comunicación detallado, materiales y canales de comunicación identificados.

Desarrollo de mecanismos de participación y consulta

Actividad: establecer mecanismos de participación y consulta, como grupos de trabajo o comités, para involucrar a los empleados en el proceso de implementación y recopilar sus ideas y preocupaciones.

Responsable: gerente de proyecto y equipo de gestión del cambio y comunicaciones.

Resultados esperados: grupos de trabajo formados, ideas y preocupaciones recopiladas, acciones identificadas.

Diseño de programas de capacitación y desarrollo

Actividad: diseñar programas de capacitación y desarrollo para brindar a los empleados las habilidades y competencias necesarias para adaptarse a los cambios y aprovechar las nuevas prácticas y tecnologías.

Responsable: equipo de gestión del cambio y comunicaciones y equipo de recursos humanos.

Resultados esperados: plan de capacitación elaborado, programas implementados, empleados capacitados.

Desarrollo de mecanismos de seguimiento y retroalimentación

Actividad: establecer mecanismos de seguimiento y retroalimentación para evaluar la adopción de las mejoras y realizar ajustes según sea necesario.

Responsable: gerente de proyecto y equipo de gestión del cambio y comunicaciones.

Resultados esperados: mecanismos de seguimiento desarrollado e implementados, retroalimentación recopilada, ajustes realizados.

Al aplicar estos enfoques y actividades relacionados con la gestión del cambio, se busca crear un entorno propicio para la implementación exitosa de las mejoras en el aprovisionamiento, superando la resistencia al cambio y maximizando la adopción de las nuevas prácticas y tecnologías por parte de los empleados.

Importancia de la gestión del cambio en la implementación exitosa de las mejoras en el aprovisionamiento

La gestión del cambio desempeña un papel crucial en la implementación exitosa de mejoras en el aprovisionamiento. Cuando una organización decide introducir cambios en sus procesos, organización y tecnologías, es necesario abordar de manera proactiva las resistencias y los desafíos que pueden surgir en el camino.

Al centrarse en la gestión del cambio, se pueden lograr los siguientes beneficios:

- **Identificación y mitigación de resistencias:** la gestión del cambio implica comprender las preocupaciones y las resistencias que los empleados pueden tener con respecto a los cambios propuestos. Esto permite anticiparse a posibles problemas y desarrollar estrategias para abordarlos. Al involucrar a los empleados desde el inicio y fomentar una comunicación abierta, se pueden abordar sus preocupaciones y obtener su apoyo.
- **Comunicación efectiva:** la comunicación clara y constante es esencial en el proceso de gestión del cambio. Es importante explicar el propósito de las mejoras en el aprovisionamiento, los beneficios esperados y cómo afectarán a los empleados. La comunicación debe ser bidireccional, permitiendo a los empleados expresar sus inquietudes y preguntas. Esto genera confianza y transparencia, facilitando la aceptación del cambio.
- **Participación activa de los empleados:** involucrar a los empleados en la implementación de mejoras es fundamental. Esto puede lograrse a través de la formación, la participación en grupos de trabajo, la toma de decisiones y la asignación de responsabilidades. Al hacer que los empleados se sientan parte del proceso, se fomenta su compromiso y se aumenta la probabilidad de una adopción exitosa de las mejoras en el aprovisionamiento.
- **Capacitación y desarrollo de habilidades:** la implementación exitosa de mejoras en el aprovisionamiento

requiere que los empleados adquieran nuevas habilidades y conocimientos. Es importante proporcionar una formación adecuada y un desarrollo continuo para que puedan adaptarse y utilizar las nuevas prácticas y tecnologías de manera efectiva. La capacitación puede incluir talleres, cursos en línea o tutoriales, y debe adaptarse a las necesidades específicas de cada empleado.
- **Gestión de expectativas:** es esencial establecer expectativas realistas sobre el proceso de cambio y sus resultados. Esto implica definir metas claras, establecer indicadores de éxito y proporcionar retroalimentación regular sobre el progreso. Al gestionar adecuadamente las expectativas, se evita la frustración y se mantiene el compromiso de los empleados a lo largo de la implementación.
- **Evaluación y ajuste continuo:** La gestión del cambio no termina con la implementación inicial de las mejoras en el aprovisionamiento. Es importante realizar evaluaciones periódicas para identificar áreas de mejora y ajustar el enfoque según sea necesario. La retroalimentación de los empleados y los datos recopilados pueden ayudar a guiar los ajustes y refinamientos en el proceso de cambio.

Desarrollo de habilidades y competencias necesarias para adaptarse a los cambios y aprovechar las nuevas prácticas y tecnologías

En el contexto de la implementación de mejoras en el aprovisionamiento, el desarrollo de habilidades y competencias se vuelve crucial para que los empleados puedan adaptarse a los cambios y aprovechar las nuevas prácticas y tecnologías.

En primer lugar, es importante identificar las habilidades y competencias requeridas en el nuevo entorno de aprovisionamiento. Esto implica evaluar las brechas existentes en las habilidades actuales de los empleados y determinar las áreas en las que necesitan mejorar. Por ejemplo, podrían requerirse habilidades en el uso de herramientas tecnológicas específicas, competencias en análisis de datos o capacidad para trabajar en equipos multidisciplinarios.

Una vez identificadas las necesidades de desarrollo, se pueden implementar diferentes enfoques. La capacitación y el aprendizaje continuo desempeñan un papel fundamental. Esto puede incluir la participación en cursos, talleres o programas de formación específicos relacionados con las nuevas prácticas y tecnologías en el aprovisionamiento. También se pueden utilizar recursos en línea, tutoriales y materiales educativos para fortalecer el conocimiento y las habilidades.

Además, es importante fomentar un entorno de aprendizaje y colaboración dentro de la organización que promueva la participación en proyectos interdepartamentales, donde los empleados tengan la oportunidad de aplicar y desarrollar nuevas habilidades en un contexto real. Asimismo, se pueden establecer comunidades de práctica o grupos de intercambio de conocimientos donde los empleados puedan compartir experiencias, aprender unos de otros y fortalecer sus competencias.

La mentoría y el coaching también son herramientas valiosas en el desarrollo de habilidades y competencias. Asignar mentores o entrenadores a los empleados les brinda apoyo individualizado, orientación y retroalimentación constructiva. Estos mentores pueden ser profesionales con experiencia en el área de aprovisionamiento o incluso provenir de áreas relacionadas, lo que permite una transferencia de conocimientos y experiencias enriquecedoras.

Conclusiones del capítulo 5

En este capítulo hemos explorado a fondo la importancia de mejorar el aprovisionamiento en una organización y hemos abordado diversos aspectos relacionados con este proceso. Uno de los puntos destacados fue la preparación del proyecto de transformación. Reconocimos la necesidad de adoptar un enfoque estratégico y holístico para lograr una implementación exitosa de las mejoras. Esto implica definir claramente los objetivos del proyecto, asignar los recursos adecuados y desarrollar un plan de acción sólido. La preparación adecuada sienta las bases para el éxito y asegura que todas las partes involucradas comprendan la importancia y el alcance de los cambios propuestos.

En la evaluación de la organización de compras y sus procesos de aprovisionamiento, llevamos a cabo un análisis minucioso: examinamos los procesos existentes, la estructura organizativa y las tecnologías utilizadas en el aprovisionamiento. Esta evaluación nos permitió comprender a fondo cómo opera actualmente el aprovisionamiento en la organización y nos ayudó a identificar áreas de mejora y desafíos que podrían obstaculizar el proceso. Obtuvimos una visión clara de los puntos fuertes y débiles, lo que nos permitió diseñar soluciones adecuadas y personalizadas para mejorar el aprovisionamiento.

En relación con las mejoras en los procesos de aprovisionamiento, desarrollamos enfoques concretos para optimizar la eficiencia, la calidad y la productividad. Propusimos la estandarización de procesos para garantizar una ejecución consistente y eficiente en todas las etapas del aprovisionamiento. Además, exploramos la automatización de tareas repetitivas y el uso de tecnologías avanzadas para agilizar los procesos y aumentar la precisión y la eficacia de las operaciones de aprovisionamiento. Al implementar estas mejoras, buscamos obtener beneficios tangibles como la reducción de costos, la aceleración de los tiempos de entrega y la mejora en la calidad de los productos o servicios adquiridos.

La organización de compras también fue objeto de atención en este capítulo. Reconocimos la importancia de una estructura organizativa bien definida y de gestionar de manera efectiva los roles y las responsabilidades dentro de la organización. Establecer claridad en las funciones y las interacciones entre los equipos de aprovisionamiento es crucial para una ejecución fluida y sin problemas. También destacamos la necesidad de desarrollar habilidades y competencias necesarias para adaptarse a los cambios y aprovechar las nuevas prácticas y tecnologías. Brindar capacitación adecuada y oportunidades de crecimiento profesional es fundamental para fortalecer las capacidades del personal involucrado en el aprovisionamiento y garantizar su éxito en el nuevo entorno.

Por último, abordamos la implementación de tecnologías en el aprovisionamiento. Reconocimos la necesidad de evaluar las soluciones disponibles en el mercado y seleccionar las que mejor se adapten a las necesidades de la organización. Consideramos aspectos como la escalabilidad, la integración con los sistemas existentes y la capacidad de proporcionar información y análisis en tiempo real. Sin embargo, también reconocimos los desafíos comunes asociados con la implementación de tecnología, como la resistencia al cambio y la adaptación a nuevos procesos. Subrayamos la importancia de seguir las mejores prácticas en la implementación de tecnología para maximizar su potencial y lograr resultados significativos en términos de eficiencia, ahorro y trazabilidad en el aprovisionamiento.

Capítulo 6.
Herramientas metodológica para una transformación inteligente

En este capítulo, exploramos una variedad de herramientas poderosas que facilitan una transformación inteligente en los procesos de aprovisionamiento. Comenzamos evaluando el nivel de madurez de la organización de compras, asegurando una comprensión integral de sus fortalezas y áreas de mejora. A continuación, nos enfocamos en lograr el equilibrio óptimo en los tres ejes de valor (ahorro, eficiencia y trazabilidad). Al definir este equilibrio, las organizaciones pueden maximizar los resultados de sus procesos de aprovisionamiento.

Además, exploramos metodologías para evaluar el nivel de madurez de los procesos de aprovisionamiento, lo que permite comprender más profundamente su eficacia e identificar áreas de mejora. También analizamos y seleccionamos las tecnologías adecuadas, brindando a las organizaciones los conocimientos necesarios para tomar decisiones informadas.

El capítulo también aborda facilitadores clave para ejecutar las actividades de aprovisionamiento de manera efectiva. Discutimos el diseño de un marco de evaluación y calificación de proveedores adecuado, así como la segmentación de servicios para seleccionar los canales de compra óptimos. Además, exploramos la selección del modelo de subasta inversa más idóneo e introducimos el tablero integral de negociación y adjudicación (*comprehensive negotiation and award board*, CNAB), un panel completo que engloba la información relevante para los procesos de negociación y adjudicación.

Por último, presentamos herramientas para el análisis y la gestión de costos, riesgos y problemas. Profundizamos en el análisis de causa raíz (root cause analysis, RCA), una técnica poderosa para identificar las causas subyacentes de los problemas. Además, introducimos el mapa de empatía, que ayuda a las organizaciones a comprender mejor las necesidades y expectativas de los interesados. También exploramos la gestión de riesgos en el aprovisionamiento y nos adentramos en el cálculo del costo total de propiedad (*total cost of ownership*, TCO), permitiendo a las organizaciones obtener una visión integral de los costos asociados a sus actividades de aprovisionamiento.

Al aprovechar estas herramientas metodológicas, las organizaciones pueden navegar por las complejidades de la transformación en aprovisionamiento y fomentar un enfoque más inteligente y eficiente en sus procesos de aprovisionamiento.

Herramientas para la transformación de la empresa

En el ámbito de la transformación empresarial, contar con herramientas adecuadas es fundamental para impulsar el cambio y lograr resultados exitosos. En este contexto, exploramos una serie de herramientas de transformación empresarial que abarcan desde la evaluación del nivel de madurez de la organización de compras hasta la definición del equilibrio óptimo en los tres ejes de valor: ahorro, eficiencia y trazabilidad. Además, examinamos la evaluación del nivel de madurez de los procesos de aprovisionamiento y el análisis y selección de las tecnologías más adecuadas. Estas herramientas proporcionan una base sólida para abordar los desafíos y aprovechar las oportunidades en la transformación empresarial, permitiendo a las organizaciones tomar decisiones informadas y alcanzar un nivel superior de eficacia y excelencia en sus operaciones.

Evaluación del nivel de madurez de la organización de compras

A continuación, presentamos una serie de preguntas que ayudarán a medir el nivel de madurez de la organización de compras. Estas preguntas han sido diseñadas para evaluar aspectos clave de la organización y proporcionar un indicador de su grado de madurez. Al responder a estas preguntas, podrás obtener una visión más clara del nivel de madurez actual de la organización de compras.

- Existe un enfoque principalmente en aspectos estratégicos y de relacionamiento de largo plazo con proveedores, en lugar de realizar transacciones de compra puntuales.
- Se tiene un papel activo en las negociaciones y posee un conocimiento profundo del mercado para tomar decisiones informadas.
- Los compradores están asignados a áreas de negocio específicas (marque 1), adopta un enfoque basado en la gestión por categorías (marque 3) o va más allá de la gestión por categorías y adopta un enfoque estratégico

y colaborativo en todas las dimensiones del aprovisionamiento (marque 5).
- Se establecen relaciones estrechas con los proveedores, fomentando una colaboración sólida y logrando acuerdos beneficiosos para ambas partes.
- Se promueve la colaboración y el intercambio de conocimientos con proveedores clave.
- Se aprovechan sinergias al momento de negociar, obteniendo economías de escala mediante contratos a largo plazo y fortaleciendo la colaboración con proveedores estratégicos.
- Existe una participación activamente en la formulación de la estrategia empresarial y contribuye con conocimientos especializados en la gestión de proveedores, mitigación de riesgos y promoción de la innovación conjunta.
- Se aplican técnicas avanzadas de análisis de mercado, inteligencia de negocios y gestión de riesgos para respaldar la toma de decisiones estratégicas.

Cada pregunta puede recibir una respuesta entre 1 (totalmente en desacuerdo con la afirmación) y 5 (totalmente de acuerdo con la afirmación). El promedio de los puntos obtenidos permitirá determinar el nivel de madurez de la organización de compras, considerando el rango de puntuaciones siguiente:

- **Nivel 1:** puntuación promedio entre 1 y 2.
- **Nivel 2:** puntuación promedio mayor que 2 y menor o igual que 3.
- **Nivel 3:** puntuación promedio mayor que 3 y menor o igual que 4.
- **Nivel 4:** puntuación promedio mayor que 4.

Para un cálculo más certero recomendamos el uso de nuestra planilla de evaluación del nivel de madurez de la organización de compras, la que podrá siguiendo el siguiente QR:

Definición del equilibrio óptimo en los pilares de valor (ahorro, eficiencia y trazabilidad)

A continuación exploramos una herramienta metodológica fundamental para lograr un aprovisionamiento inteligente: la definición del equilibrio óptimo en los tres pilares de valor. Esta herramienta nos permite evaluar y determinar cómo alcanzar un balance adecuado entre el ahorro, la eficiencia y la trazabilidad en nuestros procesos de aprovisionamiento. Mediante una serie de preguntas clave, podremos identificar qué aspectos debemos fortalecer y mejorar en cada uno de estos pilares de valor, garantizando así un enfoque estratégico y táctico sólido en nuestra gestión de suministros.

Ahorro

- ¿Existe actualmente o se tiene la idea de una campaña de obtención de ahorros?
- ¿Existe una política vigente o en carpeta para la renegociación continua de contratos?
- ¿Cuando abre un proceso de negociación con proveedores, se consideran los criterios de adjudicación en el siguiente orden: precio - calidad - oportunidad en la entrega - relación de largo plazo?
- ¿La alta dirección o los accionistas han establecido metas de ahorro específicas para el área de aprovisionamiento?

- ¿La empresa se enfrenta a una presión competitiva que requiere una estrategia de precios más agresiva?
- ¿La empresa tiene establecido o tiene la idea de contar con un presupuesto anual para el área de aprovisionamiento?
- ¿Se realiza o se piensa realizar análisis de costos y comparativas de precios antes de tomar decisiones de compra?
- ¿Se promueve la búsqueda de proveedores alternativos para obtener mejores precios y condiciones?
- ¿Existen o está en el plan contar con políticas o incentivos para fomentar la reducción de gastos en el área de aprovisionamiento?

Eficiencia

- ¿La empresa busca optimizar los procesos de aprovisionamiento para reducir tiempos y recursos?
- ¿Se han implementado o se piensan implementar tecnologías o herramientas para automatizar tareas y agilizar el flujo de trabajo en el área de aprovisionamiento?
- ¿Existe o se busca una comunicación fluida y eficiente entre los departamentos relacionados con el proceso de aprovisionamiento?
- ¿La empresa realiza o planea realizar seguimiento y medición de indicadores de desempeño relacionados con el aprovisionamiento?
- ¿Se realizan o se planea realizar capacitaciones o entrenamientos para mejorar las habilidades y conocimientos del equipo de aprovisionamiento?
- ¿El proceso de aprobación y autorización de compras es o se espera que sea ágil y eficiente?

- ¿Existe o se espera tener una colaboración estrecha y coordinada entre el equipo de aprovisionamiento y los departamentos internos que solicitan los bienes o servicios?
- ¿Se cuenta o se planea tener métricas o indicadores de eficiencia para evaluar y mejorar continuamente el proceso de aprovisionamiento?

Trazabilidad

- ¿La empresa cuenta o planea contar con sistemas o herramientas para rastrear y documentar cada etapa del aprovisionamiento?
- ¿Se realizan o requieren auditorías internas o externas para garantizar la transparencia y conformidad del proceso de aprovisionamiento?
- ¿Existe o se busca contar con un sistema de gestión de documentos y registros que asegure la trazabilidad de las actividades de aprovisionamiento?
- ¿Se lleva o se requiere un registro detallado de las actividades de aprovisionamiento, desde la solicitud hasta la entrega final?
- ¿Se utilizan o requieren sistemas o software de gestión que permitan el seguimiento y control de las actividades de aprovisionamiento?
- ¿Se cuenta o se buscar contar con un archivo centralizado de documentos y registros relacionados con las compras y aprovisionamiento?

Cada pregunta puede recibir una respuesta de «sí» (suma 1 punto) o «no» (suma 0 puntos). El promedio porcentual de los puntos obtenidos en los 3 pilares permitirá determinar el nivel de importancia de cada uno de ellos, considerando los promedios porcentuales siguientes:

- **Ahorro:** un valor entre 0 % y 33 % representa un pilar de ahorro de baja importancia; un valor entre 33 % y 66 % representa un pilar de ahorro de importancia moderada, y un valor de sobre el 66 % representa un pilar de ahorro de alta importancia.
- **Eficiencia:** un valor entre 0 % y 33 % representa un pilar de eficiencia de baja importancia; un valor entre 33 % y 66 % representa un pilar de eficiencia de importancia moderada, y un valor sobre el 66 % representa un pilar de eficiencia de alta importancia.
- **Trazabilidad:** un valor entre 0 % y 33 % representa un pilar de trazabilidad de baja importancia; valor entre 33 % y 66 % representa un pilar de trazabilidad de importancia moderada, y un valor sobre el 66 % representa un pilar de trazabilidad de alta importancia.

Es posible visualizar este equilibrio utilizando un gráfico radial, como se muestra en la figura siguiente.

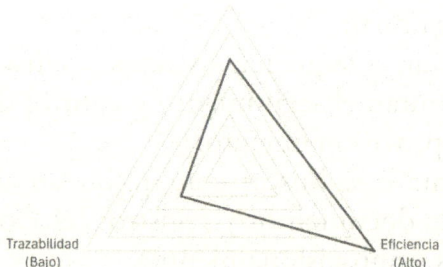

Ilustración 18 - Gráfico radial de la importancia de los pilares de valor

Para un cálculo más certero, recomendamos el uso de nuestra planilla de definición del equilibrio óptimo en los 3 pilares de valor, disponible en el QR siguiente:

Evaluación del nivel de madurez de los procesos de aprovisionamiento

La evaluación del nivel de madurez de los procesos de aprovisionamiento es fundamental para las organizaciones que desean comprender y mejorar la eficiencia y efectividad de sus prácticas de adquisición. Este proceso de evaluación proporciona una visión clara de cómo se gestionan las compras en la empresa, permitiendo identificar fortalezas y áreas de mejora.

La presente herramienta se basa en un cuestionario estructurado que abarca aspectos relacionados con los procesos de aprovisionamiento. Este cuestionario está diseñado para ayudar a determinar el nivel de madurez en tres enfoques principales: aprovisionamiento netamente táctico, aprovisionamiento estra-táctico y aprovisionamiento con procesos estratégicos y tácticos bien diferenciados.

A continuación, se presenta el cuestionario de evaluación del nivel de madurez de los procesos de aprovisionamiento.

Sobre la generación de solicitudes de compra

a) Las solicitudes de compra se generan según las necesidades puntuales sin considerar aspectos estratégicos a largo plazo.
b) Se consideran aspectos estratégicos al generar las solicitudes de compra, aunque se tienen en cuenta las necesidades inmediatas en este proceso.
c) Las solicitudes de compra se basan en un análisis de necesidades a largo plazo y se consideran aspectos estratégicos.

Sobre la relaciones con proveedores

a) Las relaciones con proveedores se limitan a transacciones individuales sin establecer relaciones sólidas a largo plazo.
b) Se busca establecer relaciones más sólidas con algunos proveedores clave, aunque aún predominan las transacciones puntuales.
c) Se establecen relaciones estratégicas sólidas con proveedores clave, enfocadas en la colaboración a largo plazo.

Sobre la optimización de costos

a) No se realiza un análisis exhaustivo de los costos ni se busca optimizarlos en gran medida.
b) Se busca cierto nivel de optimización de costos, aunque no se realiza de manera exhaustiva en todos los aspectos.
c) Se realiza un análisis detallado de los costos y se busca constantemente optimizarlos en todos los aspectos del aprovisionamiento.

Sobre la planificación estratégica

a) No existe una planificación estratégica formal para el aprovisionamiento.
b) Existe cierta planificación estratégica, pero no se abarcan todos los aspectos del aprovisionamiento.
c) Se realiza una planificación estratégica exhaustiva que abarca todos los aspectos del aprovisionamiento.

Sobre la gestión de proveedores

a) La gestión de proveedores se limita a la selección y contratación inicial, sin una gestión continua.

b) Se realiza cierta gestión de proveedores durante el ciclo de vida de los contratos, aunque no es integral.
c) Se lleva a cabo una gestión completa de proveedores, incluyendo evaluaciones periódicas, colaboración en innovación y mitigación de riesgos.

En cada tópico se debe seleccionar solo una afirmación, sumando 1 punto a las frases escogidas. La suma de los puntos obtenidos permitirá determinar el nivel de madurez de los procesos de aprovisionamiento, considerando el rango de puntuaciones siguiente:

- **Aprovisionamiento predominantemente táctico:** si el puntaje de las preguntas a) de cada tópico suma 2 o más y las preguntas b) o c) no suman más de 2.
- **Aprovisionamiento estra-táctico:** si el puntaje de las preguntas b) de cada tópico suma 2 y el puntaje de las preguntas a) es igual a 1, o el puntaje de las preguntas b) de cada tópico suma 3 o más.
- **Aprovisionamiento bien diferenciado (estratégico y táctico):** si el puntaje de las preguntas c) de cada tópico suma 3 o más.

Para un cálculo más certero recomendamos el uso de nuestra planilla de evaluación del nivel de madurez de los procesos de aprovisionamiento, la que podrá encontrar en el siguiente vínculo:

Análisis y selección de las tecnologías adecuadas

Seleccionar la tecnología adecuada para el soporte de los procesos de aprovisionamiento es un paso crucial en el crecimiento y éxito de una empresa. En la era de la transformación digital, contar con soluciones tecnológicas eficientes y adaptadas a las necesidades específicas se ha vuelto fundamental para lograr una ventaja competitiva.

Sin embargo, el proceso de selección de tecnologías puede resultar desafiante, considerando la amplia gama de opciones disponibles en el mercado y los diferentes factores a tener en cuenta. Para facilitar este proceso, es importante establecer criterios de decisión claros y bien definidos que guíen la elección de las tecnologías más adecuadas.

Criterio para la selección de la tecnología adecuada

A continuación, se presentan algunos criterios clave que se deben considerar al seleccionar soluciones tecnológicas. Estos abarcan aspectos funcionales, tecnológicos, económicos y organizacionales, permitiendo evaluar de manera integral las opciones disponibles y tomar decisiones informadas que impulsen el crecimiento y la eficiencia de la empresa.

- **Cobertura funcional y adaptación:** evaluar la capacidad de las tecnologías de la información o soluciones tecnológicas para cubrir las necesidades específicas del proceso de negocio, tomando en cuenta si ofrecen funcionalidades requeridas y si se adaptan a los flujos de trabajo de la empresa, incluyendo mejores prácticas que fomenten la adaptación y el crecimiento de la organización.
- **Estado de la tecnología:** considerar la madurez, estabilidad y actualización de las tecnologías. Evaluar si se alinean con las mejores prácticas y estándares de la industria, así como su capacidad de evolucionar para adaptarse a los cambios tecnológicos y requerimientos futuros.

- **Aspectos económicos:** analizar el costo total de adquisición (TCO), implementación y mantenimiento de las tecnologías. Considerar licencias, servicios de soporte, personalización y posibles costos ocultos. Evaluar también el retorno de inversión y los beneficios económicos a largo plazo.
- **Proveedor de tecnología:** evaluar la experiencia y solidez del proveedor en el mercado de soluciones tecnológicas. Investigar su historial de éxito, capacidad de soporte técnico, compromiso con la innovación y la capacidad de ofrecer soluciones personalizadas que se ajusten a las necesidades de la empresa.
- **Empresa implementadora:** si se requiere ayuda externa para implementar las tecnologías, evaluar la experiencia y conocimiento de los proveedores de servicios en el sector específico de la empresa. Considerar su capacidad de implementación, formación y acompañamiento para garantizar una adopción exitosa y un alineamiento con las mejores prácticas de la industria.
- **Recursos humanos propios:** evaluar la disponibilidad y habilidades del personal interno para adoptar y utilizar las tecnologías. Determinar si se necesitará formación adicional o contratar nuevos talentos para asegurar una implementación exitosa y una adecuada adaptación de la empresa.
- **Limitaciones y adaptabilidad de la organización:** identificar las limitaciones internas de la empresa, como la infraestructura existente, la cultura organizacional y la capacidad de adaptación al cambio. Evaluar si las tecnologías se integran sin problemas y si fomentan la adopción de mejores prácticas y la transformación de la organización.

Estos criterios proporcionan una guía para la selección de tecnologías empresariales que sean más adecuadas para el apoyo a los procesos de aprovisionamiento de la empresa. Se busca identificar soluciones tecnológicas que cumplan con los requisitos funcionales y técnicos específicos de este ámbito, permitiendo una gestión eficiente de las compras, el control de inventarios y la optimización de la cadena de suministro. Es importante destacar que cada empresa debe personalizar y ponderar estos criterios según sus necesidades particulares, asegurándose de que la tecnología seleccionada se alinee estrechamente con sus objetivos de aprovisionamiento y contribuya a mejorar la eficiencia y efectividad de dichos procesos.

Actividades principales para un plan de trabajo focalizado en la selección de tecnologías

Para el análisis y selección de tecnologías, es necesario contar con un plan de trabajo orientado a identificar, evaluar y seleccionar las soluciones tecnológicas más adecuadas para optimizar sus procesos.

El plan debe abarcar aspectos como la definición de requisitos, la evaluación de la cobertura funcional y adaptabilidad de las soluciones, la consideración de aspectos económicos y la evaluación de los proveedores y empresas implementadoras. Siguiendo este plan, las empresas podrán identificar la tecnología que mejor se adapte a sus necesidades y objetivos, brindando un impulso significativo a sus procesos de aprovisionamiento.

A continuación se detallan las actividades que componen este plan de trabajo para la selección de tecnologías especializadas en el aprovisionamiento:

- **Definición de requisitos y objetivos:** identificar las necesidades específicas del proceso de aprovisionamiento y establecer los objetivos que se desean alcanzar con la implementación de una tecnología especializada. Esto incluye determinar las funcionalidades necesarias, los flujos de trabajo requeridos y las metas a nivel de eficiencia y control.
- **Investigación del mercado:** realizar un análisis exhaustivo del mercado de tecnologías especializadas para el aprovisionamiento. Identificar y evaluar diferentes proveedores y soluciones disponibles, teniendo en cuenta su experiencia, reputación, capacidad de adaptación y nivel de soporte.
- **Evaluación funcional y técnica:** realizar una evaluación detallada de las tecnologías consideradas, tanto en términos de su capacidad para cubrir las necesidades funcionales específicas como en su nivel de adaptabilidad a las mejores prácticas del sector. Esto implica revisar demostraciones, analizar casos de uso relevantes y verificar la capacidad de integración con otros sistemas existentes.
- **Análisis económico:** evaluar los aspectos económicos de las tecnologías consideradas, incluyendo los costos de adquisición, implementación, mantenimiento y actualización. Realizar un análisis de retorno de inversión para determinar la viabilidad financiera de cada opción.
- **Proveedor y empresa implementadora:** evaluar la reputación y experiencia del proveedor de la tecnología, así como la capacidad de la empresa implementadora para brindar soporte y acompañamiento en la implementación y puesta en marcha.

- **Evaluación organizacional:** considerar los recursos humanos disponibles en la empresa y su capacidad para adoptar y adaptarse a la nueva tecnología. Evaluar la necesidad de capacitación y la disponibilidad de personal para la gestión y operación de la tecnología seleccionada.
- **Selección final y plan de implementación:** con base en los resultados de las evaluaciones anteriores, seleccionar la tecnología especializada para el aprovisionamiento que mejor se ajuste a los requisitos y objetivos establecidos. Elaborar un plan de implementación detallado que incluya los plazos, actividades y recursos necesarios para llevar a cabo la adopción de la tecnología de manera exitosa.

La evaluación y selección de tecnologías debe estar enfocada en resolver los problemas más críticos y estratégicos de una empresa. Es fundamental identificar aquellos desafíos que afectan directamente al núcleo del negocio y buscar soluciones tecnológicas que aborden eficazmente esas necesidades prioritarias. Al enfocarse en los problemas centrales de la organización, se garantiza que la tecnología seleccionada tenga un impacto significativo en la eficiencia, la productividad y la rentabilidad de la empresa.

Sin embargo, es importante tener en cuenta que no todas las áreas o problemas tendrán la misma relevancia estratégica. Algunas funciones pueden ser menos críticas para el negocio en comparación con otras. En estos casos, se puede dejar un espacio para la adaptación y la adopción de soluciones más flexibles, que permitan abordar las necesidades específicas de esas áreas o problemas sin comprometer la integridad del enfoque principal.

Es fundamental reconocer que no se busca cubrir el 100 % de las necesidades funcionales de la empresa con una única tecnología. La selección debe enfocarse en ofrecer respuestas sólidas y eficientes al corazón del negocio, mientras se permite la adaptabilidad y la integración con otras soluciones para abordar los aspectos complementarios. Esto garantiza un enfoque estratégico y una implementación eficaz de las tecnologías seleccionadas.

Facilitadores para la ejecución de las actividades de aprovisionamiento

En el ámbito de las actividades de aprovisionamiento, existen diversos facilitadores que contribuyen a su ejecución eficiente. Estos incluyen el diseño de una evaluación y calificación de proveedores adecuada, la segmentación de servicios para la selección de los canales de compra óptimos, la elección del modelo de subasta inversa más idóneo y la utilización de un tablero integral de negociación y adjudicación (*comprehensive negotiation and award board*, CNAB). Estos facilitadores son herramientas prácticas que optimizan el proceso de aprovisionamiento y favorecen la toma de decisiones estratégicas, impulsando el éxito de las operaciones de la empresa.

Segmentación de servicios para la optimización del control de la ejecución

La metodología de segmentación de servicios para la optimización del control de la ejecución en el aprovisionamiento se basa en diferenciar y clasificar los servicios contratados en función de su criticidad y complejidad. El objetivo es identificar aquellos servicios que son realmente críticos y complejos para el negocio, y asignarles una atención y gestión especializada, mientras que los servicios de baja criticidad y complejidad pueden ser automatizados o gestionados de manera más eficiente.

Para realizar esta segmentación, se utilizan dos variables principales: la criticidad del servicio contratado y el nivel de complejidad en la administración de dicho servicio. A partir de estas variables, se pueden establecer cuatro cuadrantes para clasificar los servicios:

- **Servicios críticos y complejos:** son aquellos que tienen un alto impacto en el negocio y requieren una gestión especializada debido a su complejidad. Ejemplos de estos servicios podrían ser la seguridad informática, la gestión de proveedores estratégicos o la logística de productos perecederos.
- **Servicios críticos de baja complejidad en la administración:** son fundamentales para el negocio, pero su gestión puede ser estandarizada y automatizada en gran medida. Por ejemplo, el suministro de energía eléctrica, los servicios de telecomunicaciones y el suministro de agua podrían clasificarse en esta categoría.
- **Servicios de baja criticidad y altamente complejos de administrar:** no tienen un impacto significativo en el negocio, pero su gestión requiere un alto nivel de conocimiento y experiencia debido a su complejidad. Un ejemplo podría ser la gestión de servicios legales, consultoría especializada en áreas específicas o servicios de transporte de personal (que en algunos casos tienen una componente variable muy compleja).
- **Servicios de baja criticidad y simples de administrar:** no son críticos para el negocio y su gestión es

relativamente sencilla y de bajo costo. Algunos ejemplos son el catering para eventos internos, transporte de personal (sin una componente variable que complejice su administración) o limpieza y aseo de áreas comunes.

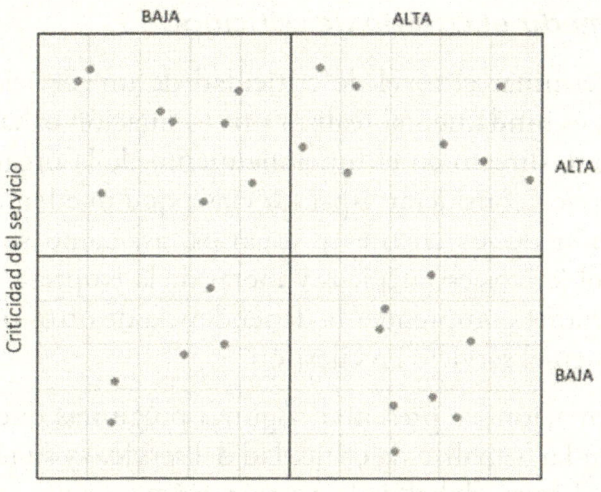

Ilustración 19 - Matriz de criticidad vs. complejidad de servicios

Para definir si un servicio es crítico o no, se consideran algunos criterios, como su impacto en las operaciones, su relación con los objetivos estratégicos de la organización, el grado de dependencia del servicio por parte de los clientes o usuarios y los riesgos asociados a su interrupción o fallo.

Para determinar la complejidad en la administración de un servicio, se pueden evaluar aspectos como la necesidad de conocimientos especializados, la cantidad de tareas y procesos requeridos, la coordinación con otros departamentos o proveedores externos, y la documentación y cumplimiento de regulaciones específicas.

Es importante tener en cuenta que la segmentación de servicios puede variar según el contexto y las necesidades de cada organización, por lo que es recomendable adaptar los criterios y cuadrantes según las particularidades de cada caso.

Como medir el criterio de criticidad

Para determinar el nivel de criticidad de un servicio para el negocio, es fundamental realizar una evaluación exhaustiva de su impacto directo en el funcionamiento de la organización. Esto implica considerar aspectos clave que pueden afectar la satisfacción de los clientes y usuarios, así como su relación con los objetivos estratégicos y metas de la empresa. Además, es importante comprender la dependencia de otros procesos o servicios en el servicio en cuestión.

A continuación, se presentan algunas preguntas que nos podrían ayudar a analizar la criticidad del servicio y su importancia para el éxito global de la organización:

- **¿Este servicio tiene un impacto directo en el funcionamiento de nuestro negocio?**
  Es necesario identificar si el servicio desempeña un papel fundamental en la ejecución de las operaciones y si su correcta prestación es crucial para el desarrollo de las actividades comerciales.
- **¿La interrupción o fallo de este servicio afectaría negativamente la satisfacción de nuestros clientes o usuarios?**
  Evaluar las implicaciones que tendría la falta de disponibilidad o el mal desempeño del servicio en la experiencia del cliente y en la percepción general de la calidad de nuestros productos o servicios.

- **¿Está estrechamente relacionado con nuestros objetivos estratégicos y metas de la organización?**

    Analizar si el servicio contribuye directamente al logro de los objetivos estratégicos y si su correcto funcionamiento es necesario para alcanzar metas específicas establecidas por la empresa.

- **¿Cuál es la dependencia de otros procesos o servicios en este servicio?**

    Investigar cómo la interrupción o el deterioro de este servicio puede afectar negativamente la eficiencia y efectividad de otros procesos o servicios dentro de la organización. Esto nos ayudará a comprender la importancia de mantener una gestión adecuada y una supervisión constante sobre el mismo.

Al realizar esta evaluación, podremos identificar con mayor precisión la criticidad del servicio y tomar decisiones informadas sobre la forma en que debe ser administrado y supervisado.

Como medir el criterio de complejidad

La administración de un servicio contratado a un tercero puede implicar diferentes niveles de complejidad en términos de conocimientos especializados, procesos de gestión y coordinación con otras partes interesadas. Es fundamental evaluar la complejidad de la administración del servicio para garantizar una ejecución eficiente y efectiva.

A continuación, se presentan algunas preguntas que nos ayudarán a analizar la complejidad involucrada en la administración del servicio contratado:

- **¿Requiere conocimientos especializados o experiencia técnica específica?**
  Evaluar si la administración del servicio demanda habilidades o conocimientos especializados que pueden no estar disponibles internamente. Esto nos ayudará a determinar si es necesario contar con personal capacitado o si es posible externalizar la gestión a un proveedor especializado.
- **¿Cuántos pasos o tareas son necesarios para administrar y gestionar este servicio?**
  Identificar la cantidad de actividades y tareas involucradas en la administración del servicio. Cuanto mayor sea el número de pasos o tareas, mayor puede ser la complejidad asociada. Esto nos permitirá estimar la carga de trabajo y los recursos necesarios para administrar el servicio de manera efectiva.
- **¿Existen regulaciones, normativas o estándares particulares que debemos cumplir al administrar este servicio?**
  Investigar si la administración del servicio está sujeta a regulaciones o estándares específicos que deben ser cumplidos. Esto puede agregar complejidad adicional debido a la necesidad de seguir procedimientos específicos, llevar a cabo auditorías o cumplir con requisitos legales o de cumplimiento.
- **¿Es necesario coordinarse con otros departamentos, proveedores externos adicionales u otras partes interesadas para asegurar una correcta ejecución del servicio?**
  Analizar si la administración del servicio requiere una estrecha colaboración y coordinación con otras áreas de la organización, proveedores externos o partes

interesadas. Esta interdependencia puede aumentar la complejidad debido a la necesidad de establecer comunicación efectiva y garantizar la alineación de objetivos y expectativas.

Al realizar esta evaluación de la complejidad en la administración del servicio, podremos tomar decisiones informadas sobre cómo abordar su gestión, ya sea asignando recursos internos, contratando proveedores especializados o simplificando los procesos para mejorar la eficiencia.

Enfoques y estrategias para administrar servicios en función de su complejidad y criticidad

Es fundamental explorar enfoques y estrategias para administrar de manera efectiva los servicios contratados a terceros, considerando su nivel de criticidad y complejidad.

A continuación, se presentan enfoques específicos para cada caso:

- **Servicios de alta criticidad y complejidad:** requieren una gestión rigurosa y especializada debido a su impacto directo en el funcionamiento del negocio. Para asegurar su correcta administración, es fundamental contar con personal capacitado y herramientas tecnológicas adecuadas. Se pueden implementar soluciones como:
    - Establecer acuerdos de nivel de servicio (SLA, por sus siglas en inglés) detallados que especifiquen los estándares de rendimiento, tiempos de respuesta y resolución, y otras métricas clave.
    - Implementar sistemas de monitoreo y seguimiento en tiempo real para detectar y abordar cualquier problema o desviación rápidamente.

- Utilizar plataformas de gestión de proveedores para centralizar la comunicación, el seguimiento de contratos y el intercambio de información crítica.
- Asignar un equipo interno dedicado para supervisar y coordinar de cerca la ejecución del servicio.

- **Servicios de alta criticidad pero baja complejidad:** aunque no requieren una administración compleja, su criticidad para el negocio exige una atención adecuada. En estos casos, se pueden buscar soluciones que simplifiquen los procesos administrativos sin comprometer la calidad y el cumplimiento. Algunas acciones a considerar son:

  - Automatizar tareas y flujos de trabajo utilizando herramientas de automatización y gestión de procesos.
  - Implementar sistemas de seguimiento y control automatizados para garantizar la visibilidad y el cumplimiento de los requisitos acordados.
  - Establecer procedimientos estándar y documentados para la gestión de estos servicios, facilitando su ejecución por parte de los proveedores.

- **Servicios de baja criticidad pero alta complejidad:** pueden representar una carga administrativa significativa debido a su complejidad, a pesar de su baja importancia para el negocio. Para abordarlos de manera eficiente, se pueden aplicar estrategias como:

  - Externalizar su administración a proveedores especializados que cuenten con la experiencia y los recursos necesarios.

- Utilizar herramientas tecnológicas que permitan la automatización de tareas y flujos de trabajo complejos.
- Simplificar los procesos y los requisitos de seguimiento y control, siempre asegurando que se cumplan los estándares mínimos requeridos.

- **Servicios de baja criticidad y baja complejidad:** son candidatos ideales para una mayor automatización y simplificación. Se pueden aplicar las siguientes medidas:
  - Implementar soluciones completamente automatizadas que permitan la autogestión por parte del proveedor, reduciendo la intervención y el seguimiento por parte de la organización.
  - Utilizar herramientas tecnológicas como plataformas de autoservicio, chatbots o portales en línea para facilitar la gestión y el acceso a la información relacionada con estos servicios.
  - Establecer métricas de rendimiento básicas para monitorear la calidad y eficiencia de los servicios, sin necesidad de un seguimiento detallado.

Al adaptar las acciones y soluciones a cada tipo de servicio, se puede optimizar la administración de los servicios contratados a terceros, asegurando que aquellos críticos y complejos reciban la atención necesaria mientras se simplifican los procesos de aquellos de menor importancia y complejidad.

Tablero integral de negociación y adjudicación (*comprehensive negotiation and award board,* CNAB)

En el contexto de la negociación y adjudicación de contratos para bienes o servicios, es crucial contar con herramientas eficientes que faciliten el seguimiento y la toma de decisiones informadas. Una de estas es un tablero integral de negociación y adjudicación, el cual proporciona una visión global y estructurada del proceso de negociación, permitiendo una mejor organización y visualización de la información clave para los tomadores de decisiones.

En el caso de organizaciones que cuentan con un comité de evaluación o aprobación de propuestas de adjudicación, el uso del tablero CNAB adquiere aún más relevancia. Al presentar de manera clara y visible los aspectos esenciales del proceso, como las ofertas recibidas, los criterios de evaluación y los acuerdos alcanzados, este tablero facilita la toma de decisiones informadas por parte de los miembros del comité. Además, al generar informes y métricas que brindan una visión global y detallada, el CNAB agiliza las discusiones y asegura que todos los tomadores de decisiones tengan acceso a la información necesaria para evaluar de manera precisa y fundamentada cada propuesta.

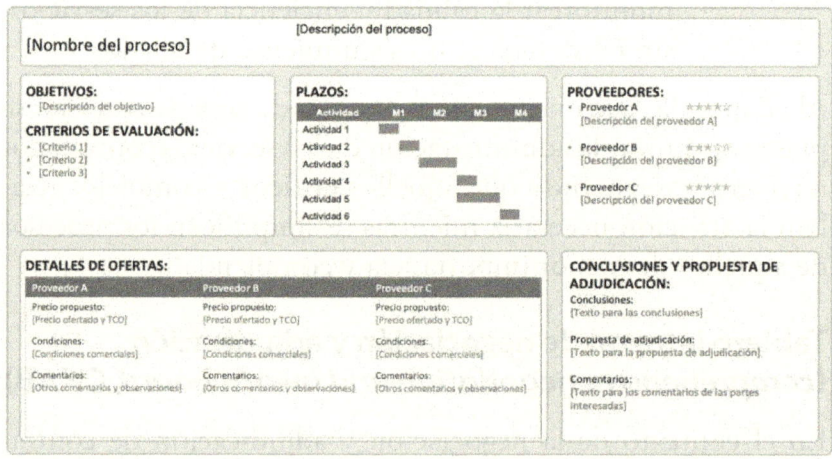

Ilustración 20 - Ejemplo de tablero integral de negociación y adjudicación

Como se muestra en la imagen anterior, el tablero CNAB consta de secciones que facilitan la gestión y el seguimiento del proceso de negociación. A continuación, se describen las principales secciones que se encuentran en este tablero:

- **Descripción del proceso de negociación:** proporciona una visión general del proceso de negociación y adjudicación. Aquí se incluyen detalles como los objetivos del proceso, los criterios de evaluación y los plazos establecidos. Esta descripción sirve como referencia para comprender el contexto y los requisitos del proceso.
- **Proveedores participantes:** presenta una lista de los proveedores que participan en el proceso de negociación. Se incluye información relevante sobre cada uno, como su nombre, descripción de la empresa y razones para su inclusión en el proceso. Además, se puede utilizar una calificación gráfica, como estrellas, para indicar el nivel de madurez o la calidad del proveedor en aspectos como cumplimiento y salud financiera, entre otros. Esta calificación facilita la comparación y evaluación rápida de los proveedores.
- **Detalles de las ofertas:** muestra información detallada sobre las ofertas presentadas por cada proveedor. Se incluyen aspectos como el precio propuesto, las condiciones contractuales, los plazos de entrega y cualquier otra especificación relevante. Esta sección permite comparar y analizar las ofertas de manera clara y concisa.
- **Conclusión y propuesta de adjudicación:** presenta la conclusión del proceso de negociación y se indica la propuesta de adjudicación. Aquí se especifica si la propuesta es para uno o más proveedores y se brinda una explicación detallada de las razones que respaldan la

elección. Esta sección, que se ubica en una parte visible del tablero, proporciona transparencia y justificación para la decisión tomada.

El tablero integral de negociación y adjudicación (CNAB) se diseñó para brindar una visión completa y estructurada del proceso de negociación, facilitando la visualización y el control de la información clave. Al contar con secciones específicas para la descripción del proceso, los proveedores participantes, los detalles de las ofertas y la propuesta de adjudicación, el CNAB asegura que los involucrados tengan acceso a la información necesaria y facilita la toma de decisiones informadas y fundamentadas.

Para la implementación rápida del tablero integral de negociación y adjudicación, recomendamos el uso de nuestra planilla de tablero CNAB, disponible en el siguiente enlace:

Herramientas para el análisis y gestión de costos, riesgos y problemas

En el contexto del análisis y gestión de costos, riesgos y problemas, es posible utilizar herramientas que permitan abordar de manera efectiva los desafíos presentes en el aprovisionamiento. Entre estas se encuentra el análisis de causa raíz (*root cause analysis*, RCA), que permite identificar las causas de los problemas y tomar acciones correctivas precisas. Otro recurso valioso es el mapa de empatía, que ayuda a comprender las necesidades y deseos de los actores involucrados en el proceso de aprovisionamiento, fomentando una toma de decisiones más acertada. Asimismo, la gestión de riesgos en el aprovisionamiento se vuelve fundamental para anticiparse a posibles contingencias y minimizar su impacto en la operatividad de la empresa. Por último, el cálculo del costo total de propiedad (*total cost of ownership*, TCO) proporciona una visión integral de los costos asociados a la adquisición y mantenimiento de bienes y servicios, permitiendo una evaluación precisa de su rentabilidad a largo plazo. Estas herramientas constituyen recursos indispensables para lograr una gestión eficiente y optimizada en el ámbito del aprovisionamiento empresarial.

Mapa de empatía

El mapa de empatía es una herramienta valiosa que se utiliza para comprender y visualizar las necesidades, motivaciones y experiencias de los usuarios. Ayuda a desarrollar una perspectiva más profunda y empática sobre las personas a quienes se dirige un producto, servicio o proceso organizacional. A través de este mapa, se pueden identificar oportunidades de mejora y desarrollar soluciones que se ajusten de manera más efectiva a las necesidades reales de los usuarios.

Es importante destacar que el mapa de empatía debe trabajarse de la mano con las metodologías de análisis de causa raíz, lo que permite contrarrestar las necesidades identificadas en el mapa de empatía con las necesidades reales de la empresa. Al profundizar en las causas subyacentes de los problemas o las insatisfacciones detectadas en el mapa de empatía, se podrán implementar soluciones más efectivas y duraderas, abordando los aspectos fundamentales que generan impacto en la experiencia del usuario.

El mapa de empatía se divide en dos secciones: la parte superior y la parte inferior.

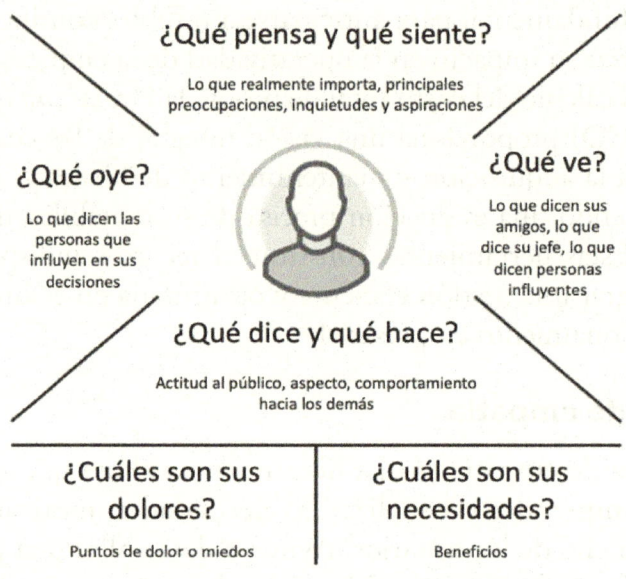

Ilustración 21 - Mapa de empatía

En la parte superior, se encuentran las cuatro preguntas relacionadas al usuario:

- **¿Qué piensa y qué siente?** En esta sección, se exploran los pensamientos, creencias y emociones que los usuarios experimentan en relación con el producto o servicio. ¿Cuáles son sus opiniones, actitudes y percepciones? Por ejemplo, un usuario puede sentirse frustrado por la falta de información y poca transparencia en la gestión de sus pedidos.
- **¿Qué oye?** Aquí se investiga qué información reciben los usuarios y de qué fuentes. ¿A quién escuchan? ¿Qué comentarios o recomendaciones influyen en su opinión? Por ejemplo, los usuarios pueden escuchar las opiniones de sus compañeros de trabajo respecto a sus experiencias, reforzando o refutando su opinión.

- **¿Qué dice y qué hace?** En esta sección, se analizan las acciones y comportamientos que los usuarios realizan en relación con el proceso de aprovisionamiento. ¿Cómo interactúan con él? ¿Cuáles son sus patrones de uso? Por ejemplo, un usuario puede manifestar su insatisfacción en reuniones de equipo o en conversaciones informales con sus colegas.
- **¿Qué ve?** Aquí se exploran los elementos visibles y tangibles que los usuarios encuentran en su entorno. ¿Qué ven cuando usan el servicio de aprovisionamiento? ¿Cuáles son los aspectos físicos y visuales que influyen en su experiencia? Por ejemplo, un usuario puede ver un panel de control que les brinde una visibilidad clara del estado de sus pedidos.

En la parte inferior del mapa de empatía, se encuentran las siguientes preguntas:

- **¿Cuáles son sus dolores?** En esta sección, se identifican los problemas, desafíos y frustraciones que los usuarios enfrentan al utilizar el servicio de aprovisionamiento. ¿Qué obstáculos encuentran? ¿Qué aspectos les causan molestias o insatisfacción? Por ejemplo, un usuario puede experimentar dificultades técnicas, largos tiempos de espera o falta de soporte adecuado.
- **¿Cuáles son sus necesidades?** Aquí se investigan las necesidades, deseos y aspiraciones que los usuarios buscan satisfacer con el servicio de aprovisionamiento. ¿Qué están tratando de lograr? ¿Qué beneficios esperan obtener? Por ejemplo, los usuarios pueden necesitar mayor eficiencia, ahorro de tiempo, comodidad o seguridad de las fechas de entrega de sus solicitudes.

El mapa de empatía permite una comprensión más profunda de los usuarios al responder estas preguntas, ayudando a identificar las motivaciones, preocupaciones y puntos clave de mejora relacionados con las necesidades y experiencias de los usuarios. Al utilizar esta herramienta, las organizaciones pueden desarrollar soluciones más efectivas y centradas en el usuario, satisfaciendo sus necesidades y generando una mayor lealtad.

A continuación, se detallan funciones importantes del mapa de empatía:

- **Filtrar y categorizar el conocimiento de la audiencia:** permite organizar y dar sentido a la investigación cualitativa que has realizado. Puedes utilizar notas de investigación, respuestas a encuestas, entrevistas y otras fuentes de información para obtener una visión más clara de las necesidades, motivaciones y experiencias de tus usuarios. Al categorizar y filtrar esta información, puedes identificar patrones y tendencias que te ayudarán a comprender mejor a tu audiencia.
- **Identificar lagunas de conocimiento:** permite descubrir áreas en las que aún no tienes suficiente información sobre tus usuarios. Esto te permitirá identificar lagunas en tu conocimiento y determinar si necesitas investigación adicional para cubrirlas y que la comprensión de tu audiencia sea completa y precisa.
- **Crear perfiles de usuarios:** al alinear y agrupar varios mapas de empatía, puedes crear perfiles de usuarios que representen diferentes segmentos de tu audiencia. Estas personas ficticias se basan en datos reales y ayudan a tu equipo a visualizar y comprender mejor a los usuarios individuales. Los perfiles de usuarios son herramientas

valiosas para el desarrollo de estrategias centradas en el cliente interno.
- **Fomentar una mentalidad centrada en el cliente:** promueve una mentalidad centrada en el cliente dentro de tu equipo. Al involucrar a todos en el proceso de creación y análisis, se genera mayor comprensión y empatía hacia las necesidades y experiencias de los usuarios. Esto conduce a una cultura empresarial enfocada en satisfacer y superar sus expectativas.
- **Alinear la experiencia del usuario (UX) en todas las plataformas:** apoya una experiencia de usuario uniforme y coherente en todas las plataformas y puntos de contacto. Al comprender lo que tus usuarios piensan, sienten, hacen y ven, puedes adaptar tu servicio de aprovisionamiento para satisfacer sus expectativas y necesidades en cada etapa del proceso.
- **Obtener información relevante de manera sencilla:** es una herramienta visual y práctica que te permite obtener información relevante de una manera bastante sencilla. Su formato gráfico te permite visualizar de manera clara y concisa los aspectos clave relacionados con tus clientes. Esto simplifica la comunicación y el análisis de datos, lo que a su vez facilita la toma de decisiones basadas en el conocimiento de la audiencia.

Análisis de causa raíz (*root cause analysis*, RCA)

El análisis de causa raíz puede ser una herramienta valiosa para determinar las necesidades reales de mejoras en el aprovisionamiento de una empresa a partir de los requerimientos o ajustes reportados por distintas áreas de negocio. Esta metodología nos permite identificar las causas subyacentes de los problemas o deficiencias en el proceso de aprovisionamiento, lo que nos ayuda a comprender las verdaderas necesidades de mejora y a tomar decisiones informadas sobre cómo abordarlas.

Imaginemos que distintas áreas de negocio de una empresa han informado sobre problemas en el aprovisionamiento, como retrasos en la entrega de materiales, falta de calidad en los productos adquiridos o altos costos asociados. Para determinar las necesidades de mejora, aplicaríamos el análisis de raíz de la siguiente manera:

- **Definición clara del problema:** en primer lugar, identificaríamos y definiríamos de manera precisa los problemas reportados por las distintas áreas de negocio en relación al aprovisionamiento. Por ejemplo, podríamos establecer que el problema principal es la falta de puntualidad en la entrega de los materiales requeridos.
- **Recopilación de datos:** luego, recopilaríamos datos relevantes relacionados con el problema. Esto podría incluir registros de entregas, acuerdos con proveedores, tiempos de espera, entre otros. Los datos nos proporcionarán información objetiva y nos ayudarán a tener una visión más clara del problema.
- **Análisis de causas:** utilizando herramientas como el diagrama de Ishikawa, el análisis de los 5 porqués o el desafío a los paradigmas, investigaríamos las posibles causas de los problemas reportados. Por ejemplo, podríamos identificar que los retrasos en la entrega se deben a problemas en la planificación de la demanda, falta de coordinación con los proveedores o deficiencias en los procesos de logística interna.
- **Identificación de la causa raíz:** a medida que exploramos las causas potenciales, nos enfocaremos en

identificar la causa raíz, es decir, aquella que si se aborda adecuadamente resolverá el problema en su totalidad o de manera significativa. En nuestro ejemplo, podríamos descubrir que la falta de coordinación con los proveedores es la causa raíz de los retrasos en la entrega de materiales.
- **Desarrollo de acciones correctivas:** una vez que se ha identificado la causa raíz, podemos desarrollar acciones correctivas específicas para abordarla. En el caso de la falta de coordinación con los proveedores, podríamos establecer procesos claros de comunicación, acuerdos de tiempos de entrega y seguimiento más efectivo.

Al aplicar el análisis de raíz en este escenario, seremos capaces de determinar las necesidades reales de mejora en el aprovisionamiento de la empresa. En lugar de abordar los problemas de manera superficial, estaremos trabajando en soluciones fundamentales que resolverán las causas subyacentes y generarán un impacto duradero en el proceso de aprovisionamiento. Esto nos permitirá mejorar la eficiencia, la calidad y la satisfacción general de las áreas de negocio y la empresa en su conjunto.

Diagrama de Ishikawa

El diagrama de Ishikawa, también conocido como diagrama de causa y efecto o diagrama de espina de pescado, es una herramienta visual utilizada para identificar y analizar las posibles causas de un problema o una situación indeseada. Fue desarrollado por el profesor Kaoru Ishikawa en la década de 1960 y se utiliza ampliamente en la gestión de calidad y mejora continua.

El diagrama de Ishikawa se basa en la premisa de que los problemas no ocurren de manera aislada, sino que son el resultado de diversas causas subyacentes que se entrelazan. El objetivo es identificar y comprender estas causas para abordar el problema de manera efectiva y duradera.

El diagrama de Ishikawa se representa gráficamente como una espina de pescado, donde la cabeza del pez representa el problema o efecto no deseado, y las espinas principales representan las categorías principales de causas que podrían contribuir a ese problema. Estas categorías comúnmente se conocen como las 6 M:

- **Mano de obra:** se refiere a las personas involucradas en el proceso, su capacitación, habilidades y competencias.
- **Maquinaria:** se refiere a los equipos, herramientas y tecnología utilizados en el proceso de aprovisionamiento.
- **Materiales:** se refiere a los materiales, insumos y recursos utilizados en el proceso de aprovisionamiento.
- **Método:** se refiere a los procedimientos, prácticas y formas de trabajo utilizadas en el proceso de aprovisionamiento.
- **Medioambiente:** se refiere al entorno físico y las condiciones en las que se lleva a cabo el proceso de aprovisionamiento.
- **Medición:** comprobación, evaluación y otras medidas físicas, sean manuales o automáticas.

Capítulo 6. Herramientas metodológica para una transformación...

Ilustración 22 - Ejemplo de diagrama de Ishikawa

Para utilizar el diagrama de Ishikawa en el contexto del análisis de causa raíz en el aprovisionamiento de una empresa, se siguen los siguientes pasos:

- Definir claramente el problema o la necesidad de mejora en el aprovisionamiento.
- Dibujar el diagrama de Ishikawa en una pizarra o papel grande, con la cabeza del pez representando el problema en el extremo derecho.
- Identificar las categorías principales de causas (6 M) relacionadas con el problema.
- Para cada categoría, generar ideas y posibles causas que podrían contribuir al problema.
- Profundizar en cada causa identificada, utilizando técnicas como el análisis de los 5 porqués, para comprender las causas subyacentes.
- Evaluar y priorizar las causas identificadas según su impacto y probabilidad de ocurrencia.
- Desarrollar acciones correctivas o de mejora dirigidas a abordar las causas raíz identificadas.

- Implementar las acciones y monitorear los resultados para verificar su efectividad.
- Realizar un seguimiento periódico y evaluar el progreso para garantizar la sostenibilidad de las mejoras implementadas.

El diagrama de Ishikawa es una herramienta efectiva para visualizar y analizar las múltiples causas que contribuyen a un problema en el aprovisionamiento. Facilita la identificación de las causas raíz y ayuda a enfocar los esfuerzos de mejora de manera más precisa y sistemática.

Análisis de los 5 porqués

El análisis de los 5 porqués es una técnica utilizada para identificar las causas raíz de un problema o una necesidad de mejora en el aprovisionamiento de las empresas. Esta técnica se basa en la premisa de que un problema o una situación indeseada no es más que el síntoma de causas subyacentes que deben ser identificadas y abordadas para resolver el problema de manera efectiva.

El proceso del análisis de los 5 porqués es bastante simple. Consiste en hacer una serie de preguntas (¿por qué?) de forma repetitiva, profundizando en las respuestas y buscando la causa raíz en cada nivel. A medida que se profundiza en las respuestas, se revelan las causas subyacentes que, una vez abordadas, pueden conducir a mejoras significativas en los procesos de aprovisionamiento.

Aquí hay un ejemplo ilustrativo del análisis de los 5 porqués en el contexto del aprovisionamiento.

Problema: demora en los tiempos de procesamiento de solicitudes de compra.

- ¿Por qué hay demoras en los tiempos de procesamiento de solicitudes de compra?
- Porque los aprobadores demoran horas o hasta días en aprobar las solicitudes de compra.
- ¿Por qué los aprobadores demoran horas o días en aprobar las solicitudes de compra?
- Porque están lejos de sus computadores o sin conexión a internet.
- ¿Por qué están lejos de sus computadores o sin conexión a internet?
- Porque deben movilizarse a otras plantas o incluso a otras ciudades como parte de su trabajo.
- ¿Por qué no aprueban desde los lugares en donde están movilizados?
- Porque no pueden portar sus computadores en las instalaciones que visitan y no tienen otra herramienta para la aprobación de las solicitudes de compra.
- ¿Por qué no tienen una herramienta adecuada para la aprobación remota o móvil?
- Porque la organización no ha implementado un sistema de aprobación móvil que les permita aprobar sin importar su ubicación física.

Para resolver el problema de la demora en los tiempos de procesamiento de solicitudes de compra, se requiere implementar un sistema de aprobación remota o móvil que permita a los aprobadores realizar sus tareas de aprobación desde cualquier lugar, evitando así la dependencia de sus computadores y las limitaciones causadas por las visitas y reuniones fuera de la oficina. Esto agilizará el proceso de aprobación y mejorará la eficiencia en el aprovisionamiento de la empresa.

Es importante destacar que el número exacto de preguntas (¿por qué?) puede variar según la complejidad del problema y la situación específica. La idea principal es profundizar lo suficiente en las respuestas para identificar las causas subyacentes y no quedarse en soluciones superficiales o sintomáticas.

El análisis de los 5 porqués es una herramienta valiosa para comprender las causas raíz de los problemas y las necesidades de mejora en el aprovisionamiento de las empresas. Al identificar y abordar estas causas raíz, se pueden implementar soluciones más efectivas y duraderas que contribuyan a optimizar los procesos de aprovisionamiento.

Desafío a los paradigmas

El desafío a los paradigmas es una herramienta que ayudará a generar un cambio significativo en los procesos de aprovisionamiento de las empresas. A través de preguntas fundamentales como ¿por qué lo hacemos?, ¿para qué lo hacemos? y ¿para quién lo hacemos?, se exploran los supuestos arraigados en las prácticas de aprovisionamiento. Este enfoque permitirá despejar el terreno de los requerimientos habituales de las áreas de negocio y enfocarse en comprender las necesidades reales de la empresa. Al cuestionar y desafiar los paradigmas existentes, se pueden identificar oportunidades de mejora y desarrollar soluciones innovadoras que impulsen la eficiencia y el crecimiento en el área de aprovisionamiento.

A continuación, exploramos el objetivo de cada una de estas preguntas (¿por qué?, ¿para qué? y ¿para quién?):

- **¿Por qué?** Con esta pregunta buscamos comprender las razones o motivos detrás de las acciones o prácticas

existentes en el aprovisionamiento. Queremos descubrir los fundamentos y supuestos subyacentes que han llevado a la adopción de ciertos paradigmas.
- **¿Para qué?** Mediante esta pregunta indagamos sobre los objetivos y metas que se persiguen al seguir los paradigmas actuales. Buscamos entender los resultados o beneficios esperados y evaluar si siguen siendo válidos o si es necesario replantearlos.
- **¿Para quién?** Esta pregunta nos permite identificar quién o quiénes son los receptores directos de los resultados relacionados con el paradigma que estamos analizando. Este enfoque nos permitirá comprender mejor las necesidades y expectativas de aquellos involucrados en el proceso y así generar soluciones más efectivas y alineadas con sus requerimientos.

Para desafiar los paradigmas de la empresa se siguen los siguientes pasos:

- **Identificar el paradigma:** reconoce y define claramente el paradigma actual en el ámbito del aprovisionamiento que deseas cuestionar.
- **Cuestionar el paradigma:** realiza una serie de preguntas fundamentales: ¿por qué lo hacemos?, ¿para qué lo hacemos? y ¿para quién lo hacemos? Explora las respuestas a través del cuestionamiento profundo y desafía las suposiciones arraigadas en el paradigma.
- **Tabular las respuestas:** registra las respuestas de manera sistemática en una cartilla de anotación, lo que facilitará el análisis posterior.

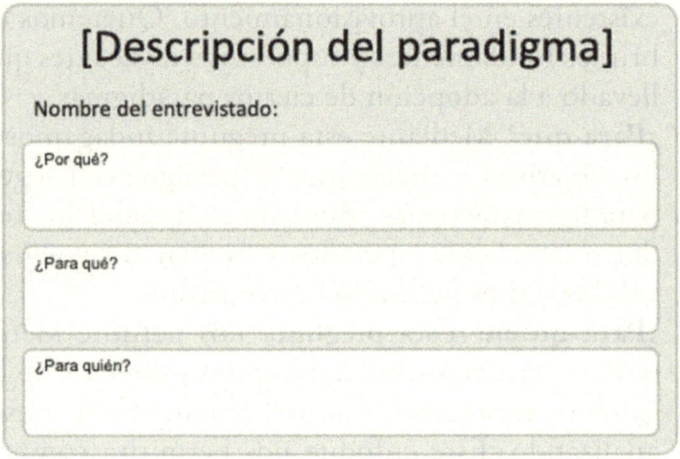

[Descripción del paradigma]
Nombre del entrevistado:
¿Por qué?
¿Para qué?
¿Para quién?

Ilustración 23 - Ejemplo de ficha para la tabulación de respuestas

- **Profundizar en el análisis:** si se identifica un «para quién» específico, debemos dirigirnos a ese quien (personas, grupos de personas o áreas de la empresa) y repetir los 2 pasos anteriores.

[Descripción del paradigma]
[Descripción del paradigma]
[Descripción del paradigma]
[Descripción del paradigma]

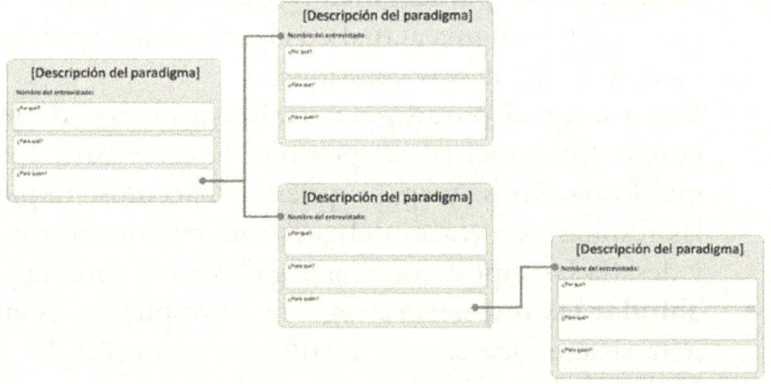

Ilustración 24 - Ejemplo de profundización en el análisis

- **Análisis de la información y conclusión:** analiza y examina las respuestas recopiladas en la cartilla de anotación. Extrae conclusiones basadas en la información obtenida y utiliza estos hallazgos para replantear o desafiar el paradigma actual.

A continuación se presentará un ejemplo simple que explica de mejor forma esta metodología.

En el área de aprovisionamiento, descubrimos que las demoras en el tratamiento de las órdenes de compra se deben a que los procesos de aprobación son demasiado largos.

Este es el paradigma existente: «Los flujos de aprobación deben seguir los niveles definidos y no se puede omitir ninguno de ellos».

Para cuestionar este paradigma, nos dirigimos al comprador y realizamos el ejercicio de por qué, para qué y para quién.

- **Entrevistado:** comprador.
  ¿Por qué?: porque se debe cumplir con los procedimientos establecidos y garantizar el cumplimiento normativo.
  ¿Para qué?: para asegurar la trazabilidad de las compras y tener un control riguroso sobre los gastos.
  ¿Para quién?: el área de operaciones solicitó tener niveles adicionales de aprobación para mantener un mayor control sobre las solicitudes de compra y controlar el gasto.
- **Entrevistado:** gerente de operaciones.
  ¿Por qué?: el área de operaciones requiere mantener un estricto control presupuestario y evitar desviaciones significativas en el gasto.
  ¿Para qué?: asegurar una revisión exhaustiva de las solicitudes de compra antes de generar la orden de compra, y tener un mayor control del gasto.

¿Para quién?: el área de finanzas solicitó a las áreas que concentran los mayores gastos un ajuste y control más riguroso del gasto. Esto está vinculado a una meta específica de reducción de costos establecida por el área de finanzas.

- **Entrevistado:** gerente de finanzas.

    ¿Por qué?: se requiere de un control y reducción de las compras en las áreas de mayor gasto para impulsar un objetivo general de ahorro en la empresa.

    ¿Para qué?: el propósito es mejorar los indicadores financieros y fortalecer la salud financiera de la organización.

    ¿Para quién?: el destinatario final de estos resultados es el directorio de la empresa, ya que son ellos quienes supervisan y toman decisiones estratégicas basadas en los informes financieros.

Estos datos permiten concluir que el enfoque en el control de aprobaciones no es la solución óptima y que es necesario explorar alternativas como la optimización de contratos o un análisis más detallado de las categorías de gastos para abordar de manera más efectiva las necesidades de reducción de costos sin afectar el proceso de compras en su totalidad.

Gestión de riesgos en el aprovisionamiento

La gestión de riesgos en el aprovisionamiento de bienes y servicios es fundamental para asegurar operaciones efectivas y evitar posibles contratiempos. A continuación, se presenta una metodología para llevar a cabo un análisis y gestión de riesgos en este contexto:

- **Identificación de riesgos:** el primer paso consiste en identificar los posibles riesgos asociados al aprovisionamiento de bienes y servicios. Estos pueden incluir retraso en la entrega de proveedores, escasez de suministro debido a desastres naturales, aumento repentino de los costos de materias primas, incumplimiento de calidad por parte de los proveedores, cambios en las regulaciones comerciales, entre otros.
- **Evaluación de riesgos:** una vez identificados los riesgos, se debe evaluar su probabilidad de ocurrencia y su impacto en los procesos de la empresa. Esta evaluación puede realizarse utilizando una escala de valoración, asignando niveles (muy alta, alta, media, baja o muy baja) a la probabilidad e impacto de cada riesgo.
- **Planes de respuesta:** una vez comprendidos los riesgos, se desarrollan planes de respuesta adecuados. Esto implica identificar estrategias para mitigar, transferir, aceptar o evitar los riesgos. Se definen acciones concretas y se asignan responsables para cada riesgo identificado. También se establecen planes de contingencia para hacer frente a los riesgos que no pueden ser mitigados directamente.

Matriz de riesgos de aprovisionamiento

Para visualizar y priorizar los riesgos identificados, se puede utilizar una matriz de riesgos. A continuación, se presenta un ejemplo de una matriz de riesgos para el aprovisionamiento:

		GRAVEDAD				
		1 Insignificante	2 Menor	3 Moderado	4 Importante	5 Catastrófico
PROBABILIDAD	5 Muy probable					
	4 Probable			Retraso en la entrega de los proveedores		
	3 Posible			Incumplimiento de calidad por parte de los proveedores	Aumento inesperado de los costos de materias primas	
	2 Poco probable				Escasez de suministros debido a desastres naturales	
	1 Muy improbable			Cambios en las regulaciones comerciales		

Ilustración 25 - Ejemplo de matriz de riesgos en el aprovisionamiento

Para la matriz de riesgo ejemplo de la ilustración anterior, las acciones de mitigación podrían ser las siguientes:

- **Retraso en la entrega de proveedores:** establecer acuerdos de tiempo de entrega claros y monitoreo constante.
- **Escasez de suministro debido a desastres naturales:** identificar proveedores alternativos y establecer planes de contingencia.
- **Aumento repentino de los costos de materias primas:** diversificar fuentes de aprovisionamiento y negociar contratos a largo plazo.
- **Incumplimiento de calidad por parte de los proveedores:** establecer criterios de calidad claros y realizar auditorías regulares.
- **Cambios en las regulaciones comerciales:** mantenerse actualizado sobre las regulaciones y adaptar estrategias de aprovisionamiento.

En esta matriz, se han evaluado varios riesgos comunes en el aprovisionamiento y se han asignado niveles de probabilidad, impacto y riesgo. Cada riesgo se ha acompañado de acciones de mitigación, las cuales buscan reducir la probabilidad de ocurrencia o minimizar el impacto negativo en caso de que el riesgo se materialice.

Es importante destacar que la matriz de riesgos debe actualizarse regularmente para reflejar los cambios en el entorno de aprovisionamiento y las lecciones aprendidas de eventos pasados. Además, se recomienda mantener un registro de los riesgos identificados, las acciones de mitigación implementadas y su efectividad.

La gestión de riesgos en el aprovisionamiento requiere una comunicación efectiva y un trabajo en equipo entre los distintos actores involucrados. Se deben establecer reuniones periódicas para revisar y actualizar la matriz de riesgos, así como asignar responsabilidades claras para llevar a cabo las acciones de mitigación.

La gestión de riesgos en el aprovisionamiento estratégico

La gestión de riesgos en el aprovisionamiento estratégico es fundamental para garantizar la continuidad y el éxito de las operaciones de suministro. Esta gestión de riesgos debe estar integrada en todo el proceso de aprovisionamiento, desde la calificación de proveedores hasta la generación de contratos. A continuación, se detallan las principales áreas en las que se debe considerar la gestión de riesgos:

- **Calificación de proveedores:** en la etapa de calificación de proveedores, es importante evaluar los riesgos

asociados a cada proveedor potencial. Esto implica considerar aspectos como la estabilidad financiera, la capacidad de producción, la calidad del producto o servicio, el cumplimiento normativo y la reputación del proveedor. Estos criterios de evaluación deben tener en cuenta los riesgos potenciales que podrían afectar la continuidad del suministro.
- **Análisis de ofertas:** durante el análisis de ofertas, se deben considerar los riesgos asociados a cada propuesta. Esto implica evaluar no solo el precio y las condiciones comerciales, sino también aspectos relacionados con la capacidad de cumplir con los requerimientos, la capacidad de adaptarse a cambios en la demanda o en las condiciones del mercado, y la capacidad de mantener una relación comercial sólida y confiable. El análisis de riesgos en este contexto ayuda a seleccionar la oferta que minimice los posibles riesgos para la organización.
- **Generación de contratos:** en la etapa de generación de contratos, es fundamental incluir cláusulas y disposiciones que aborden los riesgos identificados durante el proceso de aprovisionamiento. Estos pueden incluir aspectos como la garantía de calidad, el plazo de entrega, las penalizaciones por incumplimiento, los procedimientos de resolución de disputas y los mecanismos de renegociación. El objetivo es establecer un contrato que proteja los intereses de ambas partes y mitigue los riesgos asociados al suministro.

Es importante destacar que la gestión de riesgos del suministro no se limita únicamente a la etapa de aprovisionamiento, sino que debe ser un proceso continuo. Esto implica monitorear y evaluar regularmente los riesgos asociados a los proveedores y al entorno de suministro. Se deben establecer mecanismos de seguimiento y reporte de riesgos, así como planes de acción para abordar y mitigar los riesgos identificados.

La gestión de riesgos en el aprovisionamiento estratégico requiere la colaboración y el compromiso de diferentes áreas dentro de la organización, como compras, operaciones, finanzas y calidad. Además, puede ser beneficioso establecer alianzas estratégicas con proveedores clave para compartir información y trabajar en conjunto en la identificación y mitigación de riesgos.

Ejemplos de riesgos en el aprovisionamiento estratégico

En el ámbito del aprovisionamiento estratégico, es importante tener en cuenta los riesgos potenciales. Estos pueden afectar la efectividad y eficiencia del proceso, así como los resultados finales. A continuación, se presentan algunos de los riesgos más comunes que las empresas pueden enfrentar en el aprovisionamiento estratégico.

- **Riesgo de dependencia de proveedores:** si una empresa depende en gran medida de un proveedor estratégico y este experimenta problemas de capacidad, calidad o solvencia financiera, puede afectar negativamente la cadena de suministro. Para mitigar este riesgo, es importante diversificar la base de proveedores estratégicos y establecer planes de contingencia en caso de interrupción del suministro.
- **Riesgo de fluctuaciones en los precios de materias primas:** los cambios en los precios de las materias primas pueden tener un impacto significativo en los costos de producción y, por lo tanto, en la rentabilidad de

una empresa. Para mitigar este riesgo, se pueden utilizar estrategias de cobertura de precios, como contratos a largo plazo o acuerdos de suministro preferenciales, y realizar un monitoreo constante de los mercados y tendencias de precios.

- **Riesgo de cambios en las regulaciones o políticas gubernamentales:** los cambios en las regulaciones o políticas gubernamentales pueden afectar la importación, exportación, producción o distribución de bienes y servicios. Estos cambios pueden generar incertidumbre en la cadena de suministro y requerir adaptaciones en las estrategias de aprovisionamiento. Para mitigar este riesgo, es importante mantenerse actualizado sobre las regulaciones y políticas relevantes, establecer relaciones sólidas con autoridades gubernamentales y contar con un plan de contingencia para enfrentar posibles cambios regulatorios.
- **Riesgo de innovación tecnológica:** la falta de adopción o incorporación de tecnologías emergentes en el aprovisionamiento estratégico puede generar una desventaja competitiva y limitar la capacidad de una empresa para satisfacer las demandas del mercado. Para mitigar este riesgo, es necesario realizar un monitoreo continuo de las tendencias tecnológicas, evaluar las oportunidades de implementar nuevas soluciones tecnológicas en la cadena de suministro y establecer alianzas estratégicas con proveedores que impulsen la innovación.
- **Riesgo de volatilidad en la demanda:** los cambios inesperados en la demanda de productos o servicios pueden generar desequilibrios en la cadena de suministro y dificultar la entrega oportuna de los mismos. Para

mitigar este riesgo, se deben implementar estrategias de demanda y pronóstico más precisas, establecer acuerdos flexibles con proveedores para adaptarse a cambios en la demanda y utilizar herramientas de planificación de la cadena de suministro que permitan una mayor agilidad y capacidad de respuesta.

- **Riesgo de solvencia financiera:** los proveedores pueden enfrentar problemas financieros que los pongan en riesgo de quiebra o incapacidad para cumplir con sus obligaciones contractuales. Esto puede afectar la continuidad del suministro y generar interrupciones en la cadena de suministro. Para mitigar este riesgo, se deben realizar evaluaciones financieras de los proveedores, monitorear su situación financiera de manera regular y establecer acuerdos contractuales que incluyan cláusulas de protección en caso de insolvencia.

- **Riesgo de cumplimiento legal y ético:** los proveedores pueden estar involucrados en prácticas ilegales, incumplimientos éticos o violaciones de regulaciones comerciales. Estos riesgos pueden tener un impacto negativo en la reputación y la imagen de la empresa. Para mitigarlos, es fundamental realizar una debida diligencia en la selección de proveedores, incluyendo evaluaciones de cumplimiento legal y ético, y establecer cláusulas contractuales que exijan el cumplimiento de normas y regulaciones.

La gestión de riesgos en el aprovisionamiento táctico

En el aprovisionamiento táctico, la gestión de riesgos desempeña un papel crucial para garantizar la ejecución exitosa de los contratos y minimizar los riesgos asociados a la falta o sobre suministro, incumplimiento de condiciones contractuales, quiebra de proveedores y otros eventos adversos. A continuación, se detallan algunos aspectos clave relacionados con la gestión de riesgos en esta etapa:

- **Evaluación continua del desempeño de proveedores o contratos:** durante la ejecución contractual, es esencial evaluar permanentemente el desempeño de los proveedores o contratos. Esto implica monitorear aspectos como la calidad de los productos o servicios suministrados, el cumplimiento de los plazos acordados, el nivel de servicio proporcionado y el cumplimiento de las condiciones contractuales. La evaluación del desempeño permite identificar posibles riesgos y tomar medidas correctivas o preventivas de manera oportuna.
- **Monitoreo del entorno y riesgos de proveedores:** durante la ejecución contractual, es importante estar atento a los cambios en el entorno que puedan representar riesgos para los proveedores. Esto incluye monitorear la situación financiera de los proveedores, su estabilidad operativa, la existencia de problemas legales o regulatorios, y cualquier otro factor que pueda afectar su capacidad para cumplir con las obligaciones contractuales. Este monitoreo permite anticipar y mitigar posibles riesgos, como la quiebra de un proveedor o la interrupción del suministro.
- **Plan de contingencia y gestión de crisis:** en caso de que ocurra un evento adverso o una situación de crisis durante la ejecución contractual, es esencial contar con un plan de contingencia y gestión de crisis. Este plan debe incluir acciones predefinidas y protocolos de respuesta para abordar situaciones como la interrupción

del suministro, problemas de calidad, incumplimiento contractual u otros eventos que puedan afectar la continuidad del negocio. La capacidad de respuesta rápida y efectiva ante estas situaciones minimiza los impactos negativos y ayuda a mantener la operatividad y la satisfacción del cliente.

Ejemplos de riesgos en el aprovisionamiento táctico

En el contexto del aprovisionamiento táctico, existen diversos riesgos que deben ser considerados para asegurar una gestión efectiva de las actividades diarias. Estos riesgos pueden afectar la disponibilidad de los recursos necesarios, la calidad de los productos o servicios adquiridos y el cumplimiento de los plazos establecidos. A continuación, se presentan algunos ejemplos de riesgos comunes en el aprovisionamiento táctico.

- **Riesgo de falta o sobresuministro:** existe el riesgo de que los proveedores no cumplan con los volúmenes de suministro acordados, lo que puede provocar escasez de productos o servicios, interrupciones en la cadena de suministro o exceso de inventario. Para mitigar este riesgo, se pueden establecer cláusulas contractuales que definan las penalidades por incumplimiento y establecer acuerdos de contingencia con proveedores alternativos.
- **Riesgo de incumplimiento de condiciones contractuales:** los proveedores pueden no cumplir con las condiciones contractuales acordadas, como la calidad de los productos o servicios, los plazos de entrega o los estándares de rendimiento. Para mitigar este riesgo, se deben establecer mecanismos de control y seguimiento, como auditorías de calidad, evaluaciones de desempeño y la

posibilidad de retener pagos hasta que se cumplan las condiciones contractuales.

- **Riesgo de quiebra del proveedor:** existe la posibilidad de que un proveedor, por dificultades financieras derivadas de riesgos de solvencia no mitigados, se vea en la obligación de declarar su quiebra, lo que puede interrumpir el suministro y afectar la continuidad del negocio. Para mitigar este riesgo, es importante realizar un monitoreo constante de la situación financiera de los proveedores, diversificar la base de proveedores y establecer planes de contingencia en caso de quiebra o insolvencia.
- **Riesgo de pagos de multas por incumplimiento:** si la empresa compradora no cumple con las condiciones establecidas en el contrato, puede estar sujeta al pago de multas o penalidades. Para mitigar este riesgo, es fundamental contar con un sistema sólido de gestión de contratos que asegure el cumplimiento de las obligaciones contractuales y la comunicación efectiva entre las partes involucradas.
- **Riesgo de cambios en las regulaciones o condiciones externas:** las regulaciones gubernamentales, los cambios en las condiciones del mercado o los desastres naturales pueden afectar el cumplimiento de los contratos y la disponibilidad de productos o servicios. Para mitigar este riesgo, se deben analizar los riesgos externos, mantenerse actualizado sobre las regulaciones relevantes y establecer planes de contingencia que permitan adaptarse a los cambios del entorno.
- **Riesgo de incumplimiento de calidad:** existe el riesgo de que los proveedores no cumplan con los estándares de calidad requeridos, lo que puede resultar en

productos o servicios defectuosos. Esto puede tener un impacto negativo en la reputación de la empresa y en la satisfacción del cliente. Para mitigar este riesgo, es fundamental realizar una evaluación exhaustiva de los proveedores, incluyendo su historial de calidad, certificaciones y capacidad para cumplir con los requisitos establecidos.

- **Riesgo de falta de capacidad:** los proveedores pueden enfrentar dificultades para cumplir con los volúmenes de suministro necesarios debido a limitaciones de capacidad, problemas operativos o situaciones imprevistas. Esto puede generar retrasos en la entrega de productos o servicios, lo que a su vez puede afectar la operatividad de la empresa. Es importante evaluar la capacidad de producción de los proveedores, y establecer acuerdos de suministro que consideren planes de contingencia en caso de escasez o falta de capacidad.

Es importante destacar que la gestión de riesgos en el aprovisionamiento táctico no se limita únicamente a la etapa de adquisición, sino que debe ser un proceso continuo y abarcar todas las actividades relacionadas con el suministro. Esto implica identificar, evaluar y gestionar los riesgos a lo largo de todo el proceso, desde la selección de proveedores hasta la recepción de los productos o servicios. Es fundamental establecer mecanismos de seguimiento y reporte de riesgos, así como planes de acción para abordar y mitigar los riesgos identificados.

La gestión de riesgos en el aprovisionamiento táctico requiere la colaboración y el compromiso de diferentes áreas dentro de la organización, como compras, operaciones, finanzas y calidad. Es fundamental establecer una comunicación efectiva entre estos departamentos para compartir información y trabajar de manera conjunta en la identificación y mitigación de riesgos. Además, es recomendable establecer alianzas estratégicas con proveedores clave, lo que permitirá una mayor visibilidad y colaboración en la gestión de riesgos.

Al implementar una sólida gestión de riesgos en el aprovisionamiento táctico, la organización estará mejor preparada para enfrentar posibles contingencias y asegurar un suministro eficiente y de calidad.

Cálculo del costo total de propiedad (*total cost of ownership*, TCO)

El cálculo del costo total de propiedad (TCO) es una metodología utilizada para evaluar la totalidad de los costos asociados con la adquisición, implementación y gestión de activos a lo largo de su ciclo de vida completo. El TCO va más allá del simple costo de adquisición e incluye los costos directos e indirectos relacionados con la propiedad y el uso del activo. Algunos puntos clave para la implementación del TCO son:

- **Identificación de costos:** es fundamental identificar y comprender todos los costos involucrados en la adquisición y gestión del activo. Estos incluyen no solo el precio de compra inicial, sino también los costos de instalación, entrenamiento, mantenimiento, reparaciones, actualizaciones, soporte técnico, licencias, costos operativos y costos de disposición final.
- **Consideración del ciclo de vida:** el TCO se enfoca en el ciclo de vida completo del activo, desde la adquisición hasta la disposición final. Es esencial considerar los costos a lo largo de todo este ciclo, incluyendo los

costos de mantenimiento, reparaciones y reemplazo durante la vida útil del activo.

El cálculo del costo total de propiedad (TCO) es una metodología fundamental para evaluar todos los costos asociados con la adquisición, implementación y gestión de activos a lo largo de su ciclo de vida completo. A menudo, las organizaciones se centran únicamente en el costo inicial de adquisición de un activo, pero el TCO permite comprender de manera integral los costos directos e indirectos involucrados en su propiedad y uso. Implementar el TCO proporciona una visión más clara y precisa de los costos reales y ayuda a tomar decisiones más informadas y estratégicas.

A continuación, se presentan los pasos clave para implementar el cálculo del TCO:

- **Definir el alcance y los objetivos:** determinar el alcance del análisis del TCO, ya sea para un activo específico o para una categoría de activos. Establecer los objetivos claros que se desean lograr con el cálculo del TCO, como identificar oportunidades de ahorro de costos o comparar proveedores.
- **Identificar los costos relevantes:** realizar un inventario exhaustivo de los costos asociados con el activo en consideración. Esto puede incluir costos directos (como el precio de compra, costos de instalación) e indirectos (como costos de mantenimiento, reparaciones, costos de entrenamiento, costos operativos). Identificar también los costos futuros estimados a lo largo del ciclo de vida del activo.
- **Recopilar datos y costos:** recolectar datos precisos y actualizados relacionados con cada uno de los costos

identificados. Esto puede implicar obtener cotizaciones de proveedores, revisar registros financieros y operativos, y utilizar sistemas de seguimiento de costos existentes.
- **Calcular el TCO:** utilizar la información recopilada para calcular los costos totales de propiedad del activo. Esto implica sumar todos los costos identificados a lo largo del ciclo de vida del activo. Considerar también los factores de descuento y la duración estimada del ciclo de vida.
- **Analizar y comparar opciones:** comparar los resultados del cálculo del TCO para diferentes activos o proveedores. Analizar las diferencias significativas en los costos y determinar qué opciones ofrecen un menor costo total de propiedad. Esto ayudará a tomar decisiones informadas sobre la adquisición y gestión de activos.
- **Actualizar y revisar:** es importante actualizar y revisar periódicamente el cálculo del TCO a medida que cambian las circunstancias. Los costos y las condiciones pueden variar con el tiempo, por lo que es necesario realizar evaluaciones regulares para asegurarse de que la información utilizada en el cálculo sea precisa y actualizada.

Implementar el cálculo del costo total de propiedad brinda una visión más completa y precisa de los costos asociados con los activos, lo que ayuda a tomar decisiones más informadas y estratégicas en términos de adquisición, gestión y disposición de los activos.

Ejemplo de análisis TCO para la compra de maquinaria

Supongamos que una empresa está considerando la adquisición de una nueva maquinaria para su línea de producción. Para tomar una decisión informada, la empresa utiliza el cálculo del costo total de propiedad (TCO) para evaluar las opciones de proveedores y modelos de maquinaria.

En el contexto de este ejemplo, y siguiendo los pasos claves para el cálculo del TCO, los resultados del análisis son:

- **Definición del alcance y los objetivos:** la empresa establece que el objetivo del cálculo del TCO es identificar la opción de maquinaria que tenga el menor costo total de propiedad a lo largo de su ciclo de vida.
- **Identificación de los costos relevantes:** la empresa identifica los costos directos, como el precio de compra de la maquinaria, los costos de envío e instalación, y los costos de capacitación para los operarios. También considera los costos indirectos, como los costos de mantenimiento, reparaciones, consumo de energía, insumos y posibles costos de obsolescencia.
- **Recopilar datos y costos:** la empresa recopila cotizaciones detalladas de diferentes proveedores, analiza los costos de mantenimiento y reparación históricos de maquinarias similares, y consulta a expertos técnicos para estimar los costos operativos y de energía.
- **Calcular el TCO:** utilizando la información recopilada, la empresa calcula el costo total de propiedad para cada opción de maquinaria considerada. Suma los costos de adquisición, los costos de operación y mantenimiento a lo largo de un período de tiempo

estimado, teniendo en cuenta los factores de descuento adecuados.
- **Analizar y comparar opciones:** la empresa analiza los resultados del cálculo del TCO y compara las diferentes opciones de maquinaria. Identifica la opción con el menor costo total de propiedad, considerando tanto los costos iniciales como los costos operativos a lo largo del ciclo de vida.

A continuación, se presenta una tabla con los costos diferenciados entre costos directos y costos indirectos para el ejemplo de la adquisición de maquinaria en el contexto del aprovisionamiento:

Opción de maquinaria A

Costos directos	Monto
Precio de compra	$ 100 000
Costos de envío e instalación	$ 5000
Costos de capacitación	$ 4500
Costos de insumos (anuales)	$ 4000
Total costos directos	**$ 113 500**

Costos indirectos	Monto
Costos de mantenimiento (anuales)	$ 8000
Costos de energía (anuales)	$ 6000
Costos de obsolescencia (estimados)	$ 3000
Total costos indirectos	**$ 17 000**

Costo total de propiedad para la maquinaria A: $ 130 500.

Opción de maquinaria B

Costos directos	Monto
Precio de compra	$ 120 000
Costos de envío e instalación	$ 5000
Costos de capacitación	$ 3500
Costos de insumos (anuales)	$ 3000
Total costos directos	**$ 131 500**

Costos indirectos	Monto
Costos de mantenimiento (anuales)	$ 5000
Costos de energía (anuales)	$ 8000
Costos de obsolescencia (estimados)	$ 2000
Total costos indirectos	**$ 15 000**

Costo total de propiedad para la maquinaria B: $ 146 500.

En este ejemplo, los costos directos se refieren a los costos asociados directamente con la adquisición, instalación y operación de la maquinaria, mientras que los costos indirectos incluyen los costos relacionados con el mantenimiento, energía y obsolescencia. Al separar los costos directos de los indirectos, se obtiene una visión más clara de cómo se distribuyen los costos en cada categoría.

El total de costos directos se calcula sumando todos los costos directos correspondientes a cada opción de maquinaria, y el total de costos indirectos se calcula sumando los costos indirectos asociados. Finalmente, se obtiene el costo total de propiedad (TCO) sumando el total de costos directos y el total de costos indirectos.

Adicionalmente es posible realizar un análisis desglosando los costos por los años de vida útil de la maquinaria, incluyendo columnas de montos para cada año. Esto proporcionará una visión más detallada de cómo se distribuyen los costos a lo largo del tiempo y permitirá evaluar el impacto de la vida útil en el costo total de propiedad (TCO), lo que puede ser útil para tomar decisiones informadas sobre la adquisición de maquinaria considerando tanto los costos iniciales como los costos recurrentes.

Al implementar el cálculo del costo total de propiedad en el proceso de aprovisionamiento de maquinaria, la empresa puede tomar decisiones más informadas y estratégicas. En lugar de enfocarse únicamente en el precio de compra inicial, considera todos los costos relevantes a lo largo del ciclo de vida, lo que le permite seleccionar la opción que resulte más rentable a largo plazo en términos de costos totales de propiedad. Esto garantiza una gestión más eficiente de los recursos y una toma de decisiones basada en un enfoque más completo y holístico.

Conclusión del capítulo 6

En este capítulo hemos explorado diversas herramientas metodológicas para una transformación inteligente en el ámbito del aprovisionamiento. Estas herramientas son fundamentales para optimizar los procesos de compras y lograr resultados más eficientes y rentables.

Una de las herramientas clave es la evaluación del nivel de madurez de la organización de compras. Este análisis permite identificar fortalezas y áreas de mejora en la gestión de compras, lo que facilita la implementación de estrategias de mejora continua.

Otro aspecto importante es la definición del equilibrio óptimo en los pilares de valor, es decir, el ahorro, la eficiencia y la trazabilidad. Al encontrar el balance adecuado entre estos tres pilares, las organizaciones pueden maximizar su rendimiento en términos de costos, calidad y control.

La evaluación del nivel de madurez de los procesos de aprovisionamiento también juega un papel crucial en la transformación de la empresa. Esta evaluación permite identificar áreas de oportunidad y diseñar planes de acción para mejorar la eficiencia y la efectividad de los procesos de aprovisionamiento.

La selección de tecnologías adecuadas es otro aspecto esencial. Las herramientas tecnológicas adecuadas pueden agilizar y automatizar los procesos de aprovisionamiento, lo que permite una mayor eficiencia y un mejor seguimiento de las actividades.

Además, se han abordado los facilitadores para la ejecución de las actividades de aprovisionamiento, como la segmentación de servicios en función de su criticidad y complejidad, como una herramienta para optimizar el control de la ejecución de los mismos y el uso de un tablero integral de negociación y adjudicación (CNAB).

Finalmente, se han presentado herramientas para el análisis y gestión de costos, riesgos y problemas, como el mapa de empatía, el análisis de causa raíz (RCA) y la gestión de riesgos en el aprovisionamiento. Estas herramientas permiten comprender y abordar los desafíos relacionados con los costos, los riesgos y los problemas en el aprovisionamiento, mejorando la toma de decisiones y la resolución eficiente de situaciones adversas.

En conclusión, las herramientas metodológicas presentadas en este capítulo son fundamentales para impulsar una transformación inteligente en el aprovisionamiento. Estas herramientas permiten a las organizaciones optimizar sus procesos, mejorar la gestión de proveedores, reducir costos, mitigar riesgos y resolver problemas de manera efectiva. Al implementar estas herramientas de manera adecuada, las organizaciones pueden alcanzar una mayor eficiencia, agilidad y rentabilidad en sus operaciones de aprovisionamiento.

Conclusiones finales

En el entorno empresarial contemporáneo, la gestión de recursos y la optimización de procesos se han convertido en imperativos cruciales para asegurar la continuidad y el éxito sostenible.

Este libro ha sido una guía esencial que nos ha acompañado en un viaje profundo a través de los intrincados senderos del aprovisionamiento inteligente. Hemos explorado las complejidades y las dinámicas de este proceso, y hemos desglosado cada componente para revelar cómo contribuye de manera fundamental al tejido mismo de una organización.

Desde las primeras páginas, hemos sido testigos de cómo el aprovisionamiento se integra magistralmente en la cadena de valor de Porter. Esta conexión estratégica nos ha permitido comprender cómo cada fase del proceso, desde la adquisición táctica hasta la selección estratégica de proveedores, se entrelaza con las operaciones internas y externas de una empresa, y cómo estas conexiones pueden ser aprovechadas para forjar ventajas competitivas sólidas y sostenibles.

A medida que avanzamos, nos adentramos en las dos fases cardinales del aprovisionamiento: la estratégica y la táctica. Hemos desentrañado la complejidad de la planificación a largo plazo y la ejecución efectiva en tiempo real, demostrando que estas dos fases están intrínsecamente entrelazadas. La fase estratégica no solo orienta la toma de decisiones tácticas, sino que también establece los fundamentos para una gestión efectiva de la cadena de suministro, garantizando la alineación con los objetivos y la estrategia globales de la empresa.

Los tres pilares de valor —ahorro, eficiencia y trazabilidad— han emergido como los cimientos de una gestión de aprovisionamiento efectiva. Hemos comprendido que cada uno de estos pilares es esencial para alcanzar resultados óptimos. El ahorro no solo impulsa la rentabilidad, sino que también desencadena oportunidades para la inversión estratégica. La eficiencia, en tanto, agiliza las operaciones y mejora la calidad y la puntualidad del suministro. Por su parte, la trazabilidad es el hilo conductor que proporciona visibilidad y control a lo largo de todo el proceso de aprovisionamiento, contribuyendo a la mitigación de riesgos y al cumplimiento normativo.

El enfoque en los desafíos evidentes, similar a observar solo la punta del iceberg, es un concepto que ha resonado en cada capítulo. Hemos aprendido que abordar solo lo superficial es insuficiente para asegurar el éxito a largo plazo. La identificación de problemas subyacentes y su resolución son fundamentales para el logro de un aprovisionamiento genuinamente inteligente y proactivo. Esta atención a los detalles y la voluntad de explorar más allá de lo obvio son características esenciales para las organizaciones que buscan una transformación duradera.

A medida que culminamos este viaje, hemos explorado una serie de herramientas metodológicas que sirven como guía en la transición hacia un aprovisionamiento inteligente. Desde la evaluación de la madurez hasta la gestión de costos, riesgos y problemas, estas herramientas representan la esencia de un enfoque estructurado y metódico. Al implementar estas herramientas en conjunción con una comprensión sólida de la integración de la cadena de valor, las fases estratégica y táctica y los pilares de valor, las organizaciones pueden encaminarse hacia una transformación eficiente y eficaz.

En última instancia, este libro no solo ha sido un mapa detallado hacia el aprovisionamiento inteligente, sino también un llamado a la acción. Nos insta a adoptar un enfoque estratégico en la gestión de recursos, a abrazar la innovación tecnológica y a explorar incansablemente los desafíos ocultos.

El aprovisionamiento inteligente ya no es simplemente una opción, sino una necesidad para prosperar en un mundo empresarial en constante evolución. Este viaje ha sido un recordatorio constante de que, en el entorno competitivo actual, la inteligencia en el aprovisionamiento es la clave para desbloquear la excelencia operativa y el éxito duradero.